保育者が身につけたい

保育のこころえ

保育の基礎から危機管理まで

牧野 桂一 著
兵庫教区保育連盟 編集協力

発刊にあたって

『保育のこころえ〜知っておきたい子どもとわたしの危機管理〜』を平成25年に出版して11年が過ぎました。

当時、私たちにとってこの本は、私たち保育者が身につけておきたい知識がたくさん詰まっており、現場ではいろいろな場面で活用しました。無認可保育施設でうつぶせ寝による窒息死や呼吸がないまま、2時間も気付かず死亡させた事故などがニュースで取り沙汰されました。もっと早く今のように「SIDSチェック表」「睡眠チェック表」が義務化されていたらこのような痛ましい事故はふせげたのかもしれません。また、新型コロナウイルスにより、世界中がパンデミックの恐怖に怯え、保育業界でも刻々と変わる対応に振り回され大変な時期は、記憶に新しいところであります。

今回の改訂版も、牧野桂一先生にご執筆いただき、初版から更新し「忘れてはいけない事」をベースにできるだけ新しい情報を網羅し発刊する運びとなりました。子どもたち一人一人の大切な命を守るために。また保護者の方から安心して預けていただける施設として、そして、なにより我々保育関係者の基礎知識として、いつでも手の届く所に置いて、事あるごとに手に取って保育に活用していただきたいと願っております。

合掌

浄土真宗本願寺派
兵庫教区保育連盟
理事長　宏林　寿子

目次

発刊にあたって ……………………………………………………………… 3

第1部 保育のこころえ ……………………………………………… 9

はじめに ……………………………………………………………… 10

第1章　保育のこころえ …………………………………………… 11
第1節　望ましい資質・態度 ……………………………………… 11
第2節　社会人としての基本 ……………………………………… 14
第3節　指示の受け方・報告の仕方 ……………………………… 17
第4節　セクシャル・ハラスメントについて …………………… 18
第5節　仕事に臨む態度 …………………………………………… 19
第6節　登園・降園の対応 ………………………………………… 22
第7節　入園・退園の対応 ………………………………………… 25

第2章　言葉遣い・話し方・コミュニケーションの図り方 ……… 28
第1節　言葉遣い …………………………………………………… 28
第2節　挨拶言葉 …………………………………………………… 29
第3節　気をつけなければならない言葉遣い …………………… 31
第4節　電話のとり方、受け方 …………………………………… 32
第5節　連絡帳について …………………………………………… 36
第6節　保育記録の書き方 ………………………………………… 38
第7節　社会見学の基本姿勢 ……………………………………… 39
第8節　衣類の紛失について ……………………………………… 40
第9節　記録のとり方 ……………………………………………… 41
第10節　お便り（園だより・クラスだより）について ………… 42
第11節　園内掲示について ………………………………………… 42
第12節　研修のこころえ …………………………………………… 43
第13節　実習生、ボランティアの受け入れ ……………………… 45
第14節　面談の時の心構え～保護者の信頼を深めるために～ … 47

第3章　人権・プライバシー・虐待 ………………………………… 50
第1節　人権を配慮した保育 ……………………………………… 50
第2節　差別用語の禁止 …………………………………………… 51
第3節　児童虐待 …………………………………………………… 52
第4節　プライバシーの尊重と保護 ……………………………… 58

第4章　不適切な保育 ……………………………………………… 61
第1節　不適切な保育の防止 ……………………………………… 61

| 第5章 | 保護者支援 | 64 |

第2部 保育と事故防止 … 71

第1章	園における危機管理の基本知識	72
第1節	園における危機とは	72
第2節	危機の予知・予測のための取り組み	73
第3節	事故が起きた場合の対応（緊急時対応マニュアル）	86

第2章	こどもの成長・発達と事故	90
第1節	月齢と事故	90
第2節	事故で受ける傷の種類と予防	91

第3章	安全な保育環境の整備	92
第1節	事故リスク軽減のために	93
第2節	年齢別事故防止チェックリスト	94

| 第4章 | 園舎内外の保育 | 98 |

第5章	日課に関すること	103
第1節	基本的な姿勢	103
第2節	主な内容	103

第6章	園外保育	105
第1節	基本的な姿勢	105
第2節	実施前の留意点	106
第3節	目的地での留意点	106
第4節	集団歩行に関しての留意点	106
第5節	園外保育の行き先	107
第6節	交通機関利用時の留意点	108
第7節	日帰り園外保育における準備・チェック・注意事項	109
第8節	園児送迎にかかる運行管理について	110

第7章	危険を伴う遊びについて	111
第1節	基本的な姿勢	111
第2節	主な内容	111

第3部 衛生管理・応急処置・健康管理 … 115

第1章	衛生管理	116
第1節	正しい手洗いの方法	116
第2節	施設内外の衛生管理チェック	117

5

| 第3節 | 職員の衛生管理 | 118 |
| 第4節 | 消毒薬の種類と使い方 | 118 |

第2章　感染症　120
第1節	主な感染症	122
第2節	症状別対応とケア	126
第3節	予防接種	140

第3章　与薬について　143

第4章　応急処置　148
第1節	心肺蘇生法	148
第2節	アナフィラキシーショック	150
第3節	乳幼児が起こしやすい事故	152

第5章　健康管理　162
| 第1節 | 健康観察のポイント | 162 |
| 第2節 | 危険予防・健康管理 | 163 |

第4部　給食　181

第1章　衛生管理　182
第1節	衛生管理チェック	182
第2節	調理従事者の衛生管理	182
第3節	器具類の洗浄・殺菌	184
第4節	食事の片づけ	186

第2章　食事の提供　187
| 第1節 | 離乳食 | 187 |
| 第2節 | 離乳食の目安 | 188 |

第3章　食中毒について　190
第1節	食中毒とは	190
第2節	食中毒予防の三原則	191
第3節	調理上の配慮	192
第4節	食中毒の原因と症状	193
第5節	食物アレルギーへの対応	198

第5部 防災・安全管理 ………………………………… 209

第1章 防災気象情報 ……………………………… 210
第1節 各種気象情報 …………………………………… 210

第2章 災害に対する心構え ……………………… 219
第1節 防災・避難訓練について ……………………… 220

第3章 災害の種類別の対応 ……………………… 221
第1節 台風・風水害時の対応 ………………………… 221
第2節 火災の予防と対応 ……………………………… 227
第3節 地震時の対応 …………………………………… 229
第4節 大地震発生時の対応 …………………………… 230
第5節 大規模な地震の発生が予想される場合 ……… 234

第4章 不審者への対応 …………………………… 236

第5章 不審な電話・手紙への対応 ……………… 240
第1節 不審な電話について …………………………… 240

第6章 園児の誘拐・拉致（行方不明）への対応 … 242

第7章 園児が行方不明になった場合への対応 … 243

第8章 事件、事故後の保護者への対応 ………… 245

第6部 情報管理・非常勤・パート職員 ………… 253

第1章 情報管理 …………………………………… 254
第1節 情報公開 ………………………………………… 254
第2節 情報機器の管理 ………………………………… 254
第3節 個人情報の取り扱い …………………………… 255
第4節 プライバシーポリシー ………………………… 256

第2章 非常勤・パート職員 ……………………… 258
第1節 勤務にあたり …………………………………… 258
第2節 保育を実施する上での心構え ………………… 258

おわりに ……………………………………………… 260
あとがき ……………………………………………… 262

用紙集 ………………………………………………… 263

用紙索引

虐待防止へのチェックシート……………………………………… 52

ヒヤリハット報告書…………………………………………………… 78

事故報告届（園内）…………………………………………………… 79

年齢別　事故防止チェックリスト………………………………… 94

事故リスク軽減のためのチェックリスト……………………… 99

園舎内外で安全点検・整備すべき箇所及び配慮事項…………… 100

屋内安全点検シート………………………………………………… 101

屋外遊具安全点検シート…………………………………………… 102

日帰り園外保育における準備・チェック・注意事項………… 109

事故報告届（市区町村）…………………………………………… 114

施設内外の衛生管理チェック……………………………………… 117

感染症に関する登園届（案）……………………………………… 139

感染症による医師からの登園許可書（案）……………………… 140

望ましい家庭への生活指導のためのチェックリスト………… 169

衛生管理チェックシート…………………………………………… 183

園のプライバシーポリシー………………………………………… 257

与薬依頼書（内服薬）……………………………………………… 264

与薬依頼書（外服薬）……………………………………………… 265

園児生活管理指導表（アレルギー疾患用）……………………… 266

家庭における原因植物の除去の程度……………………………… 267

食物アレルギー個別支援プラン…………………………………… 268

食物アレルギー緊急時対応カード………………………………… 269

事件・事故の概要及び対応報告書………………………………… 270

示談書（例）………………………………………………………… 271

第1部
保育のこころえ

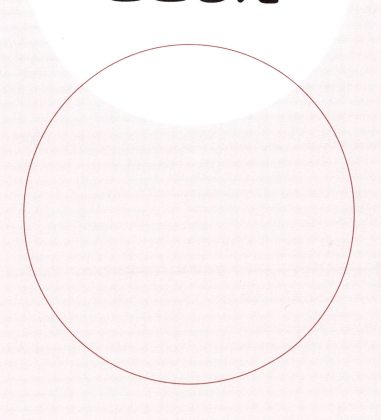

はじめに

　園を評価する場合、その園の職員の対応や保育の態度がよく引き合いに出されます。「あそこはしっかりした園で一人一人の職員の対応がきめ細かにできている」とか「職員があんな接客態度をしていたのでは、いい保育はできない」などと、不特定多数の人たちは結構細かく園の内部を観察しています。職員の誰もが、その組織にふさわしい立ち居振る舞いや言葉遣いを備えているのが理想的なのですが、そうかといって、あたかもマニュアルによって習得したように、誰もが同じようにほほえみ、同じ対応をするというのでは人間味が感じられません。形はあっても心がないからです。

　園に来る人たち一人一人の人柄に応じた対応や接遇ができれば、それに越したことはないのですが、一目見て相手の性質を推し量るのは難しいことです。同じような対応をしても、「好ましい」と感じてもらえることもありますし、相手によっては「無礼な」と思われることもあるかもしれません。

　また、馴染みの方ですと、見ず知らずの方よりは親しげな言葉遣いや態度になりがちです。このこと自体は自然なことですが、気をつけなければいけないことがあります。例えば、同時に二人のお客があったとします。一人に親しげに会話をし、もう一方にはごく普通の態度で接しました。すると、前者は「自分は軽んじられた」と思い、後者は「無愛想な扱いを受けた」と感じてしまうこともあり得るからです。

　相手に応じた対応を考えるより、どなたに対しても真心を込めた受け答えやおもてなしができるように、体と心に基本を覚え込ませることが大切になります。また、たとえ失敗しても誠心誠意心を込めて対応し、あるいは接遇していたならば、相手は決して悪意にとることはありません。対応と接遇で肝心なことは、時と場に応じた立ち居振る舞いや言葉遣いができるかどうかにあります。

2024年8月

牧野桂一

第1章 保育のこころえ

① 常に「こどもたちの最善の利益（こどもが一番、こどもが真ん中、こどもに真っ直ぐ）」ということを意識しつつ、こども中心の楽しい豊かな保育ができるように心がける。

② こどもの育ちを見守るために、安全に配慮し、食事・睡眠・清潔に重点を置きながら、一人一人のこどもの現実に即した保育を行う。

③ 一人一人の発達を見極めて、言葉の獲得や運動機能等、発達の臨界期を意識し、今できることを十分に体験できるように配慮する。

④ 基本的生活習慣の自立を援助し、身辺生活の自立の支援を通して、生きていく自信がつくように促し自尊感情を育てる。

⑤ 豊かな心を育むために、製作活動や、音楽活動、リズム活動、表現活動、年齢にふさわしい絵本の読み聞かせなど、工夫を怠らないようにする。

⑥ 人間関係の基礎が育つよう、友だちや保育者、保護者や地域の人たちとの心の触れ合いを通して豊かな人間性や他人への思いやりの心が育つように努める。

⑦ 自分で考え行動する機会を増やすことで、社会的ルールを理解する能力や思考力が育つように努める。

⑧ 子育てに参加していることを意識し、保護者との連絡を密にして、こどもの姿をいつも細かく把握するように努める。

⑨ 「保育」に専念し、保育者に対する社会からの期待に応えるように努力する。

⑩ 人を育てる仕事に従事しているということを常に意識し、学び続けることを怠らないようにする。

第1節　望ましい資質・態度

1. 職員間の協力・協調・調和に努め楽しい職場をつくる

① よい仕事をすることは、人間としての使命である。曖昧な気持ちではよい仕事はできない。保育は福祉の仕事であるとともに教育の仕事であるという事を理解し「こどものために」という目的意識を持って働くようにする。

② 職員各自の特技を生かし、互いに意見を出し合い、一人一人が自分のテーマを持って保育にあたる。

③ 自分の担当クラスだけでなく園全体にも目を向け、職員間の連携もうまく取り合う。また、雑務と思われるような仕事にも保育のよりよい環境を整えていくために積極的に取り組む。

④ お互いに育ち合っていけるような人間関係の育成に努力する（例えば、後輩に対して「かばう」だけではなく、時には寄り添いながら本人が気付けるように指導することもある）。

⑤ 職種、正規、パート等に関係なく、責任を持った仕事をする。

⑥ もしもの時のスポークスマンは、園長である。個人的な情報提供は混乱を生むことが多いので慎む。

2. 服装等について

　園のイメージは、一人一人の職員によって作られるものです。身だしなみは相手に好感を与えることになります。仕事では、園の一員という意識をもって身だしなみを整えることに心がけることが大切です。

① 保育に関わる者としての自覚をもち、清潔で動きやすい服装で保育する。
② 自分自身の健康に注意し、いつも明るい気持ちで勤務できるように心がける。
③ 髪の毛は派手な色にはせず、短くするか束ねる。
④ 爪は短く切るようにする。

3. 健康管理について

　体調を整え、保育への気力を養い、身体の健康はもちろん、精神的にも常に安定し充実感をもつように努めなければなりません。

① 連絡帳や SNS、保護者へのメール等の対応は手際よくすませ、休憩時間にはできるだけ体を休ませるようにする。
② 休日は無理のないよう体調には気を付ける。

4. 人間関係と付き合い方の基本

　一つの組織を構成する人々は、同じ目的のために集まった、いわば同志ですが、同志だからといっても、いつどんな時でも仲がよいとは限りません。嫌な人は、簡単には好きになれないし、時には顔を見るのも声を聞くのも、嫌ということがあります。

　ところが、嫌な人と思っていた人と一緒に仕事をしてみたら、ちょっとしたことから仲良くなったり、結構光っているものを持っていることに気づいたりすることもあります。人に好かれ、人が好きになるためには、どうすればよいかということを考えることは大切です。身なりや身だしなみをきちんと整え、礼儀正しくしていれば、相手がよほどの人でない限り、まず嫌われることはありません。しかし、これだけを守っていればよいというものではありません。では、人に好かれるためにはどうしたらよいのかということについて、多くの人が指摘していることは、正直であり、きちんと約束を守り、義務を果たし、しかも親切だということです。

（1）人に好かれる方法

① 小さな親切、大きな迷惑にならないようにする。心を込めて親切にし、厚かましくしない。
② 相手を深く傷つけるような言葉、態度はとらない。
③ 自分が相手より優れていると思っていても、顔や態度に出さない。
④ 皮肉を言ったり、からかったりしない。
⑤ やたらに相手の機嫌をとらない。
⑥ 偉ぶらない。つまり、やたらに知識を見せびらかさない。

⑦ 言葉遣いを正しくする。

⑧ 清潔な身なりやきちんとした身だしなみを心がける。

⑨ ほほえみを忘れない。

⑩ 相槌はほどほどにする。相手は馬鹿にされていると思うことがあるので気をつける。

(2) 人を好きになる方法

相手のもっているよいものを引き出せば、自ずとその人を好きになることができます。そのためには、いつも平常心を心がけることが大切です。

① 自分の信じていることを人に強要しない。

② あら探しばかりしないで、相手のよいところを見付けるようにする。

③ すぐに議論を始めて、相手を困らせないようにする。

④ やたらに質問をして、話の腰を折らないようにする。

付き合いの基本は、お互いがそれぞれを個人として尊重し、必要以上に干渉しないことです。加えていえば、何よりも友好的な態度で、誠実な人柄がにじみ出ていることが大切です。

5. 職員の間に協調的・協力的態度をもつ

職員間の協調的・協力的態度による快い人間関係は、こどもたちに安定感をもたらし、人格形成によい影響を与えます。そのためにはお互いの職種の専門性を尊重し、よく話し合い、理解し協力し合う態度が大切です。時には徹底した議論も必要であり、正しいと信じる自説を主張することがあってもよいのですが、自説のみにこだわったり、感情的になったりすることはせず、お互いに積極的・建設的に保育について語り合う。

6. 愛情と思いやりをもつ

何といっても「こどもが好き」でなければなりません。人間は人に愛され、優しく見守られることによって、初めて、人を愛したり、優しくしたりすることに喜びを感じるようになります。こどもは明るい保育者に触れ、適切な保育を受け、温かい人間関係を経験することによって、情緒が安定し、生き生きと生活するようになります。

幼児期になると、信頼する保育者のようになりたい、あるいは、保育者の期待に応えようとするなどの望ましい心の動きが強まり、教育が成立する基盤ができていきます。

7. 使命感・責任感をもつ

乳幼児の生命の保障はもちろんのこと、こどもの未来の可能性は保育者に大きくかかっており、保育者によって左右されると言っても言いすぎではありません。保育者は自己の職務についての使命を十分にこころえ、多大な影響を与えるという責任を自覚することが必要です。日常の生活指導を中心に安全に配慮し、こどもたちの能力の伸長を願って常に誠実で努力を惜しまないことが望まれます。

第1章　保育のこころえ　13

8. 乳幼児を理解し保育技術を高める

乳幼児の発達段階や要求を理解し、一人一人の個人差を把握するように努め、常にこどもと共感し合い、こどもの立場に立って物事を考えることが望まれます。大学などでの実習では基本的なことは習得していますが、決して十分とはいえません。よく聞く、よく学ぶという精神こそが保育者として大切な保育の心です。

第2節　社会人としての基本

1. 職場の規律を守る

職場の規律は、組織集団の目的をより確実に達成するために、組織集団を構成している一人一人がしっかり守らなければならない最低限の規範です。

人間は社会で生きるために、そこに存在する規範やルールを守ってよりよい生活を営もうとします。この規範やルールを逸脱しては、集団としての秩序を維持することはできません。そのためには、基本的ルールを身に着けることが第一歩になります。言い換えれば、職場や仕事のルールを破らない習慣をいかに身に着けるかということです。こうしたことをないがしろにする人は、職場の一員であることを放棄したことになり、組織の一員として存在している根拠さえ薄らいでしまいます。以下のことは、組織の一員として最低限守りましょう。

（1）遅刻をしない

仕事の準備が整うよう、余裕をもって出勤します。タイムレコーダーは、勤務に入る時と勤務を終えた時に押します。

どうしても遅くなりそうな時は、必ず園長・副園長・教頭や主幹・主任に連絡を入れましょう。事故や天災等通勤途中のトラブルで出勤時刻に間に合わない場合等もすぐに園に連絡を入れましょう。職員の安否確認にもつながります。「私がいなくても大丈夫」と安易に考えないことが大切です。その時間帯に園で事故が起こったらその職員も要因の一つとなります。

（2）途中で事故などに遭い、出勤時間に間に合わない場合

すぐ園に連絡を入れて園長・副園長・教頭または主幹・主任に状況説明をするようにします。

（3）急な欠勤の場合

発熱、腹痛などは早めに自分から園に連絡を入れて報告し、早期に受診します。病気で休んだ場合は、翌日に出勤できるか否かの状況について、午後4時までには園長・副園長・教頭または主幹・主任に電話をするようにします。勤務交替等、勝手に決めるようなことはしてはいけません。

（4）出勤時間に職員が来ない、連絡もない場合

連絡もない場合には、すぐに本人に連絡を入れるとともに、園長・副園長・教頭または主幹・

主任に報告するようにします。

（5）勤務シフトの確認

　勤務シフトの確認は、休日前や帰る時に確実にしましょう。もし分からなくなった場合は、確認の電話を入れるようにします。

2. 役割意識と行動力を身に付ける

　職員に求められる技能とは、役割意識に徹した職務を遂行していくために必要な仕事の知識と、それを現場で発揮できる行動力です。この二つのことをしっかりと身に付けることが必要です。

　技能とは、いうまでもなく仕事を成し遂げる技であり、能力です。そこにはまた、きちんとした知識の裏づけがなされていなければなりません。それが十分に身について、初めてどんな場にも通用する応用力や自分なりの創造力が養われていきます。物事の原理原則と基本的な行動の仕方をマスターすることが大切です。仕事ができる組織人になるためには、まず役割意識に徹した行動をしていくことを頭の中に入れておくことが必要です。

　仕事ができる人とそうではない人との差とは、仕事の場では、生まれついての知能や性格とは別のものが求められています。

　職場には、人それぞれの役割があります。その期待されている役割行動をとれるか否かが、実は仕事の場では大切です。学生時代には、さして目立たなかったけれども、社会人になるとバリバリと仕事をする人、これとは反対の場合もあります。これは役割意識に基づいた行動をその人がとっているかどうかの差で起きる現象です。

3. 行動は意識の持ち方で変えられる

　先天的要素の強い知能や性格といったものは変えにくくても、行動の仕方はその人の意識一つで変えられます。そして、知っておきたいことは、周囲の人はその人の行動を見て、その人を評価するということです。すなわち、期待に応えられる行動をとってくれればよくできる、期待にそぐわないものであれば駄目。いってみれば、どんなに優れた知識や技能をもっていても、期待に応えられる役割行動がとれなければ、組織の中では評価されません。

　この役割意識を養っていくには、まず自分の感覚を鋭くし、周囲がいま自分に何を求めているかをつかむことが大切です。組織の中でいう周囲とは、上司もいれば先輩もいます。また、同僚もいれば保護者もいます。自分に期待されることは、その場の状況と相手によって違ってきます。この違いを感じ取ることが何よりも必要です。その上で、自分がどんな行動を起こせばよいのかを考えることが大切なのです。

4. まず行動の計画化から

　何をするにしても、ただ行き当たりばったりではうまくいきません。仕事をするうえで、まず自分で目標を達成するために計画を立てて何をすべきか具体的に考えることです。たとえ最初は小さなことでも、一つずつ計画化の実践をすることが将来に生きてきます。

第1章　保育のこころえ

まず計画（Plan）を立てて、それに基づいた行動（Do）を起こすことです。その上で、自分のとった行動が計画通りに進んだか、目標を達成したかどうかなどを検討評価（Check）することが大切です。また、必要に応じて改善（Action）を行います。仕事とは、常に計画（Plan）⇒行動（Do）⇒検討評価（Check）⇒改善（Action）の連続なのです。

5. 創造的な仕事の進め方

仕事とは、本来、それぞれが自分自身で課題を見つけ、考え、行っていくものです。もちろん、最初は仕事の仕方も上司や先輩の指示や命令でやっていきます。しかし、いつまでも指示・命令がなければ動けないようでは困ります。

仕事を創造していく能力とは、常に自分の思考範囲と行動範囲を広げ、自分の目と耳と足を使って仕事を探し、そして自分の頭を働かせて、それをどうやったら効果があがるかを考えていくことです。

ステップ1 自分が知らないことを知識として習得していく段階
ステップ2 自分がまだできないことを、上司や先輩の指導を受けてできるようになっていく段階
ステップ3 自ら自発的に仕事を探し、考え、取り組んでいく段階

この3つのステップを踏んで、少しずつ自分なりの仕事を創りだしていくことができます。仕事とは、待っているうちに自然に生まれるものではなく、できるようになるものでもありません。常に自分から主体的に創りだしていくという気持ちをもつことが何よりも必要なのです。

6. 仕事の特性を知る

（1）仕事の流れをつかむ

どんな仕事でも自分一人のところで終わってしまうことはありません。小さなミスだと思っていても他に影響を及ぼすことがあります。上手な仕事の進め方とは、仕事の全体の流れを知っておくことです。

（2）緊急性、重要度を見分ける

仕事とは、急いでやらなければならないものと、少々時間がかかっても慎重に事を運ばなければならない重要なものがあります。知っておきたいのは、重要なことだから今すぐにやらなければとは一概に言えません。

（3）同質の仕事は同じ時間内でやる

仕事にはよく似た性質のものがあります。仕事のコツとは、同質の仕事をなるべく同じ時間内にまとめて処理していくということです。

7. 仕事を改善するコツ

いつまでも上司や先輩から言われたことだけをただ漠然とやっていればよいというものではありません。人から与えられた仕事こそ、自分なりの改善の着想で、昨日より今日の方がより早く、正確に、充実した仕事の結果を生むようにすべきです。そのための点検法として次のような「三ム主義」を心得ておくことが大切です。

（1）ムダはないか

仕事の改善をするポイントの一つに、現在の仕事のなかでムダなことやムダなものはないかという視点で、仕事の見直しをすることがあります。ムダとは金銭的・物的なものばかりではなく、時間もこれに含まれます。

（2）ムラはないか

ムラとは、物事に一貫性がなく統一されていないことをいいます。仕事上のムラをなくすことも大切ですが、忘れてはならないムラは、仕事に対する自分の心のムラです。

（3）ムリはないか

いくらやる気があっても、対処できない量の仕事を抱えてしまうと、結果的には組織全体の業務を停滞させてしまいます。組織の仕事とは、全員が協力しあって進めていくものです。そのために役割分担がなされているのです。

第3節　指示の受け方・報告の仕方

職場では通常、上司や先輩の指示・命令をもとに仕事をしていきます。そして、仕事が完了したらそれらを報告することが組織の中では常識です。この相互のやりとりがあって初めて組織の中の仕事が効果的に動いていくのです。そこで、指示・命令を受ける時、どのような点に注意すればよいのか、その要領をマスターしておくことが大切です。

1. 指示を受けたら、確認すること

指示を受けたら「はい、分かりました」だけですませてしまわないことです。それがたとえどんなに簡単なことでも用件を確認しましょう。よくいわれる5W1H（When, Where, Who, What, Why, How:いつ、どこで、誰が、何を、なぜ、どのように）に照らしてその指示を復唱し、不足なところを補いながら確認するようにします。

2. 報告は結果を先にすること

報告のコツは次の順序ですることです。

第1章　保育のこころえ　17

① 仕事の結果を先に伝える。

② 経過や状況の説明は、結果の後にする。

③ 自分の意見は、最後に伝える。

3. 報告がなければ仕事は終わらない

　仕事では、指示・命令されたことをやってしまえば、それで終わりというわけではありません。当然、その仕事が完了すれば報告しなければなりません。たとえ、どんなに仕事がうまくいき無事に終わったとしても、報告を怠っているのでは、その仕事は完了したとはいえません。なぜなら、報告を受けない限り、指示・命令者にはその仕事がどうなっているのか分からず、気がかりになるからです。報告がなされなければ、仕事が終わっていても実は仕事は未完了ということになります。このことをしっかり覚えておくことが大切です。

第4節　セクシャル・ハラスメントについて

　セクシャル・ハラスメントとは、職場において行われる性的な言動で、それに対する対応によって仕事を遂行する上で、一定の不利益を与え就業環境を悪化させることです。

男女雇用機会均等法（平成18年改正）　第11条

1. セクシャル・ハラスメントの概念

【性的な性質の言動を行う。発言・視覚型】

（発言や視覚によるセクシャル・ハラスメント）

　性的なうわさを流す、性に関わる発言、しつこい交際の誘い、性的関係の強要、体に触る、ヌード写真を見せるなど就業環境を著しく不快なものにする性的言動。

【それに対する反応によって仕事をする上で一定の不利益を与える。対価型・地位利用型】

（対価を求めるセクシャル・ハラスメント）

　上司からの性的要求を拒否したため、解雇や昇級差別、職場配置等の職業上の不利益が生じる場合。

【相手方の意に反した場合。意に反する言動】

　セクシャル・ハラスメントであるか否かについて、相手の判断が重要です。いつも意思表示があるとは限りません。

① 親しさを表すつもりの言動であったにしても、本人の意図とは関係なく相手を不快にさせてしまう場合がある。

② 不快に感じるかどうかは個人差がある。

③ この程度のことは相手も許すだろうという勝手な憶測はしない。

④ 相手とは良好な人間関係ができているという勝手な思い込みはしない。

⑤ 相手が拒否し、または嫌がっていることが分かった場合には、同じ言動を決して繰り返さない。

2. セクシャル・ハラスメントを行わないために

児童福祉施設の職員及び関係者は、セクシャル・ハラスメントをしないようにするため、次の事項の重要性について十分認識しなければなりません。

① お互いの人格を尊重し合うこと。

② お互いが大切なパートナーであるという意識をもつこと。

③ 相手を性的な関心の対象としてのみ見る意識をなくすこと。

④ 異性を劣った性として見る意識をなくすこと。

第5節　仕事に臨む態度

① 一人一人が責任を持ち、「誰かがするだろう」と考えない。誰の担当か分からない時はそのままにせず、確認を取るか、「私がします」と申し出るようにする。

② 仕事の指示を出す時は、必ず「○○さんお願いします」と個人名をあげ、担当を明確にする。職員間の伝達、保護者への伝達の場合も、「○○に依頼」「○○が伝える」と個人名を明らかにする。

③ 必ずメモ・ノートを持つ。

④ 提出物の期日は必ず守る。自分の仕事が期日までにできない時は、「二日遅れます」「明日になります」と忘れずに報告する。また、仕事の途中経過も「今○○まで進んでいます」と報告する。

⑤ 原則、園の書類を自宅に持ち帰らない。やむを得ず書類等を持ち帰る時は、園長・副園長・教頭や主幹・主任の了解を得て、翌日には必ず持ってくる。個人情報に関する書類は持ち出し禁止である。

⑥ 個人のロッカーや引き出しは、整理しておく。食べ物は絶対に置かないようにする。

⑦ 保育室はいつも片づけ、安全で清潔な保育環境をつくる。掲示板、テラス、保育室の机の上や棚、ピアノの上などは常に片付けておく。こどもの手の届くところにハサミやカッターなど危険な物を置かないようにする。

⑧ 保育室を離れる時は、「○○へ行ってきます」と必ず声をかける。昼休みに私用で園外に出る時も同様とする。

⑨ 児童福祉施設であり、いろいろな人が利用していることを忘れてはいけない。

⑩ 保護者からのいただき物は受け取らない。「仕事ですのでお気持ちだけいただきます」と丁寧に伝える。

⑪ 保護者と個人的な関係を持たない。「誕生会に来てください」「家の店に寄ってください」などの誘いは受けないようにする。

⑫ 携帯電話は必要最低限で使用し、勤務時間とプライベートな時間との区別をはっきりさせる。

⑬ 緊急時以外は電話の取り次ぎはしない。連絡先を伺い「こちらから連絡させます」という。

第1章　保育のこころえ

1. 出勤した時

① 「5分前の行動」ということをいつも頭に入れておく。

② 自転車・バイクを駐車場に入れる時は、園の規定に従う。駐車は決められた区域にする。

③ 警備を解除し出入り口を開ける。職員室のカーテンやブラインド、窓を開ける。

④ 着替える。

⑤ 出勤簿がある園は印鑑を押す。

⑥ こどもの鼻水がいつでも拭けるようにポケットにティッシュペーパーを持っておく。

⑦ 保育事務日誌等を見て、伝達事項を確認し、受け入れる時に適切に対応できるようにしておく。

⑧ 保育室の換気を行う。冬季は気温が低い場合は暖房を入れる。

⑨ 危険物がないか園内を見回る。受け入れ準備などに漏れがないか確認する。

⑩ 雨天日は、滑りやすいので足拭きタオルなどを出入り口に置き、滑らないよう対応する。

⑪ 保育ができる態勢になったら、こどもを「おはようございます」と笑顔で受け入れる。担当ではないこどもの受け入れでも連絡帳を確認して、保護者の訴えを知り、普通の状態と違うと思えば、「報告・連絡・相談（ほう・れん・そう）」の基本原則を守る。

2. 休暇をとる時

① 勤務シフトを組む関係があるので前月の15日までに休暇申請を出し許可を得る。

② 自分の業務は完了させ担当に引き継ぐ。

  1）園だよりの原稿

  2）合理的な配慮が必要なこどもへの個別配慮

  3）保護者への伝達事項など

③ 休暇明けの勤務時間を見ておく。

④ 県外へ出る場合は、園長に連絡先を知らせる。休暇中に園児の事故も考えられる。留守番電話ではなく確実に連絡のとれる場所を園長・副園長・教頭に伝えておく。

⑤ 体調が悪いなど急に休みを取る時は、必ず園長・副園長・教頭・主幹・主任に連絡する。病気で休んだ場合は、翌日の勤務が可能かどうか速やかに園に連絡を入れる。

⑥ 休暇明けは業務につく前に保育事務日誌等をよく読み、休暇中の保育を知る。詳細については同僚に尋ねるなどして全体の動きを知ることに努める。保護者は、職員が休みであったことなど知らず、また、「自分は休みでしたから」という理由などは通らない。

⑦ 主幹・主任や各クラスのリーダーが休む場合は、必ず代理を決める。代理は一日の保育を園長・副園長・教頭に報告する。

⑧ 旅行など前もって予定が立つ時には、他の職員との関係や行事との兼ね合いを考え、できるだけ早く申し出る。

3. 時差出勤で終了する時

① 勤務終了時刻を考えて、他の職員と連携をとり計画的に行動する。

② 保護者に伝えることがある時は、遅番への引き継ぎをする。

③担当園児の一日の様子を追加記録する。翌日の申し送りがある場合は記入する。勤務時間内で記入できない時はそのままにしないで「○○さんお願いします」と他の保育者に引き継ぐ。

④週日案の反省は、○時までに週日案に書き入れ次の日の準備をしておく。

⑤自分の分担業務で園長・副園長・教頭や主幹・主任に経過報告をすべきものはないか確かめる。

⑥他の職員に「○時勤務です。あがります」と声をかけ「お疲れ様でした」と挨拶する。自分よりも早い勤務の保育者が残って仕事をしている時は、「何かお手伝いをすることはありませんか」と声をかける。

⑦翌日休みや研修の場合は「明日は○○です」と関係の職員に知らせる。旅行命令簿の事務処理をし、園長・副園長・教頭に提出する。

⑧着替える。

4. 最終勤務終了の時

①チェック表を見ながら戸締まりをする。必ず一つずつ確かめながら行う。

②トイレが汚れていたら掃除・消毒を行う。トイレットペーパー等を補充する。

③各クラスの机、棚の上を整理する。所定の場所に書類や玩具を片付ける。

④衣類やタオルの忘れ物はないか、名前のない衣類がそのままになっていないか見回る。

　〈衣類等の忘れ物があった場合〉

　1）名前があるか確認する。

　2）名前があった場合は、メモを残し、連絡を入れる。

　3）汚れものの洗濯物があった場合、洗濯する。濡れているものは干しておく。

　4）翌日へ引き継ぐ。保育事務日誌に記入する。

　5）名前のない場合は、翌日他の職員に確認し、分からない時は「名前なしの衣類展示」をする。

⑤降園時刻の記入漏れはないか調べる。

⑥保育事務日誌に明日の早番への申し送りを追記する。

⑦保育事務日誌を見ながら最終報告を園長・副園長・教頭・主幹・主任にする。

⑧翌日の勤務時間を確認する。名札を外す。

⑨着替える。

⑩チェック表を見ながら職員室内の戸締まりの確認を行う（窓、防犯カメラのスイッチ）。必ず一つずつ確かめながら行う。

⑪園舎の鍵をかけ、警備をセットする。

5. 非常勤職員等との協力・協調

①感謝の気持ちを伝える。

　常に「ありがとうございます」「助かります」と声をかけ、楽しく働きやすい雰囲気をつくる。

②重要な「個人情報の守秘義務」を知らせる。

　園児の個人的な情報や職員のプライベートに関することなど、園内外で話さないようにしっかり伝えておく。園内のことを全て見られるのだから、全職員は常に社会人として、教育者とし

て恥ずかしくない行動をとる。

③ 仕事はやって見せる。

道具は何を使い、どのように使用するのか一度はやって見せ具体的に教える。「一つできたら見せてください」と言い、仕上がりを確認してから進めてもらう。後でこんなはずではなかったと言っても、お互いが嫌な気持ちになるだけなので、最初の伝え方が大切である。

④ 時間を守る。

時間で勤務をしているのだから勤務終了時間は守る。「時間ですよ」と声をかける。時間内にダラダラと仕事をすることがないように、「○分までに○○をお願いします」「次は○○をお願いします」というように分かりやすい指示をする。

⑤ 仕事の全責任は保育者にある。

非常勤職員は正規職員の指示を受けて動いているので非常勤職員が側にいてこどもが怪我をした場合、それを指示した正規職員の責任である。そのため「こどもの側についてください」という大まかな説明ではなく、具体的に指示する。

⑥ 研修の機会を持つ。

研修の機会をつくり、一緒に保育をしていく仲間として専門性の向上を図るとともに信頼関係を築いていく。

第6節　登園・降園の対応

1. 登降園時、保護者留意事項

① 駐車時は車のエンジンを切る。（安全のため）

② 車で送迎の場合、チャイルドシートを着用していなかったら「チャイルドシートは義務づけられています。着用しないととても危険ですし、違反にもなります」と説明する。

③ 「車に乗る時はまずこどもから、降りる時は大人から」「こどもと手を繋いで歩く」ということを繰り返し知らせる。

こどもは急に飛び出したりすることがあり、危険であることを伝える。

④ こどもだけで登園させない。保護者も保育室まで入ってきてもらう。

3歳以上児の場合、車から降ろしたこどもに保護者が付き添わずに門扉から1人で登園させることがないように伝える。こどもは予測のつかない行動をとることがあり、一人で突然家に戻ろうとすることも考えられる。

保育者は保護者と必ず挨拶を交わし、こどもの様子を伝え合うことが基本である。

⑤ こどもだけを車に乗せて待たせたり、他の保護者や保育者と話し込んだりしないように伝える。

こどもが道路に出たら危険なので、気づいたらすぐに「お子さんだけでは危険です」と伝える。子どもが車内に取り残れることがないようにする。

⑥ 駐車場が狭い場合は、互いに譲り合い駐車することをお願いする。

⑦ 通用口の扉は必ず閉め、鍵をかけてもらうことをルールとして習慣づけてもらい徹底する。

⑧ 通用口の扉をこどもがよじ登ったり、跳び越えたり開けたりしないようにする。思わぬ事故に
つながったり、他のこどもが勝手に出て行ったりすることがあり、危険であることを伝える。

2. 降園時の対応

日誌の申し送りを必ず確認する。

（1）保護者の姿が見えたら、保育者は「おかえりなさい」と明るく元気に挨拶をする

① 保育室に複数の保育者がいる場合には、こどものそばに行く保育者が「私が迎えの対応をします」と声をかけ、連携を図る。

② テラスや廊下で迎えの保護者に出会ったらクラスの保育者に「○○さんお迎えです」とすぐに伝える。

③ こどもが園庭で遊んでいたら、「○○ちゃんお迎えですよ」とこどもにも知らせる。

④ 保護者より先にこどもの側へ駆け寄り、身支度を整える。

【3歳未満児】

・シャツが出ていたらズボンの中に入れる。

・おむつのこどもは濡れていないか確認し、濡れていれば『今出たようですね、かえますね』と言って保護者が帰り仕度をしている間に交換する。

・口の周りなど汚れていないか見て拭く。

・夏は汗を拭く。

・鼻水が出ているか確認して拭く。

【3歳以上児】

・シャツをズボンに入れて身だしなみを整えるように声をかける。

（2）延長保育

① おむつは濡れていないか、迎えの30分前には見ておく。

② 抱いたり手を繋いだりして、保護者のところへ連れて行く。

こどもが、自分から保護者の元へ走り寄った時も必ず保育者がそばに行き、こどもの手を握る。帰り際に急に熱が出る場合もあるので、こどもの肌に直接触れて熱がないか確認する。少しでも熱いと感じたら「少し熱い気がします」と言ってすぐに検温する。熱があった場合は、遊びの様子・食欲・機嫌などを、細かく保護者に伝える。

③ 担当以外の保育者も、保護者の方に顔を向け明るい声で挨拶する。

④ 今日の保育の様子を伝える。担当がいないから伝えられないということはない。保育日誌を見て、楽しそうだったことや成長したと感じた場面を話す。「○○だったそうです」「○○みたいです」と自分は見ていなかったといわんばかりの伝え方はしてはいけない。不信感を抱かれ信頼関係が損なわれる。

（3）保護者以外の方が迎えにきた時には

① 事前に代理の迎えがあると連絡があった場合は、一度迎えに来たことがあるか確認を行い、ク

第1章　保育のこころえ　23

ラス担任へ伝える。また、初めてのお迎えの場合は、身分証明書を職員室へ提出してもらう。その後「○○さんですね」とクラスへ案内し、担任へと引き継ぐ。

〈例〉 背が高く青いジャケットを着ている40歳ぐらいの女性で「山田さん」です。

② 連絡がなく、突然迎えに見えた場合は「お伺いしていないものですから、確認させていただきますので、少々お待ちください」と言い、こどもとの関係を確認してから保護者に連絡をして一緒に帰してよいか確認する。

【気をつけること】

① 離婚や別居されている場合、お迎えの方以外が迎えに来た時は、一緒にいた父親や母親であっても確認がとれるまでは渡してはいけない。こどもが嬉しそうに付いていこうとしても「申し訳ありません。連絡を受けていないものですから」と断り、引き渡さないようにする。

② 親権者※から「会わせないでほしい」と言われている場合は、こどもと顔を会わせないようにする。
　※親権者：未成年の子に対して、保護・監督・教育・財産の管理などの権利・義務を持つ者。

③ 園での怪我や噛みつき等で保護者に報告しなければならない時は、代理の方に伝え、さらに保護者にも直接連絡をする。直接誠意を持って状況を伝えることが大切である。

④ 書類を渡す時は、必ず連絡帳に「○○をお渡しします」と記入し印鑑を押す。代理の方にも説明しながら渡す。翌日、「○○はご覧になりましたでしょうか」と保護者に声をかけ確認する。

3. 病後のこどもの受け入れ

　保護者の話を聞きながらこどもをよく観察します。保護者は休ませたくないという思いがあるので、症状を軽く伝える場合があります。「大変ですね」と共感を持って話をするようにします。

① 保護者の前で、電子体温計で検温をする。

②「昨日の熱はどうでしたか」と様子を尋ねる。
　平常体温になって24時間経過しているか確認を行い、経過していない時は、自宅で様子をみてもらうように声をかける。

③「食欲はいかがでしたか」と尋ねる。こどもの表情などから「まだいつもの笑顔が出ないようですね」「機嫌はいかがでしょうか」と保護者が伝えやすいように声をかける。

④「どちらの病院へ行かれましたか」「お医者さんは何とおっしゃっていますか」と尋ねる。
　発疹がある場合で感染症などが疑われる時には、小児科受診を勧めます。「現在○○が1名でていますので」と問診の際の情報を伝えます。原因不明の発疹であっても、医師に園での集団生活が可能かどうかを聞いていただくように話します。

⑤ 感染を疑われる症状で登園してきた時には他のこどもとできるだけ接触しないように保育室に入っていただかずに、すぐに保育者がテラスや玄関に出て応対をする。長くなる場合は玄関から職員室に案内をする。特に麻疹が流行している場合は、熱が一度下がり風邪と診断されていても、発疹がないか保育室に入る前によく見る。全職員が日頃から保育一覧表を見て、流行している病気、感染症発病期間を知っておき対応できるようにしておく。

⑥ 複数の保育者で受け入れを行う。

判断に迷った時は、保護者の前でオロオロせず「しばらくお待ちください」と言って、主幹・主任やクラスの責任者を呼ぶ。

⑦ 登園時、「連絡先は○○でよろしいですね」と緊急連絡先を確かめる。

⑧ 病気のこどもに触れた後は、保育に就く前に手洗い、アルコール消毒をする。

第7節　入園・退園の対応

1. 新入園児の受け入れ

(1) 市区町村より入所決定の連絡が入る

保護者から園に連絡が入ったら「入所の面接をさせていただきたいと思います。ご都合はいかがでしょうか」と、面接日時を決めます。

(2) 面接時配布書類準備（事前にセットしておく … 担当は教頭・主幹・副主幹・主任・保育者）

【保護者に渡し説明するもの・記入していただく書類の例】

① 「入園のしおり」　　② 同意書　　③ 児童家庭調書　　④ アセスメントシート

⑤ 緊急連絡表　　⑥ 物品購入用紙　⑦ スポーツ保険の用紙（途中入園の場合）

⑧ 各年齢別面接用紙　⑨ 職員紹介　　⑩ 保護者会の規約

⑪ 小児科健診受診用紙（途中入園児のみ、入園後2ヶ月以内）

【保育者が準備する書類】

① 新入園児面接記録

個人記録として担当保育者が責任をもって記入する。

(3) 新入児面接

① 「入園のしおり」を読みながら、園の方針、保育内容を具体的に説明する。特に保護者の要望の受付をする項目は、保護者の意思を尊重する。

② 面接記録の項目の順に話を進めながら記録を取っていく。

保護者の養育態度、園への要望なども尋ねる。

園（集団生活）への理解を持ってもらうとともに、「安心して預けられる、預けたい」という信頼感を抱いていただけるように自信を持って話す。

③ まずは家庭育児の「あるがまま」を受け入れるようにする。月齢の低いこどもは、授乳量など家庭の延長として園でも受け入れ、こどもの状態を見ながら徐々に調整していく。

④ 離婚されている保護者は、親権者以外の人が迎えに来ることはないか、例えば別れた父親が来る可能性がある場合などは、その時の対応まで話をしておく。

第1章　保育のこころえ　25

(4) 受け入れ準備

担当保育者を決めます。登園時間を確認し初日受け入れ責任者を決めます。

① ロッカー
② タオル掛け
③ 靴箱　　　　　　　　　　　　　名前シールを貼る
④ 日誌、出席表に名前を入れる
⑤ 連絡帳、お便り帳の作成

〈0歳児〉
① 授乳名札・離乳食名札を作る
② 離乳食経験一覧表に記入する

(5) 初日の保育

① 登園時間を確かめ、受け入れ担当保育者を決めておく。
② 環境が変わり不安になるこどもの気持ちに共感し、優しく抱いて受け入れる。「お待ちしていました」という歓迎の気持ちを保護者にも伝える。
③ 靴、バッグ、連絡帳、手拭きタオルなどの置き場所、登降園の手順を担当保育者が案内し知らせる。
④ 何か違和感や普通ではないと感じたらどんなことでも園長・副園長・教頭・主幹・主任に報告する。
⑤ 申し送り用紙で新入児の名前生年月日を全職員に知らせ、全員が新入児の顔を覚える。送迎の保護者の顔も覚える。
⑥ 安心するような連絡帳を書く。
　特に3歳未満児は生活（食事・便の様子・睡眠）の状況を具体的に記入する。3歳以上児は友だちとの遊びの様子も伝えるとよい。「ずっと泣いていた」とか「不安そうにしていた」などとは絶対書かないようにする。保護者の返事・感想も報告し、園全体で新入児を迎え入れる体制をとる。
⑦ 提出された書類をまとめる。
　緊急連絡表はファイルしておく。

2. 外国人乳幼児や海外から帰国した園児の受け入れ

　園での外国人乳幼児等の受け入れと対応についての基本的なあり方をまとめて提示します。
　基本的な対応は、他のこどもと同じなので、特に外国人乳幼児等の受け入れについて配慮すべき点をあげます。

(1) 新入児面接

① 文化・習慣の違いに配慮し、園生活等について丁寧に説明を行う。また、受け入れ体制を整

えるため、園児と家族の情報を丁寧に聞き取る。

② 通訳が必要な場合には、市区町村の国際課に相談をしたり、グーグル翻訳などで可能な限りコミュニケーションを取る。

(2) 受け入れ準備

① 入園説明の時に、聞き取った内容をもとに、受け入れ体制とともに環境を整える（通訳やボランティアの手配、帰国・外国人園児等指導協力者の申請、教材の収集やクラス内の雰囲気作りなど）。

(3) 初日の保育

① 言葉や習慣の違いに不安を抱える園児を温かい雰囲気で迎え、よいスタートが切れるように配慮する。また、園生活に馴染みのない場合、靴箱やロッカー、トイレ等の説明も丁寧に行う。

② 安心するような連絡帳を書く。特に3歳未満児では日常生活（食事・便・睡眠）の様子を具体的に記入する。3歳以上児は、友だちとの遊びの様子を丁寧に伝える。「ずっと泣いていた」とか「不安そうにしていた」などということを書くと必要以上に不安をかきたてることになるので、口頭で説明するようにする。保護者の返事・感想についても必要なことは園長・副園長・教頭・主幹・主任に報告し、園全体で新入児を迎え入れる体制を整える。

(4) 配慮事項

① 毎日の園生活に慣れることを優先し、コミュニケーションの手段として、翻訳機等で母国語を使用していく。また、日本語を伝えていく手段として、毎日のコミュニケーションに必要な言葉やフレーズから順番に教える。可能であれば定期的に通訳を依頼する。

② 言葉が通じないことで孤立しないように、食事など楽しい雰囲気作りを行うことや、清掃等の当番活動を通じて関わりを作っていくようにする。

③ 園に慣れてきた場合、日本語指導を徐々に充実させていくようにするが、無理強いはしないように十分気をつけ、配慮していく。

④「ゆっくり話す」「短い文章で話す」「伝えたいことは同じ表現を使う」「やさしい表現に言い換えて話す」など話が相手に伝わるように十分に気をつける。ジェスチャーを加えると伝わりやすい。

⑤ 日々の保育の中で外国人及び帰国子女のパーソナルシートを作り、活用する。

3. 退園時の対応

(1) 保護者より退園の申し出を受ける

① 退園届けを記入してもらい、市区町村または園に提出をする。

② 事務手続きをしてもらう。退園が決まったらできるだけ早く（毎月20日を目安とする）申し出てもらう。

（2）準備すること

① 最終登園日と、転居される保護者には転居先（連絡先）を、承諾を得て聞いておく。

② 延長保育料・保育用品購入代・保護者会会費などの諸雑費未納があれば内訳・金額を知らせ、支払いを受ける。

③ 退園申し出があったらすぐに個人購読の月刊絵本などを辞める連絡を業者へ入れる。

④ 退園月の分まで購読していただく。翌月分が届いている場合は絵本を渡し代金を受け取る。

（3）当日にすること

　個人の持ち物を持ち帰ってもらう。チェック表を渡し、忘れ物がないように保護者に確認してもらう。

〈3歳未満児〉

カラー帽子・手拭きタオル・氏名印・歯ブラシ・防寒着（冬）・布団セット・おむつ・着替えなど

〈3歳以上児〉

カラー帽子・道具箱・（絵の具・吹き口）・クレパス・自由帳・氏名印・個々の作品など

① 「お元気で。さようなら」と笑顔で挨拶をして見送る。3歳未満児は抱っこしたまま帰って、靴を忘れることがあるので「忘れ物はありませんね」と声をかけ、確認する。

② 衣類棚、タオル掛け、靴箱、お便りボックスの名前シールを取っておく。

③ 園より貸し出していた保育用具などがあれば返却を受けとる。

第2章　言葉遣い・話し方・コミュニケーションの図り方

　職員は、常に正しい言葉、美しい言葉で話すよう努め、「正しく」「分かりやすく」「感じよく」を心がけます。そして、園としてふさわしい言葉遣いを心がけます。とりわけ、こどもたちにふさわしくない言葉が蔓延しないよう細心の注意を払い、指示命令語は使わないようにします。例えば、「お部屋の中は走らないで」ではなく「お部屋の中は歩きましょう」というようにするということです。

第1節　言葉遣い

1.「正しく」

① 発音は明瞭に、語尾まではっきりと発声する。

② その場に応じた声の大きさで話す。

③曖昧な表現、間違いやすい言葉（類似語）に注意する。例えば、1時と7時。7時は「ななじ」
と呼ぶと間違いが少ないといわれている。

2.「分かりやすく」

①保育の専門用語はできる限り使わないで一般的な用語で話す。

②簡潔に要領よく話す。

③結論を先に話す。

④相手に合った言葉と速さを心がける。

3.「感じよく」

①相手の目を見て話す。朝夕の受け入れは重要なことが多いので、目を見て明るくはっきりとし
た声で対応し、適切な返事をする。「うん」ではなく「はい」と声に出す。「はい、はい」とい
う二つ返事をしないようにする。

②共通の話題を選ぶと保護者も親近感を抱くが、友だちのようななれなれしい会話はしない。

③敬語を正しく使うように心がける。

④語尾を上げない。

⑤「マジー」「ヤバイ」などといった言葉や流行語は使わないようにする。

第2節　挨拶言葉

　挨拶で大切なことは、素直な気持ちで挨拶ができるかどうかです。照れたり、格好をつけたり、
乱暴な感じだったりすれば、かえって相手の気持ちを損ねることになります。挨拶は人と人が理解し
合う第一歩です。組織では、挨拶ができない人に仕事を任せることはできないといわれています。

　挨拶にもいろいろありますが、要は心と心が交流できる挨拶を交わすことが大切です。いくら心を
込めても、黙って突っ立っていては、相手に気持ちは伝わりません。気持ちを表すには、それにふ
さわしい動作や言葉も必要になります。動作と言葉はごく自然に調和がとれていることが大切です。

　また、挨拶をする前に相手の状況を考えることも大切です。忙しい最中に長々と挨拶されるの
は迷惑になります。挨拶にもその時どきでふさわしいものがあります。

　①挨拶は人と人を結ぶ大切な言葉であることを常に意識する。

　②相手の目を見て挨拶をする。

　③こどもや保護者の手本になるという自覚を常に持つ。

1. 挨拶がなぜ必要なのか

　「挨拶」とは、「相手の心に入り込み、お互いが切磋琢磨する」ことを意味しています。人間社
会で「挨拶」が必要なのは、挨拶が次のような意味をもっているからです。

① 今日一日を楽しく過ごしましょうという心の表れ。

② 今から始まろうとしている新しい出会いを意義あるものにしていきたいという意思表示。

③ 相手を意欲づけたり、行動に走らせたりする「気づき」としての動作と言葉。

④ 昨日までとは違う新しい自分に出会う可能性を秘めた節目。

2. お辞儀と挨拶のポイント

(1) お辞儀

① 慌ただしいお辞儀をしない。「礼」は三息（吸う息で上体を倒す。吐く息で止まる。次に吸う
  息で体を起こす）である。

② 背筋を伸ばしたまま、腰から深く上体を屈する。

③ 体を起こす時は、心もゆっくり起こし、顔を上げた時に相手と目が合うようにする。

④ 体を屈する時は、相手の顔や目に視線を置かない。上目使いになると、相手に不愉快な思い
  をさせる。

　お辞儀のポイントは、頭だけを下げるのではなく、腰から体を倒すところにあります。そして、
穏やかな表情で優しさがにじみ出ていることが大切です。挨拶はタイミングをはずすとお互い声
をかけにくいものです。まず、自分から先に声をかけるようにします。

(2) 挨拶

① 出勤したら「おはようございます」という。この時「おはようございます」の「ま」のところで、
  頭を下げると美しく感じられる。一日のスタートは明るい声で。また、「おはようございます」だ
  けでなく、相手の名前を言い、そして軽い言葉を添えると一層効果的で、心も自然に込められる。

② 午前11時を過ぎたら「こんにちは」という。

③ お待たせする時は「しばらくお待ちください」、そして「お待たせしました」という。

④ お詫びする時は「すみません。申し訳ございません」。失敗した時、他人に迷惑をかけた場合は、
  弁解がましくならないように、まずは素直に謝る。状況説明や理由はそれからである。

⑤ 相手の労をねぎらう時は「お疲れ様」という。研修から帰ってきた時や出張から帰ってきた時の
  上司・同僚には、この一言がとても嬉しいものである。

⑥ 外出する時や帰ってきた時は「行ってきます」「ただいま帰りました」という。外出する時、園へ帰っ
  てきた時は、はっきりとその存在を知らせる。

⑦ 仕事中や話をしている時に用を伝えたい時は「お仕事中恐れ入ります」「お話し中失礼いたしま
  す」と一言断ってから声かけをする。直接上司や同僚だけでの間では「ちょっといいですか」「よ
  ろしいですか」でよいが、保護者やお客様がいる時には必ず丁寧に断る。

⑧ 退勤する時は「お先に失礼いたします」。先に帰る人には「お疲れ様でした」、自分が帰る時には「お
  先に失礼します」と挨拶をする。「ご苦労様でした」とは、目上の人が目下の人に使う言葉である。

第3節　気をつけなければならない言葉遣い

1. 言葉は心のメッセージ

　本当に素直な気持ちを相手に伝えたいのに、それが言葉として出ないし、まとまらないという経験は、誰にでもあると思います。伝えたいことを言葉で流暢に伝えている人を見ると、それだけでうらやましくなってくるものです。それに心を添えれば、もっと大きな効果があります。

（1）敬語

　敬語には「謙譲語」「尊敬語」「丁寧語」があります。ここでは、敬語の使い方のポイントをあげておきます。

謙譲語	相手に対して自分をへりくだって使い、結果として相手を尊ぶ言葉
	基本は、「お（ご）…する（します）」など
尊敬語	相手に対して敬意を表し、敬う際に使う言葉
	基本は、「お（ご）…なる、られる」
丁寧語	慎みの気持ちを持って、あることを丁寧に言う時に使う言葉
	基本は「…です（ございます）」

　「お」や「ご」は、相手の物事や相手に関わりのある物事に使います。丁寧語にも「お」や「ご」がありますが、使いだすとキリがなくなるので、つけない方がいい場合があります。今では、ついつい謙譲語を相手に対して使ってしまう人が多いようです。「申す」とか「参る」は謙譲語なのですが、「申されましたとおり」と言って、自分では相手を敬ったつもりになってしまいます。これは誤った使い方なので注意しましょう。

（2）忠告

　人に忠告する時に気をつけなければいけないのは、善意を売りものにしてはいけないということです。「相手のことを思って言ったのに」とか「善意が分からないなんて」などというのは、善意でもなければ好意でもありません。

　忠告したり注意したりすると、人によっては戸惑ったり、不愉快になる場合もあります。だからといって、相手を批判したのでは忠告した意味がありません。心を込めて相手の立場を思って忠告したのですから、きっといつの日か相手は気づいてくれるものです。何よりもいけないのは、思いつきで、よく確かめずに忠告することです。

（3）依頼

　相手に依頼する場合は、相手の立場をよくわきまえて依頼しなければなりません。物事を依頼する時は、依頼する直前に心の整理と頼みごとの整理をしたいものです。

第2章　言葉遣い・話し方・コミュニケーションの図り方

① 自分の都合だけを考えた押し付けになっていないか。

② なぜ依頼するのか。

③ 相手を信頼して頼むことができるか。

④ 物乞いになりはしないか。

(4) 断り

はっきり「ノー」と言わないために、友情にひびが入ったり壊れたりした経験はあると思います。どうしても受け入れることができない時に「ノー」と言うことができないようでは、真の友情とは言えません。いくら考えても駄目なものは、相手の感情をくみとり、傷つけないような配慮をしながら、その場で断ることが大切です。

(5) お詫び

お詫びといえば「すみません」という言葉を素直に発することは、何をおいても大事なことですが、これにも気持ちを表すようにしたいものです。「深くお詫びいたします」「不始末をいたしまして、申し訳ございません」というようなお詫びの言葉を知っていても、通りいっぺんのお詫びでは何にもなりません。お詫びとは、相手に誠意を認めてもらうことです。

① 相手の立場に立つ。

② お詫びの言葉から始める。

③ 心から詫びる。

わざとらしい形ばかりのお詫びでは、かえってマイナスになります。心からお詫びすれば、相手に誠意が伝わり、新しい局面が生まれてくるものです。

2. 不適切な言葉遣いと望ましい言葉遣い

不適切な言葉遣いと望ましい言葉遣いを右ページの表にまとめましたので確認してみましょう。

第4節　電話のとり方、受け方

手軽で便利な電話を仕事の世界で上手に使いこなすには、どうしたらよいのでしょうか。

1. 伝える側の心がけ

電話は、もっぱら聴覚だけに頼る伝達方法です。相手を目の前にした会話ならば、言葉を身振り手振り、表情などで補ったり、物を見せたり、あるいは図や文字を書いたりという具合に、視覚に訴えることができますが、電話ではそうはいきません。

このため、ちょっとした勘違いから思わぬミスが発生することもあります。誤りの多くは、こ

【園児に対して】

不適切な言葉遣い	望ましい言葉遣い
（園児の所属するクラスへ）帰って、帰って。	帰りましょう。戻りましょう。
行って。	行きましょう。
早くして。	（次は）○○をしましょう。
何してるの。	何をしているのかな。
どいて。	ちょっとよけてもらえるかな。
またこんなことしてる。	○○すると嬉しいな。△△すると助かるな。
やめて。しないで。	□□するとみんなが喜ぶだろうね。

【保護者やお客様に対して】

不適切な言葉遣い	望ましい言葉遣い
誰。	どちら様・どなた様。
ありません。	ございません。
できません。	いたしかねます。
知りません、分かりません。	存じません。
ちょっと待ってください。	少々お待ちください。
してもらえませんか？	お願いできませんでしょうか？
電話してください。	お電話をお願いします。
言っておきます。	申し伝えます。
来てください。	お越しください。
行きます。	参ります。
します。	いたします。
来ました。	お見えになりました。
聞いております。	承っております。
どこへ。	どちらへ。
どうでしょうか？	いかがでございましょうか？
いいでしょうか？	よろしいでしょうか？
はあ？　なんでしょうか？	もう一度おっしゃっていただけませんでしょうか？
園長はまだ来ておりません。	園長は席を外しております。
お父さんがそう言っていました。	お父様がそうおっしゃっていました。
わたしでよかったら聞いておきますが……。	わたくし○○と申しますが、差し支えなければ承っておきますが……。

【上司・先輩に対して】

不適切な言葉遣い	望ましい言葉遣い
こちらに来て、これでいいか見てください。	こちらにお出でいただいて、これでよいか見ていただけますか。
主幹・主任に手伝ってくれと言われました。	主幹・主任に手伝ってほしいと言われました。
園長先生はまだ帰っておりません。	園長はまだ帰っておりません。

注：上司や先輩から指示する場合は、「〜してくれ」とは言わず、必ず「〜してほしい」と言う。
注：同僚・上司の名前に「さん」や「先生」はつけない。「【苗字】は」と言う。

第2章　言葉遣い・話し方・コミュニケーションの図り方

ちらの情報が先方に正確に伝わらないために起こります。何よりも、自分の言いたいことをちゃんと理解してもらえるように心がけます。

① やや大きめの声で、ゆっくりと話す。
② 語尾まではっきりと話す。
③ 曖昧な言葉、誤解を受けそうな言葉、相手の知らない記号・専門用語は使わない。
④ 複雑な内容・数字・日時などは復唱してもらう。
⑤ 相手が不在で伝言を頼む場合は、特に正確に伝わるように注意する。また、後からの電話トラブルを避けるため、誰に伝言を頼んだのか、忘れずに聞いておく。

2. 受ける側の心がけ

話し手がいくら一生懸命に話していても、聞き手が聞き流していては、せっかくの努力も水の泡となります。聞く側が態勢を整えることも大切です。

① 要点をメモしながら聞く。
② 相槌は、確かに聞いているという合図。「はい」だけではなく、相手の言葉を繰り返すとよい。
　〈例〉「○○日ですね」。
③ 分からないこと、不明瞭な点は納得のいくまで確かめる。
④ メモしたこと、大事なポイントは復唱して確認する。

3. 長電話

何度かけても話し中でイライラされることはよくあることです。長電話も工夫次第で、もっと短くできるものもあります。長電話は仕事が中断される相手にとっても迷惑です。挨拶は簡単にすませ、上手な切り出し（「ところで」「早速ですが」）で早く用件に入るようにします。

① 「○○の件ですが……」と用件を言う。
② 話す内容、順序をあらかじめ考えて、簡潔に要領よく伝える。
③ 途中で席を立たずにすむように、必要な書類や資料は手元に用意しておく。
④ 話が長くなる時は、相手の都合を尋ねる。
⑤ 相手を電話口で待たせない。すぐに出られない場合はかけ直す。

4. 見えない目を意識する

電話は相手が見えないといっても、態度や姿勢は気配で伝わるものです。相手が目の前にいるつもりで姿勢を正しくすると、受け答えも自然と礼儀正しくなります。

① 声にも表情がある。明るく穏やかな声で丁寧に。
② 電話での会話は、まず名乗り合いから。相手が名乗らない場合は確認する。

③ 途中で電話が切れた時は、原則的にはかけた方がかけ直す。「途中で切れまして、失礼しました」と一言詫びてから、続きを話す。

④ 初めの挨拶同様、終わりの挨拶（「ありがとうございました」「よろしくお願いします」「失礼しました」）を忘れない。

⑤ 相手が切ったことを確認してから、受話器を静かに置く。

5. 苦情電話

数ある電話の中で、一番気が重いのが苦情電話です。

苦情処理も大事な仕事の一つです。対応をおろそかにすれば、園の信用問題にもかかわってきます。謙虚に先方の言い分を聞き、誠意をもって対処するようにします。

① 感情的になっている人に理屈を言ってもムダである。「申し訳ありませんでした」「ご迷惑をおかけしました」等、お詫びの言葉で相槌を入れ、相手に話したいことを十分に話してもらい、落ち着くのを待つようにする。

② 話の途中での反論や弁解は、相手の怒りに油を注ぐことになるのでしないようにする。

③ 相手が冷静になったら、状況を聞き出す。

④ たとえ自分が担当者ではなくても、迷惑をかけた組織の一員として、詫びる姿勢をもつ。相手にとっては、電話に出た者が担当者かどうかは問題ではない。

⑤ 電話のたらい回しはしない。最初に話を聞いた者が話すべき担当者、あるいは先輩・上司に用件の趣旨を伝えて、バトンタッチする。同じ話を何回もさせられることほど腹立たしいことはない。

6. 病気などで保護者に電話をかける時

保護者はこどもの病気により仕事を早退することとなり、「困ったなあ」「大変だ」と思うものです。同情的なニュアンスで早口にならず、ゆっくりと話すことが大切です。特に、病気で休みの多いこどもに対しては、「昨日は元気だったのですが、大変ですね」など、相手の気持ちや家族の生活状況に応じて、保護者の身になって共感するようにします。

7. 電話の受け答え、その他の注意点

① 園長や同僚が研修や会議で不在の際に電話がかかってきた時は、「ただいま会議で出ております」と言い、「園長先生」や同僚の名前に「先生」をつけない。

② 職員の携帯電話番号などは教えない。相手が「こちらからかけますので。携帯電話の番号を教えてください」と言っても絶対に教えない。個人の携帯番号、メールアドレスは個人情報である。プライバシーポリシーを厳守する。

③ 勤務中、同僚に電話がかかってきた時はすぐに取り次がない。「ただいま保育中のため電話に出ることができません。手が空きましたら電話をさせます。差し支えなければお名前と電話番号を伺います」と伝える。

④ 保護者から出勤していない職員を指名しての電話がかかってきた時は、「休んでいます」「まだ来ていません」とは言わずに、「外しております」と伝える。また、研修出張の場合、「△△は研修に出かけておりまして、本日は遅くなるということで当方には戻って来ないと申しておりましたので、私○○が伺っておきましょうか」と言う。
⑤ 園関係の方の場合、相手の名前の後には先生をつけるのが望ましい。

第5節　連絡帳について

1. 園と家庭の連携

　連絡帳は、園と家庭が連携をとり合い、こどもの生活を把握して保育するために有効な手段です。また、保育の専門家として保護者に子育てのアドバイスや励ましを与えることができるとともに、保護者の意見や要望も知ることができます。

　しかし、その書き方には配慮が必要です。保護者に報告や連絡をする時は、こどもの姿をありのままに知らせることになるので、正直すぎる文章では、誤解を受けやすくなります。記入した後、読み直すことが大切です。

　保護者は、園の中でのこども同士の遊び、交流、保育者との関わりなどの人間関係、おやつ・昼食・昼寝・排泄などの生活、お世話がどのように行われ、どのような発達や成長、反応を示したかを知りたいものです。記入する際には、保護者が不安にならないように、不審に思わないように保育者の「温かい配慮」や、保育者の意図的な働きかけがうかがえるように書くことが必要です。

　保護者はときとして、当日の出来事など、当日の欄しか見ないことがあるので、前日の降園後の生活や遊び、保護者が記入してきた家庭の出来事を知り、つながりのある子育てにしていかなければなりません。「保育は24時間の中で」という保育の大原則の事実を認識することが大切です。

　保護者によっては、連絡帳を明日の育児に役立てたり保護者自身の生活の励みにしたりすることもあります。これは連絡帳の意義であり、重要な役割です。

　こどもは「未分化」です。大人を小さくした形という表現は全く適しません。ペットや動物を扱うような表現になったり、歌手やタレントといったいわゆるアイドルに使う言葉や表現になったりしないように気をつけながら尊んで向き合って話すようにしましょう。

　保護者が連絡帳に書いてくる内容に、園や保育者に対する意見・要望・苦情などがあったら連絡帳でのやりとりだけで解決しようとは決してしないようにします。速やかに園長・副園長・教頭や主幹・主任に「報告、連絡、相談（ほう・れん・そう）」をし、迎えの時、口頭でその対応に努めましょう。

　気になる家庭での様子や、園での様子を知らせてほしいという記入があった時、育児への励ましや共感が必要と考えた時、育児相談など返事が必要と思われる時も、園長・副園長・教頭や主幹・主任に報告し返事を書くか、面談をするようにします。

① 主語はしっかりと書く。
②「今日は」という言葉から始めない。

③ 文字を美しく書こうとする努力は必要だが、美しく書けない時は、丁寧に楷書で書く。

④ 保育用語は必ず漢字で書く。

⑤ 保育の専門用語をやたらに使わない。分かりやすく平たく書く。

⑥ 誤字・脱字がないようにする。口頃から誤字の多い保育者は、必ず辞書を活用する。

(1) 意見・要望・苦情の時

家庭からの欄に「昨日頭を洗ったらたくさん砂がついていました。どんな遊びをしたのでしょうか?」と記入があった場合、これは髪に砂がついたままであったことへの苦情と考えられます。迎えの時に遊びの様子を具体的に伝えることが大切です。

連絡帳には「砂遊びを楽しみました」という返事ではなく、「気づかずに申し訳ございませんでした」の一言を記入し、まずは受け入れる姿勢を伝えることが大切です。

(2) 連絡帳に書くには不適切な表現

① じゃれあう　② パクパク食べる　③ ニッと笑う　④ ちょこんと座る　⑤ 泣き叫ぶ

⑥ 激しく泣く　⑦ ずっと泣いています　⑧ だだをこねる　⑨ なつく

⑩ 手足をバタバタさせる（0歳児、腹ばいで遊ぶ時期。移動しようと手足を動かす様子を表現）

⑪ 走り回る　⑫ 動き回る　⑬ 歩き回る　⑭ ウロウロする（動物的な表現）　⑮ ～してくれる

⑯ ～してあげる（保育者が中心になった表現）　⑰ 一生懸命～しています

⑱ 頑張っています（目的意識のない未満児には使わない）

(3) 1日の生活が保護者にひと目で分かる形式の工夫

① 毎朝、全園児の連絡ノートを集め各担任が必ず目を通しておく（日付をよく確認する）。

② 登降園時刻の変更、体調の良し悪し、投薬など保護者からの連絡は必ずチェックしておく。

③ クラス全員が提出しているか、必ず確認する。

④ 園や担任に対しての苦情や意見などが書かれている場合は、すぐに園長・副園長・教頭や主幹・主任に報告する。嬉しい内容についても同様である。

⑤ 質問された場合、必ず回答の内容を主幹・主任に確認してもらう。

⑥ 保護者から何かしらの助言を求められている時は、分かりやすく、励ましになるよう、相手の気持ちになって書く。

⑦ 家庭との関わりを大切にするために、連絡ノートに書かれた内容のところに印鑑またはサインをして返す。

⑧ 毎日何らかの内容で、必ず園での様子を具体的に伝える（返事がこなくても必ず書く）。

⑨ ノートの内容はプライバシーに関わるため、保護者以外の人の目に触れないよう配慮する。

⑩ 日記ではないのであくまでも保育者の立場で書く。

2. 0・1歳児の連絡帳で特に気をつけること

① この年齢では、こども一人一人の24時間を把握することが大切である。園での様子はもちろん、家庭でのミルクの量・食事・睡眠・便の様子なども記入してもらい連携をとるようにする。迎えの時、渡し忘れのないようにする。保護者が忘れた場合には電話をする。

② 0歳児は一日の総ミルク量、便の回数を欄の左上に記入する。体重増減の原因や、そのこどもの体調を知る手がかりになる。

③ 乳児の保護者は「ミルクを飲んでいるだろうか」「食事は食べているだろうか」など不安が多い。特に心配されている方には、降園時に必要に応じ連絡する。

3. 2歳以上児の連絡帳で特に気をつけること

① 2歳児は週に1〜2日、3歳児以上になれば、身の回りのこともほとんど自分でできるようになり、毎日生活面でお知らせすることも少なくなるので、記入は原則としてお知らせがある時とする。それを入園時の説明でしっかりと伝えておく。食事量は平常と変化のある時に伝える。

② 保護者から「なぜ毎日書かないのか」と尋ねられたら、保育者は、「こどもと接する時間を十分に持つことが大切だと思っております」と話す。「しかし、どうしてもとご希望の時はおっしゃってください」と添える。

4. 連絡帳を見る手順

① 登園後、保育当番、またはクラス内で早い勤務の保育者など担当を決め、責任をもって連絡帳を見る。

② 口頭で言いにくいことを訴えてくることが多いので、何を伝えたいのかを丁寧に読み取る。勤務先変更などを書いてくることも多い。

③ 各クラス担当の保育者が連絡帳を見る。

④ 気になること、日頃と違うと思われること、育児相談、薬について、苦情などがあったら園長・副園長・教頭や主幹・主任に報告する。

⑤ 登園時刻の遅いこどもは、その都度確認を行い、9時を過ぎても連絡のない場合は、電話連絡をする。

第6節　保育記録の書き方

　保育日誌、ケア記録、園児事故記録、意見・要望・苦情記録を記入するにあたっては、確認のためにも声に出して読むようにします。また、大切なものですから念のために翌日も読み返すようにします。

【保育記録を記入する時の表現】

	不適切な表現 （自分だけ理解できるのは駄目です）	適切な表現 （具体的に書きましょう）
1. いつ	しばらくしてから 夕方に 18:10 3時に	→ 2分ほど経過して〜 　　ちょうどその時〜 → 18時30分ごろに → 18時10分 → 15日の午後3時に
2. どこで	部屋で 園庭で 駐車場で	→ ○○組保育室で → 園庭の東の隅で → 南駐車場で
3. なにがあった	人指し指の第一関節を5mmほど切った 右膝を怪我した	→ 第一関節を長さ5mm（深さ5mm）切った → 右膝を擦りむいた（擦過傷） 　　右膝を打撲して青くなった
4. 誰が 　　誰と誰に	山田が 田中と鈴木に	→ 保育者山田が → 園児田中と、園児鈴木に
5. 何を	おもちゃの奪い合いを	→ 赤いプラスティックの玩具の奪い合いを
6. なぜ（原因）	保育者田中の態度が悪かったため	→ 保育者田中が「えっ、おやつを持って帰るんですか？」という言葉を発したので、その態度や口調に
7. どのように 　　どのような	※ここの欄は重要です。 　　記入漏れが多い	→ こわばった顔になり → 不安な表情になり → 紅潮した顔で → 怒った口調で　　など
8. その時にどのような対処をしたのか。どう思ったか。感じたか。感じていたか。	傷の手当をした 謝った、お詫びした ※無自覚なことが多いので、周囲の保育者に聞いて自分の気持ちを確認すること	→ その傷を水で2分ほど洗い流した →「申し訳ありません」と言った → そのような返答をしたが、相手に不快感を与えた自覚はなかった。 → 保護者から指摘されるまで、私、田中は気がつかなかった。

第7節　社会見学の基本姿勢

　消防署、警察署、科学技術館、博物館、図書館、駅など見学先によって、それぞれ失礼のないように連絡し、事前の準備をします。園の施設名を名乗り、お世話になるのですから、迷惑をかける行動はとらず、こどもにもさせないようにします。

1. 手順

① 予定が決まったら、見学場所へ早めに申し込みを行い、日程を決める。「申請書」提出が必要な施設では、施設に用紙を取りに行き提出する。「○○のために」とねらいをはっきり伝える。

② 2日前には確認の電話を入れる（引率責任者）。

　1）時間を守り、相手に迷惑をかけない。

　2）予定の5分前には到着するように園を出発する。

③こどもには、何のために見学するのか具体的にねらいを知らせる。事前に図鑑や紙芝居を見せて調べ興味を引き出す。

〈例〉 消防署の人たちはどんな仕事をしているのかな。

④出発前、到着時、現地出発時の人数の報告をする。

⑤施設内での約束として、「騒がない・触らない・並ぶ・勝手に行動しない」などを繰り返しこどもが分かるように話す。

⑥写真の撮影は許可を得てから行う。

⑦感じたことを絵に描くなどの活動を取り入れ、できるだけ関連して遊びが発展するような環境を作る。

⑧反省をすぐにまとめ、来年に生かすように記録する。

1) 迷惑をかけなかったか。

2) こどもたちの反応はどうだったか。

3) 保育者は園の代表として伺うことを自覚していたか。

4) 「次回は出発を10分早くする」など具体的に残す。

第8節　衣類の紛失について

1. 衣類の間違いをなくすために

①間違いがないように衣類棚の使い方を統一する。取り出しやすく確認しやすい衣類の入れ方（おむつのある0・1歳児）を図で示し徹底する。非常勤の保育者でもすぐに分かるようにすることが大切である。

②棚には名前シールを貼る。

③衣類には必ず名前を書いてもらう。気がついたらその場で書けるようにマジックを用意しておく。

④汚物入れのビニール袋がないところは、その都度個別に声をかける。

⑤衣類の間違い、衣類の紛失が多い時は保育を考え直す。

1) 保護者にもご協力いただき、間違いはないか見てもらうように呼びかける。ポスターを貼る。

2) 着脱のさせ方の手順はどうか。その都度衣類を袋に入れているか。

3) 臨時職員・パート職員等に名前を確認せずに片付けをしてもらっているのではないか。

4) 棚に名前はあるか。

5) 分かりやすい位置に名前シールは貼ってあるか。

2. 紛失物の申し出があった時

①ポスターを掲示する。受付日報で全職員に知らせる。

②全クラスの名前のない衣類、洗濯物、散歩バッグなどを確認する。棚の周囲の人、似た衣類を持っている人、間違いの可能性が限られている物は、その対象の人に声をかけ積極的に捜す。

③ポスターは1週間掲示し、出てこない時は外して園長・副園長・教頭や主幹・主任に報告する。「ポスターを出し、声をかけ捜したけれどもでてきませんでした。残念です。これから十分気をつ

けるようにします」と心を込めて伝える。出てこなかったからといってそのままにしない。

④ 続けて紛失している人、購入したばかりの物、明らかに保育者の落ち度による物は園長・副園長・教頭に相談し適切に対処する（同じ物を購入して返すなど）。

3. 名前のない持ち主不明の衣類がでた時

① クラスの保育者に声をかける。受付日報に記入し全保育者に知らせ、記憶のあるうちにすぐに声をかけ合うと持ち主が見つかりやすい。

② 似た衣類を持っている人には声をかける。紛失衣類を探している人に「これではございませんか」と見てもらうようにする。

③ 最終的に処分する。園で使えるパンツ、ズボン類やタオルは「園名」と記入する。

こどもには、日頃から持ち物には名前を書くことや、自分の物は名前を見て判断することを知らせていく。

④ 処分する期限を設けて知らせる。

第9節　記録のとり方

1. ポイント

記録をとる時には、ありのままに、分かりやすく、時系列に事実を書くようにします。

（1）文字・書き方

① 楷書体を用い、適当な大きさの文字で記録する。

② サインまたは印鑑を押し、責任の所在を明らかにする。

③ ボールペンで記録する。鉛筆は使わない。

（2）内容

① 5W1H（When, Where, Who, What, Why, How）の要素を念頭において書く。

② 実施内容、こどもの言葉、助言・指導の内容などはありのままに記入する。

③ 自分の判断と他の意見を混同して書かないように気をつける。

（3）記録の取り扱い

① 記録は所定の場所に保管し、秘密保持に心がける。外部の人に見えるところに置かない。

② 個人のプライバシーに関する記録は園の外に持ち出さない。守秘義務違反になる。

③ パソコンにはパスワードを設定し、セキュリティには万全を期し、誰にも見られないようにしておく。

④ パソコンデータは、外部には持ち出さない。データが入っている媒体の保管場所には鍵をかける。

第2章　言葉遣い・話し方・コミュニケーションの図り方

第10節　お便り（園だより・クラスだより）について

1. ねらい

① 保育内容を紹介し公開することで、園への理解を深めてもらうことができる。

② 保護者の投稿等により、子育ての楽しさや大変さを共感する交流の場となる。

③ 記録を公表することにより日々の保育の見直しができ保育者の専門性が高まる。

2. 作成にあたり

① 年度当初、入園当初にお便りの目的を伝え、こどもの写真などが掲載されてもよいかどうかの確認をとっておく。

② 園の品位が出るので、人権に配慮し細心の注意をする。プライバシーの侵害になるような表現や、個人を攻撃するような表現をしない。

③ 男の子だけ、女の子だけというような表現や写真は避ける。

④ 単身家庭の差別ととられたり、不快に感じとられたりするような表現はしない。

⑤ 園だよりに予定を掲載し、案内をしたものは必ず実施する。やむを得ず変更する時は、変更の案内を出す（公に文書で発表することは、大変な責任を負うことであるため）。

⑥ 行事予定に間違いはないか、副園長・教頭や主幹・主任が最終的にチェックし、園長に確認してから印刷する。

⑦ 担当だけで作るのではなく、全員で作るという自覚を持って取り組む。役割分担と提出期日を守る。日々の保育の中でその都度記録を取り、発行前の月末に慌てることなく計画的に取り組む。

⑧ 既定の発行日は守る。特に3歳以上児は、行事案内が多いので遅れて発行すると保護者の信頼を失う。

⑨ こどもの写真は、全員写っているか、写っていないこどもがいないように、各クラスでチェックする。各クラスで確認するとともに特定の園児に偏りがないか含めてチェックする。

3. 配布にあたり〜心を込めて〜

　発行したらすぐ、すみずみまでよく読んでおく。保護者から意見を求められたり尋ねられたりした時、「まだ見ていません」「分かりません」というようなことでは、信頼を失います。

第11節　園内掲示について

1. 掲示物に園のイメージがでます

① 分かりやすく

　何のために掲示したか誰にでも分かるような表現で書く。常に読み手の立場になって書くこと。押し付けがましい表現や、変にへりくだった表現はしないようにする。

【押し付けがましい表現】

×	○
○日までに必ず持ってきてください。	○日までにお願いします。
都合のつく方は申し出てください。	都合のつく方は保育者に声をかけてください。

【へりくだった表現】

×	○
持ってきていただけませんでしょうか。	持ってきてください。
お願いできませんでしょうか。	お願いします。

② 誤字を書かない

　誤字や表現の間違いがないように、十分に気をつける。

　必ず掲示前には園長の承認を受ける。

③ 所定の位置に掲示

　ポスターなどは貼る場所を一定にし、送迎時に見てもらうようにする。

④ 定期的に貼り替える

　期限を過ぎたものをいつまでも貼っておかないように、また掲示物が斜めになっていたり外れていたりしないかを確認する。

⑤ 見やすく貼る

　掲示物の大きさ、高さ、位置が不揃いでないか、また掲示物が斜めになっていたり、外れていたりしないかを毎日チェックする。

第12節　研修のこころえ

1. 園外研修

　研修は職員代表で出ているので、出発前に職員に「研修に行かせていただきます」という謙虚な気持ちと、「研修に行かせていただきましてありがとうございました」という感謝の気持ちを伝えます。他の職員から信頼されるということは、このようなちょっとした気持ちの表れからなのです。現場で自分が抜けたところをカバーしてもらえることへの感謝の気持ちも伝わります。

　1週間前には研修内容を確認し、講師は誰か、著書があるか、あれば読んで下調べをしておく等、意欲を持って臨むようにします。受け身で「指名されたから行く」という感覚ではいけません。会場までの交通機関等も合わせて確認します。県外研修の場合には、1ヶ月前に宿泊場所、航空券の手配をしておきます。

　開始時刻には遅れず、できるだけ前列で講義を受けるようにします。「講師の顔を間近に見て聞く」のと、「顔を見ないで聞く」のとでは大きな違いがでるものです。録音したい講師の時は、講義収録の許可をいただき録音するようにします。

　原則として、園に出勤してから出かけて行きます。帰りは、研修が終了した時点で必ず園に電話

をします。特別用事がない場合は、そのまま帰宅してもよいのですが、勤務終了時刻より早く終了した場合は園に戻り勤務します。園に戻ったらすぐに、園長に資料を見せ大まかな報告をします。

研修報告書は、忘れないうちに、記憶がしっかりしている3日以内にまとめ、参加報告書として提出します。自分にとってよかったと感じたところは記録を取り、感想を述べるなどしておきます。必ず全職員に報告をする機会を持つようにします。講義を録音していたら聴いてもらいます。

2. 参加報告書の書き方

所定の用紙に基づいて書きます。

① 事実に基づいて資料をもれなく整理する。不要と思われる資料も「没」にしない。

② 勝手な解釈を入れて報告しないようにする。

③「講師が何を求めているのか、訴えているのか」を確認する。

④ 最後のページには、要約・結論・感想を述べる。

⑤ 特に強く感じたところや「共感」したところ、「自分のものにしたい」ところなどがあったら赤線などを引いて分かり易くしておく。

⑥ 読み返して誤りがないことを確認する。主語・述語の関係など文脈や句読点・仮名遣い・誤字・脱字などを辞書で確認する。

⑦ 講師の著書、関連書物等、積極的に読んでみると意外にも講義で分からなかったところなどが理解できることがある。

3. 園内研修

職員の資質向上のために、園内研修は、一人一人の職員が受け身にならないように積極的に参加します。そして、生き生きとした空気を作るよう次のことに心がけます。

① 研修課題を事前に作成する。

② 全員参加、全員発言をモットーにする。

③ 開始、終了時刻は定刻を守る。

④ 必ず取り組み経過を記録しておく。

園内研修の目標を明確にし、なぜ園内研修を行うのかという問題意識を全職員が持ち、内容については職員のニーズを聞くことを大切にします。

① 園が解決しなければならない現在の課題と近い将来のために備えておくべき課題を整理する。

② 園の方針や保育業務に対して職員の姿勢の注意を促したり、叱咤激励する場ではないので、説教調になったり、幹部の独壇場にならないように心がける。

③ 職員間で研修担当や責任者を決め、全職員が主体的に取り組み、個々の資質の向上に努める。

第13節　実習生、ボランティアの受け入れ

1. 実習生の受け入れ

　実習生を受け入れることは、実習生への指導を通じ、保育者自らの保育について改めて見つめ直すことができ、保育者自身の成長の機会にもなります。また、外部からの新鮮な視点で保育を見られることにより、保育内容を見直すよい機会ともなります。次世代の保育者を育てるのは、現場の保育者が関わることが大切なのです。

【受け入れの基本的な考え方】

①園への理解が深まり、保育者がやりがいのある仕事であると感じてもらえるように、実習プログラムを組む。緊張と疲労のために体調が悪くならないように、無理のないプログラムを立てるようにする。

②実習の目的は、所属校や年齢（実習回数）、職務（保育者・栄養士・看護師など）により異なるが、園として基本的に学んでほしいことは、1）保育所・こども園・幼稚園の機能と役割、2）乳幼児の発達の理解、3）乳幼児保育の理解、の3つが挙げられる。

③高い専門性を持つために、常に学ぶ姿勢が大切であることを保育者自らが手本となり知らせる。推薦図書や教材など積極的にアドバイスをする。学校で学んだことを進んで披露してもらうとよい（手遊び、紙芝居、絵本の読み聞かせ、ピアノを弾くなど）。

④実習プログラムは基本的に園の指導体制を中心に考え、組むようにする。事前に希望があればできるだけ取り入れ、予定を立てておき「これでお願いします」と渡せるようにする。

⑤実習生は全ての職員の動きや言葉を手本に学ぶことを全職員が自覚する。

2. 担当を決める

　総括は教頭と主幹・主任が行い、事前説明・実習プログラムの作成・所属校との対応・総合的な指導・助言・評価を行う。

3. 実習指導　クラス責任者（保育者）

①個別の保育場面に沿った指導や助言・実習日誌の助言指導・実習評価を行う。

②研究保育の指導助言・感想や質問を受ける（休憩時など常に話す機会を持つ）。

【受け入れ手順】

①実習の受け入れを承諾し事前説明会日時を決める。

②事前説明会までに主幹・主任が準備しておく。

【1週間前までに封筒に入れて準備】

①「実習のこころえ」

②園の概要

第2章　言葉遣い・話し方・コミュニケーションの図り方　45

③ 園だより（4月号と最新号）

④ 各クラス月案、児童名表（誕生月とふりがなのみ）

4. 事前説明の時に確認すること

① 実習期間と時間

   1）平日　8時00分〜17時00分、または、8時30分〜17時30分

   2）食事に関しては、担当職員の指示に従い、適切なタイミングで食べる。

②「実習のこころえ」を見ながら、服装、持ってくるものなどを説明する。

③ 通園手段を確認し（なるべく自転車や公共交通機関を使用してもらう）、駐輪場（駐輪の仕方）、
　駐車場を案内する。

④ 保育室、更衣室、出入口、出勤簿の場所を説明し、案内する。

⑤ 実習プログラムを渡し、各クラスの責任者を紹介する。

⑥ 健康診断証明書、腸内細菌検査証明書を受け健康状態で心配なことはないか尋ねる。

⑦ 実習生調査票（身分証明書）を預かりコピーをとる。

5. 実習日までに手配すること

① ロッカー確保

② 出勤簿に日程を書き入れクリアファイルに入れ職員の物とは別にしておく。

③ その他必要な資料など

【実習初日】

① こどもたちや職員に紹介する（自己紹介でよい）。保護者にも「実習生の○○さんです」と紹
　介する。

【実習終了日】

① 感想や反省などの振り返りの会を開く（日時・場所・参加人数を決めておく）。

② よかったところ、努力が感じられたところを多く伝え、意欲をもって保育現場につけるような
　助言指導をする。

③ 出勤簿は手渡しで返す。園長が確認印を押す。

④ 評価票は担当が下書きをして、園長・副園長・教頭や主任・主幹に見てもらう。コピーを取る。

⑤ A4用紙で作成したかがみ文を添え、7日以内に郵送する。

⑥ 実習日誌は印もれなどを調べ、7日以内に全て手渡せるようにする。

【助言指導の書き方】

① 保育所保育指針や幼保連携型認定こども園教育・保育要領、幼稚園教育要領をよりどころとし、
　こどもの発達をしっかり押さえて保育を知らせる。保育者の力量を問われるところである。

② 感想や反省に対しては、ポイントを押さえて指導し的確な助言を書く。

③「○○しなさい」と言う表現より、思いやりを感じるような同レベルでの「○○したらよいでしょう」というアドバイスの方が理解しやすい。

④時には、保育者の方から大切なことを選び指導する。これだけはという保育の本質的なものはしっかり伝える。一日の保育を省みて、ある場面での実習生の対応を分析しながら具体的に説明すると理解しやすい。

⑤「今日は・・・」「頑張ってください」「お疲れ様」などの決り文句は書かない。実習生にも「ありがとうございます」「よろしくお願いします」などの同じ言葉を書かないように伝える。

⑥丁寧な文字で書く。誤字のないようにあやふやな時は辞書を引くようにする。

6. ボランティアの受け入れ

　地域ボランティアなどを受け入れることの利点は、1点目は、園に対する理解が深まります。園を知っていただくよい機会となり、ボランティアの方に園と地域とを繋ぐ架け橋になっていただくことができます。

　2点目は、保育の内容と量が充実します。さまざまな人との交流により、こどもによい影響を与えることができます。職員では気づかないところ、手の行き届かないところへのフォローができるようになります。

　3点目は、園運営と保育の透明性の確保につながります。地域住民や利用者から評価を受けることにより、園の運営や保育の提供に客観性と透明性をもたせることが可能となるのです。

【受け入れ手順】

①申し出を受けたら

　希望の問い合わせがあった時には、必ず園長に報告・相談をして受け入れを決める。いろいろな方がいらっしゃるので独断で決めない。

②事前の打ち合わせ

　ボランティアの目的や期間などを説明する。

③当日までにすること

　1）担当を決める。

　2）当日の計画を立てる。

　3）名札、荷物を置く場所の準備をしておく。

第14節　面談の時の心構え〜保護者の信頼を深めるために〜

　教育（保育）方針、内容などを保護者に広く理解していただき、協力を得ることは必要です。保育していく上で、職員と保護者との意見が十分交わされていけば、お互いの信頼関係が生まれます。職員に対する理解と協力を得ることができるようになります。

1. 個人面談（保育者としての自覚を持って）

① 職員として節度ある態度で臨み、特定の保護者との長話は避けるようにする。もし必要な場合は、保育時間外の適当な時間を指定して対応する。

② 自分で判断できない問題については、上司に何事によらず相談し、指示を仰ぐようにする。

③ 園児の状況を話す時は、悪い点を述べる前に、その子の長所を話すようにする。

④ いかなる場合も、冷静に物事を判断するように努める。

⑤ 話し方は冷静に、しかも熱意をもって話を進めるようにする。

⑥ 時間は厳守する。定刻にきちんと開始し、早めに終了するよう心がける。

2. 家庭訪問（用件は短時間に、長居はしない）

① 園長に相談し、あらかじめ用件・時間を連絡した上で訪問する。

② 用件は短時間で切り上げるが、言葉遣いや態度には特に気をつけ、失礼のないようにする。

③ 家庭でのこどもの様子、生活環境を尋ねることが目的である。家庭内でのトラブルには深入りしないようにする。

④ 訪問は食事時間を避ける。

⑤ 園の機密事項や他の園児の家庭事情などは、絶対に口にしない。

⑥ あらかじめ、いただき物や過分なもてなしのないようお願いしておく。

3. 保育参観（事前の準備を十分に）

① 参観日の指導内容は年間計画に位置づけ、十分に準備しておくと、日常保育のままの姿で公開できる。

② 準備を十分しておけば、自信をもって臨むことができる。よく見てもらおうと思うと、かえって日頃の力を出せないこともある。

③ 参観内容・懇談会の内容・計画案については園長に事前に相談し、承認を得るようにする。

④ 園内外の清掃と整頓に努める。

⑤ 保護者に接する態度は明るく、「よく来てくださいました」という感謝の気持ちで接する。

⑥ 保育中は特定のこどもに指名や助言が偏ることのない、公平な保育を心がける。

⑦ こどもの状況をよく見てもらう意味でも、内容的には、表現活動や発表の得やすい活動を設定するとよい。

4. 懇談会（和やかな雰囲気の中で）

① 子育てが初めてで不安をもつ保護者、子育ての経験豊かな保護者、時には、祖父母も参加する子育て懇談会をしてみる。

② 家庭でのこどもの生活、お手伝い、食事、テレビゲーム、絵本、保護者との触れ合い、しつけ、休日の過ごし方など、懇談会のテーマはたくさんある。あらかじめテーマを決めてアンケート調査を行い、資料としてまとめておくとよい。

③ 保護者同士の経験談を情報交換するようにする。

④ こどもたちが歌っている歌を全員で歌うなど、和やかな雰囲気を作り上げる。

⑤ 懇談事項をまとめておく。

⑥ 当初予想もしなかった方向に話題がそれたりして、自分では判断できない質問などを受けた場合には曖昧な返答をせず、園長など上司に相談してから答えるようにする。

⑦ 懇談後、懇談内容についてよく整理し、園長に報告した後、職員会議などで研究の対象にして、クラス経営の参考にするとよい。

5. クレームへの対応（相手の気持ちをくみながら）

① 相手の気持ちをくみながら、よく話を聞く。

② 事の成り行きは、時間を追って客観的に説明する。

③ こちらに非がある場合は、心からお詫びをする。不明瞭な点はむやみに謝らずその旨を伝え、冷静に対応する。

④「日頃からこのように注意し対応している」ということをきちんと伝える。

⑤ 再発防止のための具体的な対応を示す。

⑥ 示談書が必要な場合は下記に例を示す。

⑦ 可能なら弁護士と相談する。

【様式1　示談書（例）】

※用紙集（p271）に掲載

第3章	人権・プライバシー・虐待

　日本国憲法と世界人権宣言に明示されている基本的人権の尊重とあらゆる差別の撤廃は、今や国内外において強い社会的要請があります。人が人と手をつなぎ生きていかなければならない中では、当然のことです。

　保育関係者は、こどもや保護者の人権を守る専門集団として、人権が何よりも尊重される保育とこどもや保護者への教育が急務であることを認識し、業務を遂行しなければなりません。

第1節　人権を配慮した保育

　こどもを人格視、同一視します。自分が痛くなくても「痛いね」と共感し、同じ思いになること、「分かるよ」「同じだね」と対等の立場で心を通わせることが大切です。こどもは「安心」「自信」「自由」が保障される権利を持っています。

1. 登園
① こどもを呼ぶ時は名前で呼ぶ。たとえ保護者が愛称で呼んだり呼び捨てにしたりしていても真似しない。保育者は肉親とは違う。

2. 受け入れ
① 挨拶は笑顔で、相手の目を見て挨拶をする。乳児を受け入れる時には、目の高さになるように体をかがめる（「こどもの目線で」）。

3. 食事
① 泣いて嫌がっているのを無理に口に押し込むなど、強制的な食事のさせ方をしないようにして、「楽しく食べる」ということを給食の基本とする。

4. 排泄
① おもらしをした時に、他のこどもの前でパンツを脱がせて「またおしっこでたの。駄目ね」など言わない。こどもの自尊心や羞恥心を思いやり、そっと拭き対応をする。また、うまく拭き取れない場合等、シャワーパンの中でパンツを脱がせシャワーをする。
② シャワー時は周りから見えないか確認をする。また、シャワー後は裸のまま保育室に行かせないで、パンツをその場ではくように指導する。着替えの部屋を仕切るなど工夫をする。
③ トイレの扉は閉めて使うことを知らせる。扉はしっかり閉まるか常に点検しておく。

5. 睡眠

① 無理に寝かしつけようと体を押さえつけたり、背中を強く叩いたりしない。

② うつ伏せで寝ていないか確認を行い、5分ごとに午睡チェックを行う。

③ おねしょをした時には、他のこどもに気づかれないように対応する。「○○ちゃんはいつもおねしょをする」と言わない。

6. 着脱

① 廊下など外部から見える所で着替えをしない。

② プール時の着替えなど、やむを得ない時以外は保育中に裸になる機会をつくらない。

7. 遊び

① 人数を数える時には、ものを数えるように「頭」に手をやる動作をしない。頭を叩いているように感じ不快感をもつ。肩や背中に手を添えて数える。

② 人間性を否定してしまうような叱り方はしない。

③ 「もうあなたはいらない」と閉じ込めたり、「○○組に行きなさい」と外に締め出したりしない。注意する時は、しっかりこどもの目を見て理解させる。当然のことだが体罰は絶対にしない。

④ 劇遊びなどの配役で、動きもセリフもない「石」「木」など、こどもの自尊心を傷つけるようなことはしない。

⑤ 単身家庭があるので「父の日」「母の日」の扱いは十分に配慮する。

8. 病気、その他

① 病気が発生した時には、他の保護者に気づかれないように伝える。「お子さんが最初です」と加害者扱いをしない。「早くよくなるとよいですね」と共感を持って伝える。

9. 社会性

① 発音のはっきりしない人、太っている人、障がいのある人、お年寄りなどを「ふざけてからかったり、真似したりしない、させない、許させない」ようにする。一人一人を大切にし、相手を思いやることを知らせる。

第2節　差別用語の禁止

　人権を守る保育をします。こどもや保護者と接してるときに、差別的な発言や言葉を使うことで、こどもを傷つけたり、保護者とのトラブルに発展することもあります。

　差別的な言葉には気をつけ、決して不適切な言葉は言わない、書かないようにします。

第3節　児童虐待

「児童虐待の防止等に関する法律」（第6条）により、保育者は児童虐待の早期発見・通告の義務が規定されています。

① 日頃の保育の中で、児童虐待の兆候をいち早く発見できるように、保護者やこどもの様子に注意を払うこと。「何かおかしい」という感性を研ぎ澄ますこと。

② 疑いを持ったらすぐに園長に報告し、全職員の問題確認と共通理解を図る。「こんなことを言ったら笑われるのでは」と考えない。

③ 保護者への助言指導で経過を見ることが可能か、それが不可能で生命の危険が感じられる、こどもの状態が悪くなる、保護者の対応に手を焼くなどの時は、すぐに専門機関に通告（相談）する。

④ 記録をとる。虐待を裏づける写真や今までの保護者とのやりとりなどを保管しておく。

1. 虐待防止へのチェックシート

【こどもの様子】

	チェック
不自然な傷や叩かれたようなあざ、火傷の痕がある。	
特別の病気がないのに、身長や体重の増加が年齢不相応である。	
ひどいおむつかぶれ、皮膚のただれや汚れがあり、不衛生な服装をしている。	
身の丈や季節に合わない服や、いつも同じ服を着ている。	
表情や反応が乏しく、笑顔が少ない。	
予防接種や健康診断を全く受けていない。	
虫歯が多く、治療されていない。	
年齢相応の基本的生活習慣が身についていない。	
給食を待ちきれないように食べ、おかわりを繰り返す。 または、食欲がなく、食べることに無気力である。	
保護者が迎えに来ても帰りたがらない。	
保護者の顔色をうかがい、ビクビクしながら行動する。保護者に甘える様子が見られない。	
過度に周囲の大人に甘える。	
友だち、大人、保護者のそれぞれの人に対する態度が全く違う。	
連絡もなく、登園してこない。	
おびえた泣き方をする。	
他者とうまく関われず乱暴である。	
衣服を脱ぐことに異常な不安を見せる。	
他者との身体接触を異常に怖がる。	
年齢不相応の性的な言葉や性的な行為が見られる。	

【保護者の様子】

	チェック
こどもの傷に対する保護者の説明が不自然。	
こどもとの関わりが乏しく、無関心である。	
こどもへの態度や言葉が否定的で乱暴である。	
必要以上に園に連絡したり、こどもに過度に密着したりする。	
保護者の価値観で行動し、こどものペースに無頓着である。	
思い通りにならないとすぐに感情的になって叱ったり、体罰を加えたりする。	
園との関わりを避けようとする（職員との面接の拒否など）。	
こどもがなつかないと言う。	
他のきょうだいに比べかわいくないと言う。	
こどもの医療について否定的、無関心である。	
精神疾患やアルコール依存症の治療中である。	
夫婦不和や家庭内の人間関係の対立で家出などをしている。	
借金などで経済状態が苦しい。	

2. 児童虐待の種類

（1）身体的虐待

　児童の身体に外傷が生じ、または生じる恐れのある暴行を加えること〈児童虐待防止法第2条第1号〉。殴る、蹴る、投げる、首を絞める、熱湯をかける、タバコの火を押し付ける、逆さ吊りにする、異物・毒物を飲ませるなど。

（2）性的虐待

　児童にわいせつな行為をすること、または児童にわいせつな行為をさせること〈児童虐待防止法第2条第2号〉。こどもへの性交、性的行為の強要・教唆、性器や性交を見せる、ポルノグラフィーの被写体になることをこどもに強要するなど。

（3）ネグレクト

　児童の心身の正常な発達を妨げるような著しい減食、長時間の放置など、その他保護者としての監護を著しく怠ること〈児童虐待防止法第2条第3号〉。家に監禁する、十分な食事を与えない、病気や怪我をしても適切な処置をしない、入浴させない、着替えさせないなど乳幼児をひどく不潔なままにする。

（4）心理的虐待

　児童に著しい心理的外傷を与えること〈児童虐待防止法第2条第4号〉。言葉による脅迫「バカ」「死ね」「殺す」、こどもを無視する、拒否的な態度を示す、こどもの心を傷つけることを繰り返し言う「いなければいいのに」「何をやってもだめなこどもね」、他の兄弟姉妹と著しく差別的な扱いをするなど。

第3章　人権・プライバシー・虐待

3. 職員の配慮

　児童福祉法及び児童虐待防止法では、虐待を受けたこどもの通告義務を国民に課しています。また、児童虐待防止法では、こどもの福祉に職務上関係のあるものはこども虐待の早期発見に努めなければならないとされています。なお、こども虐待の通告義務は守秘義務に優先すると規定しています。

　通告する時のポイントとして次のようなことがあります。

① 家族の氏名と住所（できるだけ正確に、分かれば家族構成も）。
② 虐待の内容と程度及び頻度・時期（いつ、誰によって、どうされたか。頻度や現在の様子。虐待者の状況）。
③ 虐待の状況が明らかな場合は必要ない。
④ 調査・支援の糸口（○○園に在籍している。兄が△△小学校何年生。家族が□□病院に通院中など）。
⑤ 通告者の連絡先。

【注意事項】
① 一人で抱え込まない。管理職をはじめ関係する職員と相談することが大切である。
② 対象児との関わり、保護者への対応、関係機関への連絡など、具体的な取り組みを園内で協議する。
③ 情報の共有を図り、取り組みの方法について確認し、職員間で共通理解をする。私たちが守ってあげるという意識を廃し、公的な所へ繋げる。
④ 関係機関との窓口は、管理職が行う。
⑤ 園で負った傷は、どんな小さなものでもよく見て「いつ」「どこで」「どうしたか」を職員間で確認し、保護者に伝える。打ち身などは後で青くなる。「園で虐待にあっている」と思われないように説明をする。
⑥ 家庭からの傷でも「園でしたのではないか。絶対家ではしていない」という保護者もいることを忘れないようにする。
⑦ 園は地域に最も身近な児童福祉施設である。よって、地域住民から虐待についての相談があったらすぐに対応し、関係専門機関に通告をする。
⑧ 通告についての秘密は守る。絶対に秘密を漏らさないようにする。
⑨ 記憶のすり替えが起きてしまうので、何度も同じことを質問しないようにする。

4. 園内での職員による児童虐待を防止するための取り組みについて

（1）日常的な保育場面等の把握

① 管理者による現場の把握

　園内での児童虐待を防止するためには、管理者が現場に直接足を運び保育場面の様子をよく見

たり、雰囲気を感じたりして、不適切な対応が行われていないか日常的に把握しておくことが重要である。

　不適切保育報道事例にあった施設の検証委員会報告書では、幹部職員の資質・能力、管理体制の問題について「幹部は支援現場にほとんど足を運ばず、職員との意思疎通や業務実態の把握も不十分であった。このため、職員配置の問題も放置され、また、一部幹部は虐待や疑義について『なるべく相談・報告しないようにしよう』という雰囲気を蔓延させる等、虐待防止体制が機能不全に陥ったと考えられる。一連の虐待問題に係る幹部の責任は重大である」と指摘している。

　日頃から、こどもや職員、サービス管理責任者、現場のリーダーとのコミュニケーションを深め、日々の取り組みの様子を聞きながら、話の内容に不適切な対応につながりかねないエピソードが含まれていないか、職員の配置は適切か等に注意を払う必要がある。

② 性的虐待防止の取り組み

　性的虐待は、他の虐待行為よりも一層人目に付きにくい場所を選んで行われることや、被害者や家族が人に知られたくないという思いから告訴・告発に踏み切れなかったり、虐待の通報・届出を控えたりすること等の理由により、その実態が潜在化していることが考えられる。

　近年の特徴として、携帯電話やスマートフォンのカメラ機能を悪用し、わいせつ行為を撮影し記録に残している悪質な犯行もみられている。

　性的虐待が起きる状況はさまざまあるが、「園児なら、被害が発覚しないと思った」などの卑劣な理由から、採用されて勤務を開始した直後から犯行に及び、こどもと二人きりになる場面を見計らって継続的に虐待を繰り返すなどの悪質な事案も報道されている。

　これらの虐待は、被害に遭ったこどもの情緒が急に不安定になったなど、本人の様子の変化を不審に思った家族や、虐待者である職員が異性の利用者とばかり接する等の問題行動があることに、他の職員が気づくことなどが、虐待発見のきっかけになっている場合がある。

　このような性的虐待を防止するためには、職員採用時に保育の現場に試しに入ってもらい、気になる行動がないか確認することや、勤務中は個人の携帯電話やスマートフォンの携行を禁止し不当な撮影を防止すること等、性的虐待を防止するためのさまざまな対策を検討することが必要である。園児の人権を尊重する職員教育の徹底とともに現実的な防止対策を講じることが重要である。

③ 経済的虐待防止の取り組み

　園内で、保護者から預かった現金を職員が横領したり、職員が保護者の名義で私的な契約を結び、その代金を保護者の口座から引き落とさせたりしていた事案や、法人が勝手に保護者の預金を事業資金に流用した事案などが報道されている。これらの事案においては、保護者の財産管理に対するチェック機能が働かず、横領など防止策が取られていなかったことが考えられる。

　保護者の財産管理にあたっては、預金通帳と印鑑を別々に保管することや、複数の者により適切な管理が行われていることの確認が常に行える体制で出納事務を行うこと、利用者との保管依頼書（契約書）、個人別出納台帳等、頼書（契約書）、個人別出納台帳等、必要な書類を備えること、利用者から預かっている財産の抜き打ち検査を行うこと等、適切な管理体制を確立する必要がある。

(2) 風通しのよい職場づくり

　虐待が行われる背景については、密室の環境下で行われるとともに、組織の閉塞性、閉鎖性が
もたらすという指摘がある。虐待報道事例にあった障害者福祉施設等の検証委員会報告書では、
虐待を生んでしまった背景には職場環境の問題として「上司に相談しにくい雰囲気、また『相談
してもムダ』という諦めがあった」「職員個人が支援現場における課題や悩みを抱え込まず、施
設内で、あるいは施設を超えて、相談・協力し合える職場環境が築かれていなかったと言える」
と指摘されている。

　職員は、他の職員の不適切な対応に気づいた時は、上司に相談した上で、職員同士で指摘をし
たり、どうしたら不適切な対応をしなくてすむようにできるか会議で話し合って全職員で取り組
めるようにしたりする等、オープンな虐待防止対応を心がけ、職員のモチベーション及び保育の
質の向上につなげることが大切となる。

　そのため、保育にあたっての悩みや苦労を職員が日頃から相談できる体制、職員の小さな気づ
きも職員が組織内でオープンに意見交換し情報共有する体制、これらの風通しのよい環境を整備
することが必要となる。また、職員のストレスも虐待を生む背景の一つであり、人員配置等を含め、
管理者は職場の状況を把握することが必要となる。職員個々が抱えるストレスの要因を把握し改
善につなげることで、職員のメンタルヘルスの向上を図ることが望まれる。職場でのストレスを
把握するために、以下の参考資料に掲載されている「職業性ストレス簡易調査票」等を活用する
ことも有効である（「障害者福祉施設等における障害者虐待の防止と対応の手引き」より参考）。

【職業性ストレス簡易調査票 A】
あなたの仕事について伺います。最も当てはまるものに○を付けてください。

1、そうだ　／　2、まあそうだ　／　3、やや違う　／　4、違う

1. 非常にたくさんの仕事をしなければならない	1	2	3	4
2. 時間内に仕事が処理しきれない	1	2	3	4
3. 一生懸命働かなければならない	1	2	3	4
4. かなり注意を集中する必要がある	1	2	3	4
5. 高度の知識や技術が必要なむずかしい仕事だ	1	2	3	4
6. 勤務時間中はいつも仕事のことを考えていなければならない	1	2	3	4
7. からだを大変よく使う仕事だ	1	2	3	4
8. 自分のペースで仕事ができる	1	2	3	4
9. 自分で仕事の順番・やり方を決めることができる	1	2	3	4
10. 職場の仕事の方針に自分の意見を反映できる	1	2	3	4
11. 自分の技能や知識を仕事で使うことが少ない	1	2	3	4
12. 私の部署内で意見のくい違いがある	1	2	3	4
13. 私の部署と他の部署とは協力関係がうまくいかない	1	2	3	4
14. 私の職場の雰囲気は友好的である	1	2	3	4
15. 私の職場の作業環境（騒音、照明、温度、換気 等）はよくない	1	2	3	4
16. 仕事の内容は自分にあっている	1	2	3	4
17. 働きがいのある仕事だ	1	2	3	4

（「障害者福祉施設等における障害者虐待の防止と対応の手引き」令和5年7月厚生労働省社会・援護局参照）

【職業性ストレス簡易調査票 B】

最近1ヶ月間のあなたの状態について伺います。最も当てはまるものに○を付けてください。

1、ほとんどなかった ／ 2、ときどきあった ／ 3、しばしばあった ／ 4、ほとんどいつもあった

1.	活気がわいてくる	1	2	3	4
2.	元気がいっぱいだ	1	2	3	4
3.	生き生きする	1	2	3	4
4.	怒りを感じる	1	2	3	4
5.	内心腹立たしい	1	2	3	4
6.	イライラしている	1	2	3	4
7.	ひどく疲れた	1	2	3	4
8.	へとへとだ	1	2	3	4
9.	だるい	1	2	3	4
10.	気がはりつめている	1	2	3	4
11.	不安だ	1	2	3	4
12.	落ち着かない	1	2	3	4
13.	ゆう鬱だ	1	2	3	4
14.	何をするのも面倒だ	1	2	3	4
15.	物事に集中できない	1	2	3	4
16.	気分が晴れない	1	2	3	4
17.	仕事が手につかない	1	2	3	4
18.	悲しいと感じる	1	2	3	4
19.	めまいがする	1	2	3	4
20.	体のふしぶしが痛む	1	2	3	4
21.	頭が重かったり頭痛がする	1	2	3	4
22.	首筋や肩がこる	1	2	3	4
23.	腰が痛い	1	2	3	4
24.	目が疲れる	1	2	3	4
25.	動悸や息切れがする	1	2	3	4
26.	胃腸の具合が悪い	1	2	3	4
27.	食欲がない	1	2	3	4
28.	便秘や下痢をする	1	2	3	4
29.	よく眠れない	1	2	3	4

（「障害者福祉施設等における障害者虐待の防止と対応の手引き」令和5年7月厚生労働省社会・援護局参照）

【職業性ストレス簡易調査票 C】

あなたの周りの方々について伺います。最も当てはまるものに○を付けてください。

1、非常に ／ 2、かなり ／ 3、多少 ／ 4、全くない

次の人たちはどのくらい気軽に話ができますか？

1. 上司	1	2	3	4
2. 職場の同僚	1	2	3	4
3. 配偶者、家族、友人等	1	2	3	4

あなたが困った時、次の人たちはどのくらい頼りになりますか？

4. 上司	1	2	3	4
5. 職場の同僚	1	2	3	4
6. 配偶者、家族、友人等	1	2	3	4

あなたの個人的な問題を相談したら、次の人たちはどのくらいきいてくれますか？

7. 上司	1	2	3	4
8. 職場の同僚	1	2	3	4
9. 配偶者、家族、友人等	1	2	3	4

【職業性ストレス簡易調査票 D】
満足度について

1、満足 ／ 2、まあ満足 ／ 3、やや不満足 ／ 4、不満足

1. 仕事に満足だ	1	2	3	4
2. 家庭生活に満足だ	1	2	3	4

（「障害者福祉施設等における障害者虐待の防止と対応の手引き」令和5年7月厚生労働省社会・援護局参照）

第4節　プライバシーの尊重と保護

　こどもの個人情報に関わるものは、「人に言わない・貼らない・持ち出さない」を原則とします。そして、個人情報を守るために、保育者には「守秘義務」が課せられています。

1. 保管・掲示

① 児童名簿・保護者の名前・住所・電話番号・園児個人記録・こどもの身長体重表・保育料（所得階層）・延長保育の有無などの個人情報は、職員以外の人の見えるところに置かない。掲示しない。配布しない。

　　1)「保護者会の連絡表を配布したい」と要望があっても、全員の承諾が必要であり、利用者のプライバシーを守るためにも不可能であると伝える。

　　2) 卒園記念文集などにも職員名や保護者等の住所録は掲載しない。

　　3) 保育室内での保育日誌や出席表などは、送迎の保護者の目に触れないように表紙の付いたファイルに入れる。鍵の付いた引き出しに保管する。

4）園児個人記録や緊急連絡表はファイルにして事務室に置く。外部から見えないように扉のある棚や引き出しなどに保管する。

　5）名前と生年月日が書かれた誕生日表は壁には貼らない。

　6）事務室でパソコンを使用中、途中で離れる時は画面が見えないようにする。

②園児個人記録、保育日誌などを記入するために自宅に持ち帰らない。冊子に「持ち出し禁止」と記入する。

③園内のパソコンのデータを自宅に持ち帰らない。安易にメールで外部に送信しない。データが入っているノートパソコンも持ち帰らない。

④個人データが入っているパソコンのデータはセキュリティ設定（指紋認証など）ができる外部媒体に保存し、事務室の鍵のついている引き出しに保管する。

⑤母子手帳をコピーする時は、「出産から入園までの経過をコピーさせてください」と承諾を得る。

⑥母子手帳や保険証をコピーしたらすぐに返却する。「帰りまで預かっておいてください」と依頼を受けたら、事務室の鍵のついている引き出しに保管する。

2. 送迎

①保護者以外の方から特定の園児に対して「○○ちゃんは来ていますか？」「○○さんの住所と連絡先を教えてください」「今はどちらに勤務していますか」「何時に帰りましたか」などの問い合わせに答えない。「恐れ入りますが、親権者以外のお問い合わせにはお答えできないことになっております」と断る。

②迎えが保護者以外の時はこどもを渡さない。代理の方が来るときは、園児や保護者との関係性についても知らせてもらう。離婚した父親が迎えに来ても渡さない。もめている時はその場で母親と連絡を取り、決めてもらう。父母逆の場合も同様である。

3. 連絡方法

①入園の際に、緊急連絡をする時は、職場がよいか、携帯電話がよいか知らせてもらう。

②職場環境は一律ではないので、緊急時に職場に連絡する場合は、園名を名乗ってよいか「鈴木です」と保育者名がよいかを入園の時に確かめておく。

4. その他

①保護者の職業や「離婚した」「求職中」などの家庭状況、「AさんとBさんは親戚」などの家族関係を他の保護者や外部の人に話さない。

②個人名を上げて「未熟児だった」「ヘルニアの手術をした」「心臓が悪い」「おねしょをしている」など個人の情報を他の保護者や外部の人に話さない。

5. 家庭不和について

①相談窓口は主に教頭・主幹・主任であるが、保護者にとって一番話しやすい職員に第一窓口になってもらう。

② 窓口になった担当職員は、主に保健室を使用し、個人情報の漏れないように相談を受ける。

③ 情報源が園児だった場合、緊急性を伴う場合に限り、担任より「○○ちゃんが△△と言っていたのですが。よろしければお話を聞かせてください」と話しかけてみる。

④ その後は保護者との都合がつく限り相談を受けるが、決して深入りはせず、保護者の結論を待ち、またその結果を受容するようにする。

⑤ 経過内容の個人情報は、保護者から「誰にも言わないで」と言われていても、園長・副園長・教頭や主幹・主任には報告をする。

　以上、個人情報の取り扱いについては、園のプライバシーポリシーに準ずる。

【保護者に伝えてはならないこと】

伝えてはならないこと	解説または例示
他の保護者の住所や電話番号、職業については決して話さない。	(例)「○○で働いている」「○○さんは仕事が変わった」
他のこどもの発達や健康状態は言わない。	(例)「○○ちゃんはまだハイハイをしないんです」「○○ちゃんは言葉が遅いですから」「○○ちゃんは最近情緒不安定ですね」
家庭の状況は保育に必要がない限りは聞き出さない。保護者に尋ねられたらきっぱり断る。	(解) 何人きょうだい、家族構成、離婚した、流産した、お金に困っているなど (解)「申し訳ありません、他のこどもさんのことはお話しできません」「そのようなことはないと思います」
園外などで父、母のいずれかに会った場合、後日園内で夫婦揃っている時に、「先日○○で会いましたね」「先日○○で見かけましたよ」など話題にしない。	(解) 誤解を生み、夫婦の争いのもとになりかねない。
保護者の勤務先の変更、退職など本人から申し出がない限り、他から知ることがあっても尋ねない。入園時に「仕事が変わった時はお知らせください」と伝えておく。	
職員のうわさや私生活のことを話さない。 自分や他の職員の住所、電話番号、家庭状況などは話さない。 (例)「私の住所は○○ですから近いですね」「いつも○○で買い物をするんです」「年齢は25歳で独身です」「○○先生はもうすぐ結婚するんですよ」「○○先生と○○先生は仲が悪いですから」	(解) 保護者が自分自身のことを話すのは、受け入れ、聞くことが大切だが、ダラダラと長くなって、他の保護者より特別な関係と思われることのないように気をつける。 (解) 私生活のことを話すのが好きな保護者は、保育者のことも同じように他で話していると考えられるので、後で「そんなことは言ってない」とトラブルにならないように気をつける。
園での悪口や仕事での愚痴 (例)「給食が美味しくなくてこどもが可哀想」「残業が多いので職員がよく辞める」	(解) 保護者はあくまでも、こどもを預けている「園の先生」として見ていることを忘れない。いつも保育者として自覚を持って会話をする。園や保育者の信頼を失うようなことは絶対に口にしない。
「この園は厳しいですね、先生大変ですね」と、さも「あなたの味方よ」と同情するように声をかけられた時	(解)「お子さんの命を預かっているのですから当然です」「その場で指導されることにより保育が改善されます」と自信をもって答える。 (解) 保護者に堂々とした態度で話をする。当園に勤務していることにプライドを持ち、堂々と対応する。

第4章　不適切な保育

第1節　不適切な保育の防止

　「不適切な保育」というのは、「園での保育士等によるこどもへの関わりについて、保育所保育指針等に示すこどもの人権・人格の尊重の観点に照らし、改善を要すると判断される行為」とされています。

1. 不適切な保育の行為の類型

　不適切な保育の具体的な行為の類型としては、例えば、次のようなものが考えられます。

① こども一人一人の人格を尊重しない関わり

② 物事を強要するような関わり・脅迫的な言葉がけ

③ 罰を与える・乱暴な関わり

④ こども一人一人の育ちや家庭環境への配慮に欠ける関わり

⑤ 差別的な関わり

2. 不適切な保育が生じる背景

（1）保育者の認識と職場環境

　不適切な保育が生じる背景としては、「保育者一人一人の認識」の問題（こどもの人権や人格尊重の観点に照らして、どのようなこどもへの関わり方が適切なのか十分に理解していない）と、「職場環境」の問題（施設における職員体制が十分でないなど、適切でない保育を誘発する状況が生じている）があると考えられる。

（2）職場環境の問題と、それによって生じ得る不適切な保育等の弊害の例

① 保育者が余裕を持って保育に臨めない

　1）時間的な切迫や気持ちの焦りなどから、保育者本人も「本来であればそうあるべきではない」と感じているこどもとの関わり（例えば、大きな声を出してしまうなど）を行ってしまう。

　2）同僚の保育者も、自分が担当するこどもを保育することにかかりきりになり、他の保育者が行う保育の不適切さを指摘する等のフォローができない。

② 日々の保育を職場全体として振り返る体制が整っていない

　1）適切でないと考えられる関わりを保育者が行った際に、他の保育者が個別に指摘することは難しく、早い段階での改善の機会が失われ、不適切な関わりが繰り返される恐れがある。定数の問題等もあって保育者が一人きりで保育を任されている状況が多いというような物理的な環境の問題がある。

2) 不適切な保育が生じやすく、また、そうした行為が行われても他の保育者により発見され
にくいため、行為を行った保育者本人も改善の機会を逸してしまう。こうした職場環境の
問題は、保育者個人による改善は難しく、施設長や法人の管理責任者による組織全体とし
ての対策が必要となる。不適切な保育が生じにくい職場環境を整備することは、施設長及
び法人の管理責任者の責務である。

3. 不適切な保育の未然防止

不適切な保育を未然に防止するためには次のようなことが大切であると言われています。

① 保育者に対し、こどもの人権・人格の尊重の観点に照らして適切な保育についての教育・
研修を行うこと
② 第三者評価や公開保育等を活用し、日々の保育のあり方に関する保育者の気づきを促すこと
③ 保育の計画の作成や振り返りにあたっては、不適切な保育が生じないよう配慮すること
④ 不適切な保育が生じないような職場環境を整備すること（不適切な保育防止の担当者の設
置や、不適切な行為が疑われる場合の報告プロセスの整備等）
⑤ 不適切な保育が生じないような職員体制の整備を行うこと（保育者が余裕を持ってこども
と向き合える職員体制の整備等）
⑥ 互いの保育観について言い合える同僚性をもつこと。

4. 不適切な保育が疑われるようなことが発生した時の対応

不適切な保育が疑われるようなことが発生した場合の対応について、園や行政には次のような
役割があるといわれています。

（1）保育の提供主体としての園の役割

① 不適切な保育が行われた際に、園として事案の発生をいち早く把握するための相談・連絡体
制を整備すること
② 不適切な保育が疑われる事案を確認した場合に、市区町村や都道府県に対して情報提供する
とともに、対応について相談すること
③ 不適切な保育を受けたこどもをはじめとして、園を利用するこどもへの心のケアや、保護者へ
の丁寧な説明等を行うこと
④ 再発防止のための計画を都道府県や市区町村と協議の上作成し、保育内容の改善を着実に進
めること

（2）保育者の気づき

保育にはさまざまな場面が存在し、また、その中でのこどもへの接し方は、こどもの個性や状
況に応じて柔軟に行われます。その一つ一つの行為を、何が適切で何が不適切なのか定義するこ
とはできず、保育者一人一人が、状況に応じた判断を行う必要があります。そうした判断力を身

に付けるためには、こどもの人権についての理解を深めることはもちろんのこと、保育者が、自分が行っている保育を振り返る中で、改善点につながる課題、自身の関わりの特徴等への気づきを得ていく必要があります。

園における自己評価ガイドラインでも、「保育士等が、評価を適切に実施して、こどもや保育についての理解を深め、よりよい保育の実現に向けたアイデアを生み出す上で、さまざまな人たちと語り合い、多様な視点を取り入れたり、自分の思いや直感を言葉にして発信したりすることは、とても大きな意味を持つ」とされ、そのための職員の間での「対話」が推奨されています。

園において、職員間での「対話」が生まれる体制を整備し、保育者が気づきを得られる環境を作っていくことは、施設長やリーダーとなる人たちの重要な役割です。

5. 不適切保育をなくす体制と不適切保育への対応

(1) 相談窓口の設置

本来であれば、保育所等において行われる保育に、保護者や保育者が何らかの違和感を持った際には、まずは園長やリーダー層の職員へ、その旨が正確に知らされなければならない。その上で園では、国の指針等により、苦情の適切な解決に努めなければならない。

これまで保護者から不適切な保育に関して苦情のあったケースでは、園の相談窓口を知らなかったり、こどもを預かってもらっている立場から園には言いにくかったりという理由で相談しづらいといったケースがある。

不適切な保育の未然防止や早期発見・改善に加え、保護者の安心のためにも、園に保護者が気軽に相談できる相談窓口を設置することが重要である。また、入園のしおりや園だより等で積極的に周知することが望まれる。

(2) 発生時の対応

不適切な保育が疑われる場合への対応は、原則として、保育所等の運営指導を担う市区町村所管課が担当する。しかしながら、不適切な保育が疑われる場合への対応は事例も限られており、市区町村が対応ノウハウを蓄積していないことや、こどもに重大な被害が生じる恐れがある場合は特別指導監査等の対応が必要となることから、県こども未来課及び県保護・監査指導室は都道府県や市区町村と連携を取りながら対応する。

(3) 事実の確認

園は、園内で不適切な保育が疑われる事案を把握した場合、事実関係や要因等に関する情報を迅速かつ正確に収集し、市区町村に対して情報提供を行い、今後の対応等について協議する。市区町村は、園や保護者、職員からの情報提供・相談を受けて事実確認を行うにあたり、保育所等から提供された情報を踏まえつつ、事実関係を正確に把握するとともに、不適切な保育が行われたと判断する場合には、その要因を分析し改善に向けての課題を把握する。事実関係を確認する際は、アンケートや調査票等を用いて関係者に聞き取り調査を行う。

第4章　不適切な保育

なお、こどもの生命に重大な被害が生じる恐れが認められるなど早急な対応が必要な場合、または、組織的・継続的に保育所等の体制に問題がある場合は、速やかに県や市に報告を行い連携して対応にあたる。

（4）事実確認後の対応、フォローアップ

　同様の不適切保育の事案が生じないための環境づくりが重要であるため、園は、不適切な保育の事実が確認された場合、園長が中心となり改善計画を作成し、園全体として改善に取り組む。具体的には、不適切な保育が行われた原因や園が抱える組織的な課題を踏まえ、園が作成した改善計画を基に市区町村に支援・指導を仰ぎ、その実現に向けた取り組みを行う。また、市区町村の巡回指導のほか、こどもの人権や不適切保育の未然防止をテーマとした研修等への講師招聘を依頼し、必要に応じてフォローアップに活用するとよい。

6. 行政の相談等により不適切な保育が疑われるような場合の事実確認の実施

（1）事実確認において明らかにすべき園の役割

① 不適切な保育が疑われる行為の有無とそれが生じた具体的状況

② 不適切な保育が疑われる行為に至った保育者の意識やこどもの個別事情などの背景

③ 不適切な保育が疑われる行為がなぜ繰り返し行われるかの原因と再発の可能性

　不適切な保育が疑われる行為に係る事実関係等を確認するにあたっては、その行為を行った保育者個人への糾弾につながらないような配慮も必要となります。不適切な関わりが、職場環境等によるものである場合もあり得ることを意識し、仮に保育者の認識の問題から生じた行為であった場合においても、保育者個人に全ての責任を求めることなく、今後組織として改善に向けた取り組みを行っていくことを念頭に置いた事実関係等の確認を行うことが望まれます。

（『不適切な保育の未然防止及び発生時の対応についての手引き』令和3年3月参照）
（令和4年12月7日付厚生労働省発出文書「保育所等における虐待等に関する対応について」を受けた取り組み）

第5章　保護者支援

1. 保護者を取り巻く状況

（1）保護者からの学び

　「こどもとスキンシップが取れない」「やられたらやり返せ」というような言葉の背景には、保護者の幼い頃の養育環境が影響しているといわれています。祖父母と同居している場合は、こど

もに障がいがあるということが打ち明けられずに、母親が一人で悩みを抱え込んでしまうケースが多いので、園の中で気軽に相談できる体制を作ることが望まれます。「寝る時にこどものよいところをほめる」とか「口数を少なくすることが大切」等、保護者が関わり方を工夫しているケースもたくさんあります。こどもの最も近いところにいるのは保護者であり、保育者は保護者から学び、それを保護者支援に生かす姿勢が大切です。

(2) 社会の変化

今はインターネットで検索すると、「簡単なテストで発達障がいを自己診断する方法」や「発達障がいを見つけるチェックリスト」など、気軽に情報を入手できるようになっています。こうした情報量の多さが、逆に保護者を混乱させたり、不安にさせたりしているという現状があります。

(3) 発達障がいのあるこどもを持つ保護者の困り感

学習障がい（LD）、注意欠如・多動症（ADHD）、自閉スペクトラム症（ASD）等の発達障がいは、脳の機能障がいが関係する生まれつきの障がいであるといわれています。その行動特性から、「自分勝手な人」「変わった人」「困った人」と誤解されたり、敬遠されたりすることがあります。また、発達障がいは、複数の障がいが重なって現われることが多く、障がいの程度や年齢、生活環境などによっても症状は大きく異なってくるので、対応に苦慮している現状があります。

(4) ひとり親家庭の増加

核家族で身寄りが近くにいなく、離婚によってひとり親になったり、配偶者と同居したりしていてもその配偶者が全く家事をせず、あるいはほとんどせず、ひとり親状態と同様になってしまっている家庭が増加する傾向にあります。

2. 保護者のこどもへの障がい受容の過程

障がいのあるこどもの保護者の支援にあたっては、保護者がこどもたちの障がいを受け止めることが難しいという問題があります。そこで、キューブラー・ロスの「死ぬ瞬間」やドローターの「先天性奇形を持つ親の障害受容段階説」等を参考にしながら保護者の障がい受容の過程をみていきたいと思います。

① 障がいを告知されショックを受けている段階

　　ショックを受けて泣いたり、どうしようもない気持ちになったり、時には逃げ出したいような衝動にかられたりする。
② 障がいを受け入れられず否認する段階（ドクターショッピング）

　　自分のこどもに障がいがあると認めることができずこどもの障がいを避けようとする段階。次々に医療機関を訪ね、都合のよい診断をしてくれる医師を求める。

第5章　保護者支援　65

③ 悲しみと怒りの段階

　　悲しみと怒りという強い感情が起こる。最も多く見られる反応は悲しみである。ほとんどの母親は、こどもに愛着を感じることに躊躇を覚える。とても辛く、泣けてきたり、誰かを叩きたい気持ちになったりする。親としての義務感だけでこどもを育てる。

④ 適応の段階

　　悲しみや怒りが少しずつ落ち着き、書籍や専門家から障がいについての知識を得て、または同じ障がいがあるこどもの保護者と知り合い、そこから経験談を聞いたり、コミュニティに参加したりすることで、障がいを受け入れる下地が形成される時期。障がいを受け入れ再起する段階。

　　このような段階を通って、保護者は、障がいのあるこどもの少し先を見通すことができ、こどもの障がいを認め受容し、「ともに頑張ろう」とする気持ちが持てるようになります。この子がいてくれたから、いろいろな人との素晴らしい出会いがあり本当の親になることができたなどという前向きな気持ちになることができます。

3. 保護者支援の要点

(1) 保護者の四つの心のハードル

第一番目の心のハードル：障がいが発見された時

　なぜ、うちの子だけに障がいがあるのか。　そんなものは認められない。

第二番目の心のハードル：就学を前にした時

　　期待よりも不安が大きい

第三番目の心のハードル：卒業を前にした時

　　期待よりも不安が大きい

第四番目の心ハードル：親が高齢者になった時

　　親亡き後のことが不安

　　心のハードルは、後に行けば行くほど、高くて越えにくくなるといわれています。しかし、第一の心のハードルを越えなければ第二、第三、第四の心のハードルを越えることはできません。保護者の抱えるハードルを「ステップ」に変えるための支援をしなければなりません。

(2) 保護者のタイプ

① 我が子の状態に気づいていないタイプ

　　家庭（家族）は、こどもにとって慣れた環境であり、こどもの発達の偏りや遅れに気づきにくい。家では何ともないと思っていたのに、一歩外に出た時、我が子の行動の特性に気づくことが多い。こどもの発達の特徴は、家庭以外の集団場面で発見されやすい。

　　発達が遅れていることに少し気づいているが、小学校に入学すればみんなと同じようになる、

自分も小さい頃落ち着きがなかったから心配いらないなど、こどもの発達には個人差があると楽観的に考える。父親は楽観的に、母親が悲観的に考える傾向がある。

② 気づいているが認めたくないタイプ

　周りのこどもと比べたり、乳幼児健診及び園で指摘されたりして、こどもの障がいには気づいているが、否認・逃避したいとか問題を先送りしたいと考えている。反対に、指摘されていたことを打ち消すために、こどもに対して強い指導をしてしまうこともある。祖父母が同居している場合は、受け入れたくない気持ちが強く、原因は障がい以外にあると考え、誰にも相談できず一人で悩んでいる。

③ 我が子には障がいがあると決め付けたいタイプ

　自分の思った通りにこどもが育たない、育てづらい理由を障がいがあるからだと考えてしまう。さまざまな情報を入手し、期待通りの診断やアドバイスをしてくれる専門機関を訪ね歩く。園や学校では気にならないのに、病院で診断を受けることで安心する。どこかで自分自身の苦労を認めてほしいという願望をもっている。

④ 障がいを受け入れて、専門機関と連携しているタイプ

　障がいが治るのではないかという期待をもちつつも、しっかり障がい受容ができており、こどもの課題を把握し、定期的に専門機関を利用して訓練に取り組んだり、アドバイスを取り入れたりする。

(3) 保護者にこどもの障がいが伝わりにくい理由

保護者にこどもの障がいが伝わりにくい原因として

① 保護者にこどもの障がいが正しく理解されていない
② 保護者がこどもの障がいを「理解したくない」と思っている
③ こどもの障がいの状態像についての理解に差がある
④ 保護者がこどもの発達障がいそのものを理解できていない

ということが考えられます。したがって、こどもの困り感を正しく伝えるためには、保護者との親密さや信頼関係をもとに保護者の心情に寄り添い、上記のことを踏まえて具体的に伝えていくことが求められます。

(4) 保護者に伝えるポイント

【不適切な伝え方】	【適切な伝え方】
① 立ち話のついでに伝える	① 複数の先生が役割分担をする
② 障がい名を使って伝える	② 保護者の思いに寄り添って話す
③ こどもの状態に無理に直面させようとする	③ こどもの様子を正確に伝える
④ こどもの問題点ばかりを伝える	④ 具体的な支援方法を提示する
⑤ 園や学校が困っていると伝える	⑤ 今後の見通しについて具体的に提示する

第5章　保護者支援　67

（5）保護者と信頼関係を築くポイント

① 名前を呼んで話しかける

自分の名前は最も心地よい音といわれている。こどもの名前を呼ぶことで、保護者に自分のこどもが大切にされていることが伝わる。

② 小さな共通点を見付ける

コミュニケーションの基本は、出身地が同じ、誕生月が一緒など、共通点を見付けることである。何かしらの共通点を見付けられると自然と親近感が湧き、会話が弾む。

③ 笑顔でホッとくつろげる言葉をかける

「おはようございます」、「今日は寒いですね」など、笑顔でホッとするような言葉をかけたり、雑談したりすると保護者との心の距離が縮まる。

④ こどものよいところを伝える

子育てに自信がもてない保護者は、こどもの評価がそのまま自分の評価と考えるので、我が子のよいところ、努力していることを伝えると保護者は子育てに希望がもてる。

⑤ 自信をもってこどもと関わる姿を見せる

「私は専門家ではない」「困っている」という不安な気持ちで関わる姿は保護者に伝わり、不信感を招く。こどもに自信をもって指導する姿に、保護者は安心感を抱くものである。

⑥ 保護者の話に耳を傾ける（傾聴・共感）

子育てに不安を感じている保護者の話に耳を傾け、頑張りを認める言葉をかける。人は自分の話を聴いてくれる人に自分の心を開く。

⑦ 誠意と敬意ある態度を心がける

こどものことを一番知っているのは保護者である。小さい頃のエピソードや家庭での様子を尋ねることで、知らなかったこどもの特性やつまずきの背景が見えてくる。保護者から学び、それを支援に生かすようにする。

4. 保護者との面談のポイント

（1）面談中の保護者の様子

① 一方的に不安や疑問を話すことが多い。

② 母親が一人で悩みを抱えていることが多い。

③ 自分の考えはあるものの気持ちが揺れ動いている。

④ 母親は自分を責める傾向が強い。

⑤ 我が子の特性（障がい）を認めたくない気持ちが強い。

⑥ 検査の数値が伸びたなど、少しでもよい評価にすがりたい。

⑦ 夫婦であっても意見の違うことが多くある。

⑧ たくさんの情報（相談機関・就学先等）を知りたがっている。

⑨ 後押ししてくれる人、不安を分かち合える人を求めている。

支援対象児の障がいの状態、第一子なのか第二子なのか、家族構成（祖父母が同居しているか等）、家族の理解や協力態勢、保護者の障がい受容等、保護者の立場を考慮して面談に臨む。

（2）面談で配慮すること

① 面談の日時、場所、内容、終わりの時刻を確認する（見通しをもたせる）。

② 保護者の話を能動的に聞く（相手に身体を向ける）。

③ 担任だけでなくチームで対応する（連帯感が安心感に繋がるように、事前に承諾を得る）。

④ 共感と肯定的な表現を心がける（一緒に考えていく姿勢をもつ）。

⑤ 少しでも噛み合う部分を探す（表情・言葉の変化を読み取る）。

⑥ 就学や進路と結び付ける（保護者と合意形成を図る）。

⑦ キーワードのみを記録し、話の内容は後で整理する。（保護者と向き合う）。

⑧ 期間を設けてこどもの様子を評価しながら、次の支援を提案する。

　人は苦しい、辛い感情が喚起されると、その感情を感じないように防衛することができます。しかし、感情の変化は自ずと表情や身体に現れるので、微妙な動きも見逃さないようにします。「こどもを心配していない」、「検査の数値は気にしていない」という言葉と本心は異なっている場合があり、その言葉の強弱や表情に注目します。人の感情の揺れは、身体の中心部から離れている手や足に現れやすいので、身体の動きを見て、保護者の心情を読み取るようにします。

（3）話しやすい状況づくり

① 笑顔を忘れない（雰囲気を和ませる 最高のコミュニケーションツール）。

② アイコンタクトを利用する（目線を相手の目元、頬から首のあたり。目で聞く）。

③ 姿勢を正す（人は態度で判断する。腕・足組みは拒絶のシグナル）。

④ うなずく（もっと話してほしい 理解しているというメッセージ）。

⑤ 相槌を打つ（話を引き出す効果がある「なるほど」「へえー」）。

⑥ 表情・動作・言葉を相手に合わせる（心を開くきっかけとなる）。

⑦ キーワードを復唱する（伝わっている喜びを実感できる）。

　面談では、「適確なアドバイスをしなければならない」という思いが先行するが、笑顔やうなずきなどの非言語的メッセージが保護者の緊張を和らげるのに効果的です。来談したことや日頃の育児を労いながら、話しやすい状況づくりに努めます。面談にあたって難しいことが出た時にはいつも「一緒に考えていきましょう」と寄り添うように呼びかけるようにします。

（4）話を聞く大切さ

　人はみんな一人一人独特の考え方をもっており、独特の翻訳機をつけて、相手の言ったことを自分の都合のよいように翻訳して聴いています。だからこそ、「聴いてほしい・分かってほしい・認めてほしい」気持ちが強くなります。そんな気持ちを受け止め聞くことで3つの利点が存在します。

第5章　保護者支援　69

「話を聴くことは一石三鳥になる」

1) こどもの情報や保護者の心情を知ることができる

2) 保護者の存在そのものを肯定する

3) 保護者とよい関係を維持できる

このように保護者の話を聴くことは一石三鳥になるため、何よりも大切にします。

(5) 誤解を防ぐためには

① 直接会って話し合う（チームで対応する）。

② 主語と数字をはっきり伝える。

③ 結論を急がない。

④ 障がい名を使って話さない。

⑤ なるべく両親と一緒に面談をする。（場合によっては祖父母の同席も）

⑥「個別の指導計画」や「個別の支援計画」を基に話を進める。

⑦ 外部の専門機関を活用して期間を設けて評価する。

　「理解は偶然に起こり、誤解は必然的に起こる」とよくいわれます。立場が違えば、こどもの見方や考え方が違うのが当たり前です。違いを認め合うことが支援のスタートになります。その上で、100％ 伝わる努力をして誤解を防ぐ。こどもの変容や成長を願うのは、保護者も園も同じです。その願いの形を重ね合わせることが大切です。そのためには、「個別の指導計画」や「個別の支援計画」を作成・活用してチームで取り組むことが求められます。

5. インクルーシブ教育の推進

　インクルーシブ教育というのは、障がいの有無にかかわらず、全てのこどもがともに学ぶ仕組みのことをいいます。平成6年にユネスコとスペイン政府によって採択された「サラマンカ声明」をきっかけに、児童生徒の多様な特性を認めながら障がいのある者と障がいのない者がともに学ぶ仕組みとして「インクルーシブ教育」が提唱されました。具体的には障がいのあるこどもと、障がいのないこどもが同じ場でともに学ぶことであり、「分けない教育」、「差別のない教育」でこどもの力を最大限伸ばすことです。そのためには、個別の教育的ニーズのあるこどもに対して、「多様な学びの場」を用意しておくことが必要です。

　多様なこどもたちの教育的ニーズに応えるためには、乳児期から幼児期にかけて早期から専門的な教育相談・支援を行う体制を整えることが重要になります。小学校就学前までに本人や保護者に対して十分な情報提供を行い、医療、保健、福祉等との連携のもとに保護者の意見を踏まえながら必要な支援計画を立てていきます。

　こども一人一人の教育的ニーズに応じた支援を保障するためには、乳幼児期を含め早期からの教育相談や就学相談を行うことにより、本人や保護者に十分な情報を提供するとともに、園において、保護者を含め関係者が教育的ニーズと必要な支援について共通理解を深めることにより、保護者の障がい受容につなげ、その後の円滑な支援にもつなげていくことができるようになります。

第2部
保育と事故防止

第1章	園における危機管理の基本知識

第1節　園における危機とは

園における危機とは、園の保育・教育に関連して生じる可能性のあるあらゆる事件・事故のことをいい、大きく次の4つに分けることができます。

① 園生活において、こども及び職員の生死に関わるような事件や事故。
② 保育の混乱や保護者のクレームなど、園のクラス経営上極めて困難な状態。
③ 体罰などによる職員の不祥事。
④ 地震や火災などの災害。

1. 園における危機管理とは

園における危機管理とは、こども及び職員の生命を守り、日常の保育・教育活動や園に対する信頼を維持するために、危機を予知・予測し、回避に努めるとともに、危機発生時には、被害を最小限にとどめる取り組みのことです。

危機管理は「最も大切なこどもを守るため」ということを自覚することが最も重要です。そして、そのことが結果として自分を守ることにもなります。

危機の発生を未然に防ぐためには、人からさせられる他制他戒の危機管理ではなく、なによりも自分から進んで行う自制自戒の危機管理という基本的態度が重要です。

2. 危機管理のプロセス

危機管理には、次のようなプロセスがあります。

(1) 危機の予知・予測

過去に発生した保育所・こども園・幼稚園の事故の事例やこどもの現状、社会の変化等を踏まえ、今後発生する可能性のある危機の予知・予測に努めることが大切です。そのためには、的確に情報を把握し、それを管理するシステムを構築しておくことが重要です。危機管理に関わる情報には常に貪欲でありたいものです。

(2) 危機の回避

日頃から施設・設備に関する定期的な点検やこどもに対する安全指導及び緊急対応マニュアルの作成等により、未然防止に向けた取り組みを行うことが重要です。

また、開かれた園づくりを推進し、園の関係者・保護者・地域住民が心を通わせる中で、こどもを守る体制づくりを行うことも大切です。危機を防ぐためには、悲観的なようにあっても常に準備を怠らないことが大切です。

（3）危機への対応

　事件・事故が発生した場合、適切な対応により、こどもや職員の生命や身体の安全を守るとともに、被害を最小限にとどめることが重要です。この対応が「緊急対応」で、対応にあたっては、園長を中心に管理職は率先して陣頭に立つことが大切です。

（4）危機の再発防止

　事件・事故の原因を解明するとともにその対応を事態収拾後に総括し、再発防止に向けた取り組みを実践します。また、園の保育・教育活動全体に関わる事件・事故の未然防止の取り組みについても、定期的に評価し、改善に努めることが重要です。危機の再発を防止するためには、起こった事象に対して、その実態や原因を究明することが次の危機を起こさないための最大の準備になります。

第2節　危機の予知・予測のための取り組み

　突発的な事故を予知・予測することは容易ではありませんが、全国的に園の管理下でのこどもに関する事件・事故が発生していることから、同様の事故の発生を想定した対応を常に図る必要があります。

1. 危機を予知・予測するための情報収集

　園の危機的状況について、予知・予測の可能なものと困難なものとがありますが、危機管理の対応で重要なことは、事件・事故に結びつく可能性のある情報を、必ず園長・副園長・教頭（管理職）まで届く体制を日頃より確立しておくことが必要です。

2. 研修の充実による職員の安全管理意識の高揚

　過去に発生した保育所・こども園・幼稚園の事故事例の研究や、事故発生時のこどもの効果的な避難のさせ方などをテーマにした実技研修等を実施し、緊急連絡等の園組織の体制確立へ向けた園内論議を積み上げることで、全職員が積極的に備え、関わっていこうとする意識や態度を身に付けることが大切です。

3. 危機の回避のための取り組み

（1）施設・設備の安全管理と安全点検

　園内の施設・設備の不備等が原因で発生する事故は、本来あってはならないことです。こうした事故の中には、不幸にして死亡者が出たり、訴訟に発展したりする例もあります。園がこどもにとって安全な場所であるためには、日頃から具体的方策をもって安全点検の徹底を図らなければなりません。

第1章　園における危機管理の基本知識　73

園の施設・設備の管理は、法令に基づいた園長としての職務であり、これを補佐する副園長・教頭や主幹・主任の職務でもあります。施設・設備の状況や条件は日々変化しています。「このままにしておいたら危ない」「事故や怪我が起きる可能性がある」ということを敏感に察知し、素早く対応する体制づくりが必要です。具体的には、定期的に「安全点検日」（例えば「月の初めの日」など）を設けて、全職員が園舎のあらゆる施設・設備について安全点検を行うようにし、点検後には、「点検を担当した場所」「異常の有無」「異常や故障の内容」「修理を要すること」等について、「点検カード」に書き込み、全員が提出することなどがあげられます。

　その際、修理や回復のための措置が必要な内容については、園長・副園長・教頭（管理職）は園内での修理が可能か、関係機関への連絡や依頼が必要か、緊急性のあるものか長期で時間がかかるものか等を判断して対応し、その内容や経過を全職員に知らせるようにすることも重要です。

　以下は、平成13年7月10日付、文部科学省初等中等教育局初等中等教育企画課長及び文部科学省スポーツ・青少年局学校健康教育課長からの「幼児児童生徒の安全確保及び学校の安全管理に関する緊急対策について（通知）」の緊急対策例の一部です。

【幼児児童生徒の安全確保及び学校の安全管理に関する緊急対策例】

① 来訪者への対応等
　　1) 出入り口の限定や立て札・看板等の設置
　　2) 来訪者の受付や声かけによる身元確認
　　3) 来訪者の入校証・名札等の着用

② 施設設備の点検整備
　　1) 監視カメラ・インターホン（カメラ付き）等の防犯設備の設置
　　2) 校門・フェンス・外灯・鍵等の点検整備
　　3) 非常電話・ベル・ブザー等の非常通報装置の設置
　　4) 教室や職員室等の配置の変更
　　5) 窓ガラスを透明なものに交換（防犯ガラス等の採用）
　　6) 死角の原因となる立木等の障害物の撤去

③ 安全管理の徹底
　　1) 警報用ブザーの職員・幼児児童生徒等への貸与
　　2) 職員による校内巡回の実施・強化
　　3) 学校警備員・監視員等の配置
　　4) 保護者やボランティア等による学校内外の巡回（謝金支給の場合を含む）
　　5) 危機管理マニュアルの作成や職員に対する安全管理の指導・研修・訓練の実施
　　6) 不審者発見時の迅速な警察への通報の励行

（以下略）

(2) こどもの安全指導

　こどもの安全教育、安全指導については、自他の生命を尊重し、他の人々や集団の安全を確保するための適切な判断や対処する能力を培う取り組みを一層進めることが大切になります。これまでは、交通事故や災害に関わるものが中心でしたが、今後は危機的状況が発生した場合に、こどもが速やかに対応できる能力を身に付けさせることが求められます。

　特に、警察との連携により、園に外部からの侵入者があった場合の避難の仕方、園外で不審な者に遭遇または追跡された場合等の避難の仕方、保護者・警察等への連絡やその後の対処の方法などの訓練を行うことも必要になることがあります。

【事故や怪我の具体例】

① 遊具等の調整不備が原因と思われる場合

　1) 室内用鉄棒の器具固定が不十分なため外れてしまい骨折した。

　2) 滑り台に紐が掛かっていたためその紐に首を引っかけて死亡した。

② こどもの行動や不注意が原因である場合

　1) 雲梯でバランスを崩し落下した。

　2) 棒を振り回していて周りにいた者に怪我をさせた。金槌で釘を打たず、指を打った。

③ 指導方法及び管理方法に関する事故

　1) プールに飛び込んで底に頭を打ちつけた。

　2) マット遊びをしていて骨折した。

　3) 多動のこどもが二階から飛び降り骨折した。

　4) ふざけて積み木を投げ相手に怪我をさせてしまった。

---

(3) 開かれた園づくりの中での安全確保・安全管理

　園では、こどもたち一人一人の個性に合った保育・教育を行い、各地域の特色を生かしていくために、家庭や地域との連携・協力をより一層強くする「開かれた園づくり」が進められています。

　大阪教育大学附属池田小学校の教室内に、出刃包丁を持った男が乱入し、児童8人が死亡、児童・教師15人が重軽傷を負った事件が起こり大きな問題になりましたが、この事件をきっかけにこどもの安全確保及び園や学校の安全管理と地域に開かれた園づくりとの関連が問われることになりました。しかし、基本的には、園の関係者、こども、保護者、地域社会の人々が交流し、地域に開かれた園づくりを推進することが安全管理にもつながるということを忘れてはなりません。

① 保護者との連携

　園においては、保護者が園経営の重要なパートナーであるとの認識に立ち、保護者会との連携を図り、日頃から情報提供と保護者の意向把握の取り組みを行い、園と保護者との相互理解を図る必要がある。

　そのため、園は保護者との情報交流の活性化に努め、保育や園行事の開放、地域での懇談会、

第1章　園における危機管理の基本知識　75

保護者会や家庭訪問等を通じ、園の現状や保育方針の説明を行い、園に対する理解・協力を求めるとともに、保護者の意向の把握に努めることが大切である。

また、園の通信等を通して協力関係を築いていると思われるが、その際、複数の職員により事前に内容を検討するなど、園から出される文書を検討するシステムを確立しておくことも重要である。

② 地域社会や関係機関等との連携

園は、日頃から地域の人々や関係機関に園の保育方針や現状を伝え、協力関係づくりに努めておかなければならない。特に、地域の民生委員・民生児童委員や保護司等と日頃から連絡を取り合うことにより、地域におけるこどもの状況が把握でき、虐待などの早期発見にもつながる。

また、園の指導だけでは適切な対応ができないと判断される場合は、躊躇なく関係機関等に連絡・相談できる体制を日頃から確立しておく必要がある。その際、連携に係る判断は、個々の職員の判断に委ねることなく、職員間の共通理解の下に、園としての判断に基づくことが必要である。

(4) 危機を防ぐための危機管理意識

①「たぶん、大丈夫だろう」からの脱却

1)「たぶん、大丈夫だろう」と思ったら危機管理意識が欠如していると自らを戒めるようにしたい。

2) 個人的な取り組みではなく、複数によるチェック機能体制を確立しておくことが大切である。

②「前からやっていることだから大丈夫」からの脱却

1) 前例踏襲主義という前例と慣習が招くリスクは大きい。

2) 常に現在現時点での新鮮な感覚で物事を受け止めることが大切である。

③「見ざる、言わざる、聞かざる」からの脱却

問題があっても、それをお互いに指摘しにくい雰囲気があれば危機は避けられない。いつでも、どこでも、何でも自由に指摘し合い、改善していく開放的風土に変えることが危機を回避することにつながる。

④ 早期発見・早期対応による問題事象の未然防止

一人一人の職員がいつも園児に対して「ちょっといつもと違うな…?」「本当に大丈夫かな…?」というような問題意識をもって取り組むことが大切である。そのような問題意識が「危機を引き起こしそうな小さな芽」を早期に発見させることにつながり、結果として危機の未然防止につながる。

(5) ヒヤリハット

園における危機管理（リスクマネジメント）とは、園の経営活動に生じるさまざまな危険を最小の費用で最小限に抑えようとする管理手法です。園長・副園長・教頭及び管理職は「ヒヤリハット記録簿を人事管理に使用しない」ことが基本であり、軽微な事故を含めた全ての報告を全職員が把握する必要があります。

【リスクマネジメントサイクル】

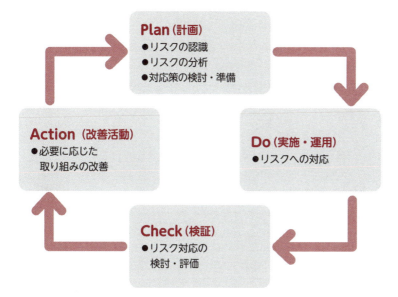

　リスクマネージャーを選任し、その人が中心となって集まった事件・事故になりかけたこと（インシデントケース）をしっかりと分析して事故防止のための有効なフィードバックができれば、それが理想になります。また、インシデントレポートは毎月発行する「ヒヤリハット通信」のようなもので、危険性のある実例や具体的な部署での事故防止の取り組みなどを紹介するようにします。そして、次号が配布されたら各部署においてマニュアルにファイルし、いつでも見られるようにしておきます。さらに、得られた教訓をマニュアルに生かしているかどうか、事故防止マニュアルが現実に即しているかが重要な意味を持ちます。

① **ヒヤリハットについての基本的姿勢**
　1） ヒヤリハットレポートは、保育中に限らず、事故につながりそうな箇所や場所、状態を発見した時は、その日のうちに記録し、職員室のヒヤリハット記録簿にまとめる。
　2） 全職員は、出退勤時や職員室に入った際は、その記録簿に目を通し、日頃の保育において注意して行動する。
　3） 保健師または看護師は、毎月の事例を集計・分析し、報告書を作成する。

② **事故報告**
　病院に行かなければならない事故が起きてしまった場合は、事故報告届に記録の上、園長に届け出る。その際は、何時頃事故があり、何時頃保護者に連絡を入れ、病院受診の了承を得られたかなど、詳しい流れを記載する。骨折などの重症な事故の場合は、市区町村の保育・幼児教育課に事故報告書を提出する。

ヒヤリハット報告書

クラスまたはグループ名　なまえ

報告者：

検 閲	園長	教頭	主幹

①	A：日時 B：場所 C：対象園児	A：　　　月　　日（　）　　： B： C：	ヒヤリハット環境図 図解の必要があれば 記入すること
②	状況説明 　※ヒヤリハッとしたこと		
③	とった行動 　※どのようにして未然に 　　防いだのか？		
④	考察 　※②の原因として 　　考えられること		
⑤	すぐに実行できる 解決策		
⑥	中・長期的な改善案 または要望		

(6) 緊急対応マニュアルの作成

　事件・事故が発生した場合の緊急対応マニュアルを作成し、迅速に適切な対応が図れるよう日頃より準備しておく必要があります。

　しかし、それぞれの園が定めている緊急対応マニュアルが、実際の危機においては十分機能しないこともあるという指摘もされています。その主な理由としては、次のようなことが考えられます。

1) 想定していた以上の危機が発生し、マニュアルの対応が不十分であった。
2) 職員の役割分担が、実際にはマニュアル通りにならなかった。
3) 必要な対応の手順や内容の記述等が不十分であった。
4) 今日の社会の現状や園の実態を踏まえたマニュアルになっていなかった。
5) 混乱した状況で、職員相互の連絡や情報収集が不十分となり、正確な事実の把握に時間がかかった。
6) マニュアルの定期的な見直しやシミュレーションが行われていなかったため、対応についての基本的知識が十分でなかった。
7) 事前の役割分担により自分の役割は理解していたが、緊急対応全体を見通した視点を持っていなかった。

(7) 緊急対応マニュアルを作成する際の留意事項

　したがって、緊急対応マニュアルを作成する際には、次の点に留意しておくことが必要である。

【事故報告届】

	事故について	園長	教頭	担当

令和　　年　　月　　日提出

1. 事故の概要

○ 発生場所

○ 発生日時

　　　　令和　　　年　　　月　　　日（　　）　　午前・午後　　　時　　　分頃

○ 対象園児	クラス	年齢
氏名	組	歳

○ 発生状況

2. 事故の経過

3. 事故の原因

4. 再発防止策

① 最悪のケースを想定する

緊急性があり、保護者への対応や関係機関との連携等、組織的な対応が必要なケースを想定することが大切である。

② 必要な対応、手順を明示する

マニュアルは、文章で示したものやチャート図等、さまざまな形式が考えられる。どの形式であっても、緊急時の対応や手順、役割分担等の必要事項が明記されていることが大切である。また、状況によって対応順序が変化したり、職員の臨機応変な対応が求められたりするので、マニュアルが絶対的なものでないことを理解しておくことが大切である。

③ 関係機関等の連絡先を明示する

生命に関わる事件・事故等、一刻を争う場合に備え、あらかじめ緊急連絡先一覧等を作成・掲示するなど、速やかに関係機関等に連絡できるようにしておくことが大切である。

④ 関係機関等から助言を得る

園の実情を踏まえながら、警察・消防・園（学校）医等の専門的な立場からの助言を得てマニュアルを作成することが大切である。そして、危機管理の「さしすせそ」を肝に銘じるようにみんなの見えるところに掲示するようにする。

さ：最悪を思い、　し：慎重に、　す：素早く、　せ：誠意をもって、　そ：組織的に

4. 事件・事故発生時の対応

(1) クライシス・コミュニケーションの必要性

危機が起きた時、保育・教育機関としては、その内容とともに、「どのように対応したか」ということが厳しくが問われることを肝に銘じておかなければなりません。

クライシス（危機）が発生した場合、そのダメージや批判・非難を最小限にとどめるためには、「情報開示」を基本にしながら、内外のさまざまな対象に対して「適切な判断」に基づいた「迅速なコミュニケーション活動」が大切になります。

園にとってのクライシス（危機）とは、「園と保護者との関係の悪化状態」であり、園と保護者との間にコミュニケーション・ギャップ（批判・非難・不信感・対立関係）が生じた局面です。

だからこそ、「クライシス・コミュニケーション」は、園に対する社会からの批判や不信感を軽減する上で極めて重要な役割を果たします。人は起こしたことで非難されるのではなく、起こしたことにどう対応したかによって非難されます。

(2) クライシス・コミュニケーションの「3つのキーワード」

①「スピード」

迅速な意思決定と行動が大切である。

②「情報開示」

疑惑を生まない迅速な情報開示が大切である。情報の小出しは逆効果を生むことにつながる。

③「社会の視点からの判断」

園側からだけの判断には特に注意が必要である。園の常識は時として社会から見れば非常識に
映ることもある。

(3) 危機管理から見た初期対応「7つのポイント」

①「ちょっと変だな～?」と感じたらすぐに園長に連絡をする。

1) 何より優先するのが「第一報」である。

2) ヒヤリハット（インジデント）の報告を日常的に積み重ねていくことが事故の未然防止に
   もつながる。

3) 報告書の必要記載事項は、ⅰ) 日時　ⅱ) 場所　ⅲ) 対象者　ⅳ) 事故内容　ⅴ) 対応者
   ⅵ) 対応内容　ⅶ) 緊急課題　ⅷ) 即決事項　である。

② 園長には「30分以内」に第一報を入れるようにする。

1)「情報のスピードの差」が「対応の遅れ」や「隠蔽疑惑」を生むことになる。

2) 組織内の「情報隠し」に注意することが必要である。

③「社会の目」で判断をする。

1) 不測の事態の判断は「目先の体面ではなく、社会がどう見るか」にある。

2) 一市民の目で客観的に見ると見えてくる社会の見方がある。

3)「園の常識」「学校の常識」は「社会の非常識」という言葉があるのでそうならないように
   心がける。

④「慣習」と「先例」という安易な状況認識に注意する。

1)「前からあったことだから…」「前からこのようにしていたから…」という判断がリスクを招
   くことになる。

2) 隠蔽的職場慣習が事を重大にしてしまうことがある。

⑤ 一つの問題の背後には何倍もの同じような問題があるという認識を持つ。

1) この意識があれば保護者からのクレームを減らすことができる。

2)「一点突破、全面展開」という言葉は危機管理を考える上で示唆に富んでいる。

⑥ **法的問題だけでなく社会的道義的責任からも判断することが重要である。**

1)「法的に問題ない」「手続き上問題はない」では納得されない時代である。

2)「問われる」のは「保護者」や「関係者」への配慮の有無と常識である。

⑦ **危機管理は職場全体で取り組むという自覚をもつことが重要である。**

1)「危機管理」のできない保育者では、保育はできない時代になっている。

2) 常に「報告・連絡・相談」を実行することが大切である。職員の間で「ほう・れん・そう」という言葉を危機管理の合い言葉にすると意識が切れないでいい。

3)「報告・連絡・相談」の後に「確認」を加えると確実性が高まる。

（4）緊急対応における要点

事件・事故が発生した場合は、緊急対応マニュアルに基づいて迅速・適切な対応を図らなればなりませんが、緊急対応における要点は次のようなものが考えられます。

① 冷静な対応

マニュアルに示された手順・内容に従い、最優先とする対応は何かを意識しながら、冷静に対応することが大切である。そして、初期対応で過ちを犯さないための「三つのこころえ」は、「傾聴」「面談」「迅速」である。

「傾聴」は、相手の言い分を十分に聞き、途中で話を遮らないようにする。こちらの「聞く姿勢」が相手に「誠意」を伝えることになる。

「面談」は最大の「誠意の表明」になる。あの時会っておけばよかったという悔いを残さないためにも、直接会うことが大切である。

そして、「迅速」。行動は迅速にすることが重要である。同じ対応をしても遅いと評価されないことになってしまうことがある。解決のカギは「コミュニケーション」である。

② 管理職のリーダーシップ

危機発生時、管理職は状況を判断し、全職員に「緊急対応を行う」旨を明確に伝え、役割分担等について的確な指示を行う。特に、情報を集約・分析したり、迅速・的確な情報判断、方針決定したりする機能を持つ「対策本部」等の中核的な組織を必要に応じて組織することが必要である。

なお、園長・副園長・教頭（管理職）の不在時に事件・事故が発生した場合の対応の判断・指示や関係機関への連絡等について、事前に職員間で共通理解をしておくことも大切である。

③ 正確な情報収集及び情報の共有化

事件・事故発生時、周囲にいたこども等から可能な限り正確に聴きとった情報を、対策本部において整理し、要点を文章化または図式化する。そして、全職員でその情報の共有化を図る。

④ 組織的な対応

対策本部での決定事項をその構成員である職員が速やかに他の職員に指示・伝達し、園全体で組織的に対応できる体制をつくる。また、混乱した状況では、職員の臨機応変の対応が必要となるが、個人の判断で対応することは極力避ける。やむを得ず個人の判断で対応した場合は、必ず事後に速やかに報告するなど、「報告・連絡・相談・確認」の徹底を図る。

⑤ 保護者・地域社会との連携

保護者会の役員や地域の関係者と協力して危機の解決にあたるとともに、こども及び園の保育・教育活動を守る体制づくりをする。その際、必要に応じて、緊急保護者会を開催する。

⑥ 関係機関との連携

危機発生時にはさまざまな対応が必要となり、園だけで対応することには限界がある場合もある。園だけで抱え込まず、市区町村等の関係機関に助言を求めたり、職員の派遣を要請したりすることも必要である。

市区町村等の関係機関が、園が警察等の専門機関と円滑な連携が図れるよう、また、マスコミ等への適切な対応が図れるよう、常日頃から園と協同体制を確立し、連絡・調整を行えるような共同体制をつくっておくことが必要になる。さらに、危機を最小限に抑えるため、警察・消防・保健所等の関係機関に連絡し、支援を要請することを原則としておくことが重要である。園長は正確な事実関係を把握し、最終的に関係機関等の要請の必要性を判断することになる。

⑦ 通信手段の確保

保護者や報道機関等からの問い合わせが殺到し、園の電話が使用できなくなった場合には、非常用の通信手段を確保する必要がある。電子メールや登降園システム用のアプリがその手段として有効であるが、例えば、職員の所有する携帯電話を本人の同意を得た上で、連携を図る必要のある機関に番号を伝え、非常用電話として利用することも考えられる。

(5) 緊急保護者会の開催の留意点

事件・事故が発生した場合は、保護者の不安は大きなものがあり、また、憶測やうわさが広がることで、事態への対応を困難にさせることも懸念されます。

こうしたことから、園長・副園長・教頭（管理職）は、市区町村等の関係機関や保護者会役員等と連携を図り、次のような点に考慮して緊急保護者会を開催し、保護者との連携を深める中で、よりよい問題解決に向けた取り組みを進める必要があります。

① 説明内容の十分な準備

園が緊急保護者会を開催する際には、園が何を何のために（目的）、なぜ緊急に開催するのか（理由）、どのように伝えるかなど明確な方針をもって臨む必要がある。特に、園が収集した情報について、事実を確認した情報とそうでない情報の整理や、事件・事故の背景等を分析し、説明

内容の準備をしておかなければならない。

② 職員の意識の統一

園長・副園長・教頭（管理職）は、職員に保護者会での説明内容や協議事項、今後の対応及び方針等について説明し、共通理解を図っておく。特に、突発的な事故や事件が発生した時は、緊急保護者会が開催されるので、職員の考えや意識がまとまっていない状況が予想される。園では、日頃から職員の意思疎通が図られるような雰囲気づくりに努めておくことはもちろんであるが、いざ、緊急事態が起こった場合には、職員が結束して対応することが極めて大切である。

③ こどものプライバシー保護への配慮

事件・事故に関わるこどもの人権やプライバシーについて、最大限の配慮を行うことが必要である。保護者会は、保護者に理解と協力を求め、信頼関係の基盤づくりをすることが最大の目的である。正確な事実関係や状況報告などは、保護者に伝えなければならないが、こどもの氏名やプライバシーを公表することは絶対に慎まねばならない。

④ 誠意ある丁寧な対応

保護者会において、さまざまな意見や要望が出されることが考えられる。それらをきちんと受け止めた上で、誠意をもって対応することが大切である。

(6) 報道機関への対応

報道機関に対しては、個人情報や人権等に最大限に配慮しながら、公開できる情報は明確に伝え、誠意ある姿勢で対応するようにします。プライバシー保護等の理由から伝えられない場合は、その旨を説明し、理解を求めることが必要です。その際、窓口を一本化し、園長・副園長・教頭や主幹・主任が対応するとともに、報道機関に情報を提供する場合は、どの機関に対しても公平に情報を提供することも大切です。園が報道機関の取材対象となった場合、園として対応を誤らないための留意事項については次のようなものが考えられます。

① 報道機関への依頼

多くの取材要請が予想される場合、こどもの動揺を防ぎ、正常な園運営を維持する観点から、取材に関しての依頼を文書等により行うことが望ましい。
【依頼内容（例）】
・園内の立ち入りに関して
・取材場所、時間・時刻に関して
・こどもや職員への取材に関して　等

② 社名、記者名、連絡先等の確認

電話での取材要請では、相手の社名、記者名、連絡先等を確認し、かけ直して取材に応じる

などの慎重な姿勢が望まれる。報道機関に対して公平に対応するためにも、取材要請があった報道機関の社名等とともに、質問内容を必ず記録しておく。

③ 取材意図の確認及び準備

想定質問に対する回答を作成することなどにより、的確な回答ができるように準備する。その際、事実関係が正確に把握できているか、推測の部分はないか、人権やプライバシー等への配慮はできているかなどの点に特に留意する。

④ 明確な回答

不明なことや把握していないことは、その旨を明確に答える。誤解につながるような曖昧な返答はしないようにする。

⑤ 記者会見の設定

取材要請が多い場合は、関係機関（市区町村等）と連携を図り、記者会見を開くことで対応することが有効である。その際、会見場所、時間等については、園運営が混乱しないよう考慮した上で決定する。

（7）記者会見の仕方

1) 記者会見の「予定時刻」と「場所」をただちにマスコミに伝える。現場の記者、カメラマンの不安を解消させることになる。
2) 情報は「現時点では」「現段階では」の限定条件でも公表する。危機発生時には、情報は「5W1H」より「1W」を優先することが大切である。情報公開が遅れると憶測に満ちた取材攻勢を受けることになる。
3) 公表済みの情報は会見場に紙に書いて貼り出す。発表済みの情報は会見場に紙に書いて貼り出すことにより、遅れてやってきた記者にも状況が一目瞭然になり、記者は落ち着いて取材活動ができる。
4) 会見にあたっては図面を用意して分かりやすく説明する。この時、拙速であっても平面図・立体図・断面図・構造・動線・位置関係などの図面を用意しておくと説明が分かりやすくなり、質問も減る。
5) スクープされる前に記者会見をすることが重要。スクープされる前に記者会見をすることにより、告発型報道から客観型報道に状況を逆転することができる。

※記者会見の時間設定にあたっては、それぞれの記者の原稿締め切り時刻（夕刊締め切り等）にも十分配慮することが必要である。

① 記者会見の意味

1) 記者会見は、記者が「5W1H」の裏を取る場であると心得ておくとよい。
2) 記者の質問は全て「疑い」と「批判」から出てきていると心得ておくとよい。
3)「挑発質問」「意地悪質問」「誘導質問」は必ず出る。それに乗せられないように注意することが大切である。

第 1 章　園における危機管理の基本知識

② 失敗しないこころえ

1）説明を行う場面での態度

「メラビアンの法則」では、話し手が聞き手に与える印象は何で決まるかということを示唆している。

　　ⅰ）表情、しぐさ、見た目（視覚情報）：55%

　　ⅱ）声の質、大きさ、テンポ（聴覚情報）：38%

　　ⅲ）話の内容（言語情報）：7%

2）説明責任を果たすこと

「逃げの姿勢」「言い逃れ」を絶対に見せないことが大切である。記者は「隠すと暴く」「逃げると追う」傾向がある。

3）理由や背景の説明

理由や背景の説明においては、「それには3つの理由がありまして…」というように、いくつあるかということを明確に前置きすることが大切である。記者に勝手に省略させないでこちらが言った3つの内容を全部記事に書いてもらえるからである。

4）記者と議論しない

挑発質問や意地悪質問は新しい情報を獲得するための常套手段であるという意識を常に持っていることが大切である。そのような質問に出会った時は、話の内容がブレないために次のように答えることを心得ておくとよい。

　　ⅰ）「その点も確かに重要ですが、むしろ優先しなければならなかったことは○○でした」

　　ⅱ）「ご批判もよく分かりますが、あの時点で、最優先の課題だったのは□□でした」

　　ⅲ）「疑問はごもっともと思いますが、あの時点で最重視すべきことは△△でした」

5）記者と黒白を言い争わない

記者会見は法廷ではない。記者と黒白を言い争わないようにすることが大切である。その上で次のようなことを心得ておくとよい。

　　ⅰ）謝るべきことは素直に謝ることが大切である。

　　ⅱ）言い訳や弁解は、意地悪質問の矢を浴びる結果を招くことにつながる。

6）終了時刻

予定時刻が来たからといって、いきなり終了しないことが大切である。終了時刻1分前くらいになった時に司会役が、「そろそろ予定の時間が近づきましたので、あと1～2問引き受けて終わらせていただきます」と予告のアナウンスをすると聞く方も納得できる。

第3節　事故が起きた場合の対応（緊急時対応マニュアル）

① 慌てず焦らず落ち着いて組織的に連携して対処する。

② 誠意をもって誠実に対応する。

③ 経過を事故報告書にきちんと記録する。

1) 発生時刻を見る。
2) 全館呼び出しで、園長・副園長・教頭や主幹・主任・看護師に連絡する。
3) 全身の状態、傷の確認をする。応急手当ができる場合は、適切に行う。
4) 打撲の場合はすぐに氷で冷やし、切り傷などで出血している場合には止血をする。
5) 意識がない時、判断に迷う時には、すぐに救急車を呼ぶ。
6) こどもを静かな場所に移す。動かしてはいけない時はそのままにしておく。
7) 保育者がこどもの側につき、安心させる。
8) 園長・副園長・教頭や主幹・主任・看護師の指示の下、他の保育者が病院連絡、準備物用意などを分担して行う。
9) 保護者に連絡をする。
10) 出血や嘔吐で衣服が汚れた時は、体を動かせるようであれば着替えをさせる。

1. 重症の場合

軽症の場合を除いて、全て救急車をお願いし、以下の通り対応します。
① 救急車をお願いする。
② 保護者に連絡をして、事故発生の事実と、救急車での搬送の時刻及び事故の程度を知らせる。
③ 事故の経過などは「事故報告書」を見ながら行い、報告者の私見は交えない。
　例）「私ならばこうしたけど……」「○○先生が全て見ていたから聞けば分かる」等
④ 園での事故の責任は、全て園側にあることを承知し、申し訳なかったという誠意を誠実に伝える。

2. 軽症の場合

① 緊急連絡簿のリストを見ながら、保護者へ連絡をする。
② 保護者と連絡がついたら、保護者の意向を聞き、病院へ職員が連れて行くか、保護者に任せるかの判断を保護者に尋ね、保護者の意向を尊重する。
　例）傷の場所・出血の有無、顔色等の状態報告
③ 職員が病院へ行く場合は、車の手配をする。
④ 園長・副園長・教頭や主幹・主任・保育教諭が不在の場合はタクシーを呼ぶ。

事故報告ルート

第 1 章　園における危機管理の基本知識

【病院へ持って行くもの】
1）シール帳、及び緊急連絡表（保険証の写し、及び今月または前月の身長・体重が記入されたもの）
2）治療費（5千円程度）
3）ティッシュペーパー・タオル・衣類（おむつまたはパンツ・ズボン・上着）
4）濡らしたおしぼり　※打ち身の場合は、氷で冷やしながら行く
5）小さいこどもの場合は、小さな玩具・絵本などを持っていくとよい
6）携帯電話（治療の結果や経過を、保護者や園に連絡）
7）タクシー代（5千円程度）

3. 保護者への連絡と対応

　保護者の気持ちに共感し誠意を持って対応します。

① 軽症で、職員がこどもを病院へ連れて行った場合は、園の方から保護者へ連絡する。治療後、そのまま保育が継続できるという診断であれば、病院より園に帰ってきてから保護者に連絡する。
② 事故の状況、病院名、結果を保護者に伝える。心から「申し訳なかった」という気持ちを伝えること。「注意していたのに気づかなかった」「見ていなかった」「こどもが勝手にした」と絶対に言わない。「私のクラスのことではない」と思わない。園全体の責任として完治するまでみていくようにする。
③ 病院提出のため保護者に保険証を持参していただく。
④ 次回の診察がある場合には、責任を持って園より連れて行くことを伝え、診察カードなど受診の際に必要なものをどのようにするか、保護者と連携をとる。
⑤「園児事故報告書」を記入し、完治するまで経過をみて記録する。
⑥ 保護者が付き添って通院した場合は、領収書を園に持ってきてもらう。領収書は園名でとってもらう。

4. 治療費について

　園での怪我は園より支払うことを原則とします。

① 乳幼児の「医療費助成」で、治療費が無料になることもあるが、治療に要した経費（治療費）は全て園で負担することを保護者に伝え、領収書の提出をお願いする。
② 園で病院に行かなくても大丈夫と判断した怪我でも後日保護者が受診した場合は、園より支払うことがあるので主幹・主任・保育者に報告する。園長の判断で、状況によっては必要ないという場合もある（怪我をして日にちが経っている・全く受診の必要がないと思えるなど）。

5. 主に利用している病院のリスト化

① 病気や怪我の際、緊急に病院へこどもを連れて行く場合は、利用する病院をリスト化しておき、

事前に保護者に説明しておく。

② 保護者の要望で、「連れて行ってほしくない病院」や「指定する病院」がある時は、申し出を受け、それに準じて行動する。

※「仕事を休めないで困った」という保護者に紹介するが、利用は個人の判断による（有料）。

『育児介護休業法』の一部が改正され、平成29年10月1日より、事業主は1年につき5日を限度として『子の看護休暇』の義務が課せられます。こどもは、病気の時は精神的に不安になるので、できるだけ保護者の方が看病できることが望ましいと考えられます。この項目を、入園の時に保護者に「入園のしおりや重要事項説明書」などで知らせておくようにします。

6. 救急車の呼び方

① 局番なしの「119」をダイヤルする。

②「火事ですか、救急ですか」と聞かれるので、「救急です」と言う。

③ 住所、名前、電話番号を伝える。

「○○市○○○○の○○番地の○の○○○こども園です」

「私は保育者（役職名）の□□です」

④ 状況を説明する。

●いつ	○○時○○分
●誰が	●●●　○○○　5歳が
●どのようになり	すべり台から落下し
●どのような状態か	意識がない　頭部多量出血

⑤ 応急処置などを指示された時は、それに従う。

⑥ 既往症があれば報告する。──すでに○○病院にて治療中です。

現在服用している薬を確かめ、保護者に確認する。

⑦ 目標物・目標地点まで救急車を出迎え、誘導する。

【病院に付き添う時】

① 担任が付き添い、状態や既往症の質問に答える。

② 緊急連絡先カード（保険証番号・保護者連絡先・かかりつけの病院記載）や携帯電話、5千円程度のお金などを持つ。

③ 救急隊員の指示に従う。

④ 搬送病院が決まったら、すぐに保護者・こども園に連絡をする。

【その他】

① 救急車を呼ぶ時は、その時の時刻や状況を確かめておく。

第2章	こどもの成長・発達と事故

第1節　月齢と事故

こどもの事故は、転落、転倒、熱傷、窒息、切り傷、誤嚥、誤飲、溺水、交通事故など多岐にわたります。こどもの死因の第一位は不慮の事故だといわれていますが、事故を未然に防ぐためには、月齢ごとの発達の特徴と、月齢ごとの事故の種類を知ることが大切です。

【0ヶ月～3・4ヶ月】

この月齢のこどもは、手をうまく使うことができず、一人では身動きできません。また、物を払ったりすることができない年齢です。

〈起こりやすい事故〉

① 吐いたものでの窒息　　② 柔らかすぎる布団での窒息　　③ 熱すぎるミルクでの口腔内熱傷

④ 抱っこしていての転落　　⑤ 虫刺され

【4ヶ月～7ヶ月】

寝返りができるようになり、手も使えるようになり、何でも口にもっていくようになります。

〈起こりやすい事故〉

① ベッドからの転落　　② 紐などを首に巻きつけての窒息　　③ 誤嚥　　④ 誤飲

⑤ 抱っこしていての転落　　⑥ 物が落下しての打撲や挫傷

【7ヶ月～1歳】

ハイハイ・つかまり立ち・伝い歩きができるようになり、行動範囲が広がり、何にでも興味・関心を示し、何にでも触りたがる年齢です。

〈起こりやすい事故〉

① 椅子や階段からの転落　　② つまずいての転倒　　③ 誤嚥　　④ 手や指先の熱傷や切り傷

⑤ 浴槽での溺水

【1歳～2歳】

自我が芽生え、行動範囲が広がり、何でも自分でしたがり、言うことを聞かなくなる時期です。しかし、危険予知能力は未熟な年齢なので、繰り返し言い聞かせることが必要な年齢です。

〈起こりやすい事故〉

① 段差などを利用して高いところに登り、そこからの転落　　② 走って転倒　　③ 道路での飛び出し　　④ 遊具で危険な遊びをしての怪我　　⑤ 化粧品や硬貨などの誤飲　　⑥ 日用品で起こる熱傷

【3歳〜6歳】

　一人でできることが増え、大人の目の届かないところで遊ぶ時間が増え、いたずらをすることが増える年齢です。また、こども同士で遊びに熱中するため戸外での事故が増えます。自転車などの動的道具で遊ぶようになり、それらに関係する事故が増えます。ふざけたり、危険な使用方法をしたりする場合には、反復して注意しなければならない年齢でもあります。

〈起こりやすい事故〉

① 飛び出しなどの交通事故　　② 高いところからの転落　　③ プール・海・河川での溺水

④ 刃物を使っての怪我　　⑤ マッチやライターでの熱傷

⑥ いたずら遊びによる間違った道具の使い方による、打撲や転落事故

第2節　事故で受ける傷の種類と予防

1. 転落・転倒・打撲

　ハイハイする頃から6歳以上までの各年齢に見られますが、特に1歳前後に多くなります。転倒でも硬膜下血腫があり得るので注意が必要です。1歳前後は頭が大きく重たいので、頭部を強打しやすくなります。

　転落では、階段・椅子・ベッド・ソファー・遊具など、室内でも気を配る必要があります。2〜3歳を過ぎると、戸外での転落、転倒、室内では踏み台になるものを見つけての転落、転倒があります。

【事故防止のためには】

① 床は整理整頓し、洗濯物・紙・ナイロン袋など散乱しないようにする。

② スリップしやすい床には気をつける。濡れた場合はすぐに拭き取る。

③ 水遊び場でのスリップに要注意。

④ 階段には柵を設置する。

⑤ ベランダなどの近くに踏み台になるものは置かない。

⑥ 遊具の間違った遊び方には、日頃から注意する。

⑦ 椅子・ベッド・ソファー・テーブルなどでふざけないように注意する。

2. 熱傷

　熱い液体をこぼしての熱傷が多いため、ポット、コーヒーメーカー、カップ麺、味噌汁、お茶などの取り扱いには注意が必要です。ストーブや電気プラグにも注意が必要ですが、年長になると火遊びでの事故も増え、花火など十分に注意しておく必要があります。

【事故防止のためには】

① テーブルに熱い物を置く時は、こどもの手の届かない中央に置く。

② テーブルクロスは使わない。

③ 熱器具はこどもの手の届かないところに置く。

④ 電気コードは使ったらすぐに片づける。

3. 誤飲

　タバコの誤飲が多く、おもちゃの部品や化粧品、装飾品・電池なども誤飲につながります。洗剤や薬品、石油なども平気で口に入れます。こどもが間違いやすいものとして、ジュースの空き缶を利用した吸い殻入れ、薬箱としてのお菓子箱、リキュール類などは誤って口に入れやすいものです。直径3.2～3.5cmの物は口に入れてしまうといわれ、窒息・誤嚥・誤飲が起こります。

【事故防止のためには】

① 直径3.2～3.5cmより小さい物は、こどもの手の届かないところに置く。

② ペットボトルに薬液を入れない。

③ 引き出しや戸棚などは簡単には開かないようにする。

4. 溺水

　1歳前後に浴槽での溺水が集中して多くなります。浴槽の高さが70cm以下では浴槽に転落しやすいといわれています。お風呂以外でも、水洗便所、水槽・洗濯機、プールなど水が溜まっているものは全て、溺水が起こる可能性があります。

【事故防止のためには】

① 水のあるところにこどもを一人きりにしない。

② プール遊びでは、複数で監視する。

③ こどもが遊んでいる時に後片付けをしない。

第3章　安全な保育環境の整備

　成長発達の未熟なこどもの事故は、周囲の大人の不注意が原因になることが多いようです。こどもが事故なく安全に生活をするため、保育環境を整えることは園及び全職員の責務です。「知らなかった」「こんなはずではなかった」ということは許されません。

　日頃から、「こどもにとって安全かどうか」の問題意識をもって環境を見直していくことが大切です。こどもは、大人が予測できない行動を取ることがありますので、こどもの目の高さで見ることが大切です。気がついたことは園長に報告し、その都度対処します。「あの時修理しておけばよかった」ということがないように、すぐに行動するようにします。破損や故障に気づいた職員は、直るまで責任を持ち、「○○はどうなりましたか」と積極的に確認するようにします。

また、保護者との連携を密にし、高いところによじ登ろうとするなど園でのこどもの興味のありようや突然走り出すなど行動の特徴をしっかり伝え、「ご家庭ではいかがですか」と家庭での様子も尋ねるようにします。

「こどもの命を守る」ために教えることは何かを共通理解をしておくことが大切です。例えば、家庭でも安全な子育て環境を作るために、「タバコは手の届かないところに置く」「カミソリは浴室に置かない」など、具体的にアドバイスをするようにします。また、4〜5歳児になるといけないことをして叱られると分かると隠そうとする場合があります。ただ「駄目よ」と言うのではなく、「なぜいけないのか」という理由を理解させることが大切です。職員の報告と我が子からの話が食い違うこともありますので、保護者との信頼関係を日頃からつくるよう心がけていくようにします。

第1節　事故リスク軽減のために

事故リスクを軽減するためには、観察や家庭からの報告をもとに、こどもの日々の情緒や体調の把握を行い、保育面への配慮をすることが大切ですが、それ以上に、こどもたちに危険なものは何かということを遊具や用具の正しい使い方などを実際にやって見せたり、紙芝居やペープサートなどを使ったりして、具体的に繰り返し知らせ、安全に対する意識を育てる安全教育を行うことも大切です。

また、危険な時には毅然とした態度で、こどもの目をしっかりと見て、「危ない」ことを知らせていきます。「指が切れる」「頭から血が出て病院に行かなければいけない」というようにこどもが理解できるような言葉かけも大切です。何よりも大切なことは、全職員が同じ思いで対応することで例外をつくらないということです。

園に求められる、または全職員に求められるリスク軽減のための心構えとしては、以下のことが考えられます。

① 事故の認識、危険予知能力の向上に努めているかどうか。

② 一人一人のこどもの発達段階や特徴を職員全員が把握しているかどうか。

③ こどもの行動予測を十分に認識しているかどうか。

④ 園舎・園庭の特徴を認識し、それらに対する配慮をしているかどうか。

⑤ 職員間で声をかけ合い危険防止の確認をしているかどうか。

⑥ クラス担任はクラス全員の状況を把握しているかどうか。

⑦ こどもの状況把握のための保育者の位置の確認をしているかどうか。

⑧ 午睡時の職員の付き添いと、表情の見える明るさの確保ができているかどうか。

⑨ 事故原因の分析と防止方法の検討を全職員に注意喚起しているかどうか。

⑩ 一人一人のこどもの発達に合った遊具の選択と遊び方の指導をしているかどうか。

⑪ 固定遊具で遊んでいる時、保育者が付き添っているかどうか。

⑫ 園外散歩の時、異常時に対応できる充分な人数が付き添っているかどうか。

⑬ 手を繋ぐ相手を歩調の合うこども同士にしているかどうか。

⑭ 日案、週案、月案、年間指導計画に事故防止に関わる配慮事項を取り入れているかどうか。

⑮ 保育計画の反省時に、安全面についても話し合うようにしているかどうか。

⑯ 他児に攻撃的な面のあるこどもの行動について、全職員が予測して対応するようにしているかどうか。

⑰ 肘内障などを起こしやすいこどもを全職員が把握しているかどうか。

⑱ 生活（活動）の切り替えをはっきり行うようにしているかどうか。

⑲ 園外散歩・延長保育など状況にあった人数を配置しているかどうか。

⑳ 事故発生時の連絡・通報ができるように準備できているかどうか。

第2節　年齢別事故防止チェックリスト

　クラス担任は、各クラスで事故防止のためにそれぞれの期毎に以下のチェックを行う。

【0～1歳児クラス用・事故防止チェックリスト】

記入日　　　年　　月　　日
記入者氏名（　　　　　　　）

	要項	チェック
①	園で使用しているベビー用品は、こどもの年齢や使用目的に合ったものを選び、取扱説明書をよく読んでいる。	
②	こどもの周囲に角の鋭い家具・玩具・箱などがないか必ず確認し、危険な物はすぐに片付けている。	
③	おむつの取り替えなどで、こどもを寝かせたままにしてそばを離れることはない。	
④	こどもを抱いている時、自分の足元に注意している。慌てて階段を降りることはない。	
⑤	寝ているこどもの上に、物が落ちてこないように安全を確認している。	
⑥	ミルクを飲ませた後は、げっぷをさせてから寝かせている。	
⑦	スタイを外してから、こどもを寝かせている。	
⑧	ベビーベッドの棚とマットレス、敷布団の間に隙間のないことを確認している。	
⑨	敷布団は硬めのものを使用している。	
⑩	こどもを寝かせる時は仰向けに寝かせ、5分ごとに呼吸状態や顔色等を確認している。	
⑪	ドアの蝶番に、こどもの手や足の指が入らないように注意している。	
⑫	引き出しやドアをバタバタさせたり、ドアの近くで遊ばせたりしないようにしている。	
⑬	こども用の椅子は、安定のよいものを使用している。	
⑭	室内・室外で角や鋭い部分にはガードをしている。	
⑮	椅子に立ち上がったり、椅子を玩具にしたりして遊ぶことはない。	
⑯	つかまり立ちをしたり、伝い歩きをしたりする時は、そばについて見ている。	
⑰	歩行する時は、口に物をくわえないようにしている。	
⑱	こどもは保育者を後追いすることがあるので注意している。	
⑲	こどもの遊んでいる位置を確認している。	
⑳	固定遊具の安全を確認し、遊ぶ時はそばについている。	
㉑	玩具を持ったり、カバンをかけたりしたまますべり台で遊ばせることはない。	
㉒	すべり台に多くの子が集まり、押し合いなどしないように注意している。	
㉓	揺れているブランコには近付かないように注意している。	

	要項	チェック
㉔	敷居や段差のあるところを歩く時は、つまずかないように注意している。	
㉕	階段や玄関などの段差のあるところに、こどもが一人で行かないように注意している。	
㉖	階段を昇り降りする時は、こどもの下側を歩くか、手を繋いでいる。	
㉗	こどもが大きな物や重い物を持って移動する時は、付き添うようにしている。	
㉘	肘内障を起こしやすいこどもを、職員全員が把握している。	
㉙	こどもの腕を保育者や年上のこどもが強く引っ張ることがないようにしている。	
㉚	こども同士が手を繋いでいる時、引っ張り合い肘内障になることがあるので注意している。	
㉛	手に怪我をしていたり、手がふさがっていたりする時はバランスをとりにくく転びやすいので注意している。	
㉜	室内は整理整頓し、使用した物はすぐに収納場所に片付けている。	
㉝	こどもがいる保育室でハサミやカッターなどの刃物を使用していない。	
㉞	こどもの鼻や耳、口の中に入ってしまう小さな玩具は、与えない。	
㉟	食べ物の固さや大きさ、量などを考えて食べさせている。	
㊱	ビニール袋や風船などは、こどもの手の届かないところにしまっている。	
㊲	フォーク・歯ブラシなどをくわえて歩き回ることがないようにしている。	
㊳	こどもが直接触れて火傷をするような暖房器具を使用していない。	
㊴	床が濡れていたらただちに拭き取るようにしている。	
㊵	トイレのレバーを操作する時は、手助けをしている。	
㊶	落ち着いて便器に座るように補助している。	
㊷	公園は小さいこどもの安全に十分に配慮していないことがあるので、遊ばせる際には十分に点検している。	
㊸	砂を口に入れたり、目に誤って入ってしまったりすることがあるので、衛生管理には気をつけている。	
㊹	散歩の時は、逐次人数確認をしている。	
㊺	道路での飛び出しに注意している。	
㊻	散歩の時は、歩く場所に積荷や看板などが出ていないか点検している。	
㊼	水遊びをする時は、必ず保育者が付き添っている。	
㊽	バケツやこども用プールに水を溜めおくことはない。	
㊾	沐浴中のこどもから目を離すことはない。	
㊿	ボール遊びでは勢いあまって転倒することがあるので、周囲の玩具などに注意している。	
51	バギーに乗せる時は、深く腰掛けさせ、安全ベルトを使用し、そばから離れないようにしている。	

【2歳児クラス用・事故防止チェックリスト】

記入日　　年　　月　　日
記入者氏名（　　　　　　　）

	要項	チェック
①	こどもの遊んでいる位置を確認している。	
②	遊具の安全を確認している。	
③	すべり台やブランコに乗る時はそばについている。	
④	おもちゃを持ったり、カバンをかけたりしたまま、すべり台で遊ばせることがないように注意している。	
⑤	すべり台の正しい遊び方を指導し、上でふざけあったり、逆さ登りしたりしないようにしている。	
⑥	揺れているブランコには近づかないように注意している。	
⑦	シーソーは反対側に人が乗ると、急に上がることを教えている。	
⑧	砂場では砂の汚染や量、周りの枠について注意点検をしている。	
⑨	おもちゃの取り合いや、長い物を振り回さないなど砂場での正しい遊び方を指導している。	

第3章　安全な保育環境の整備

	要項	チェック
⑩	砂場周辺は砂で滑りやすいことを注意し、指導している。	
⑪	鉄棒の近くで遊ぶと勢いあまって衝突することがあることに注意している。	
⑫	三輪車はスピードがつくと転倒しやすいことを教え、遊ばせている。	
⑬	こどもが敷居や段差のあるところを歩く時や、外遊びをする時は、つまずかないように注意している。	
⑭	こどもが大きな物や重い物を持つ時は、段差がないか床や地面の状態に注意している。	
⑮	階段や玄関などの段差のあるところに、こどもが一人で行くことはない。	
⑯	階段を昇り降りする時は、こどもの下側を歩くか、手を繋いでいる。	
⑰	室内では衝突を起こしやすいので、人数やルールを考えて遊ばせている。	
⑱	午睡後、十分に覚醒しているか、個々の状態を十分に把握している。	
⑲	こどもの腕を強く引っ張らないように注意している。	
⑳	肘内障を起こしやすいこどもを、職員全員が把握している。	
㉑	こども同士が手を繋いでいる時、引っ張り合いで肘内障になることがあるので注意している。	
㉒	手に怪我をしていたり、手がふさがっていたりする時はバランスをとりにくく転びやすいので注意している。	
㉓	室内・室外で角や鋭い部分にはガードをしている。	
㉔	椅子に立ち上がったり、椅子をおもちゃにしたりして遊ぶことはない。	
㉕	ロッカーや棚は倒れないものを使用している。	
㉖	マットは使用後そのままにせず、必ず片付けている。	
㉗	ドアを開閉する時、こどもの手や足の位置を確認している。	
㉘	こどもが引き出しやドアを開け閉めして遊んでいることがないように注意している。	
㉙	室内は整理整頓し、使用した物はすぐに収納場所に片付けている。	
㉚	ハサミやカッターなどの刃物は、使用したら必ず片付けている。	
㉛	フォーク、歯ブラシなどをくわえて走り回ることがないように注意している。	
㉜	口の中に入ってしまう小さな玩具を机の上に置くことがないように注意している。	
㉝	食べ物の固さや大きさ、量などを考えて食べさせている。	
㉞	ビニール袋などは、こどもの手の届かないところにしまっている。	
㉟	こどもが鼻や耳に小物を入れて遊んでいないか注意している。	
㊱	先の尖った物を持っている時は、振り回したりしないよう指導している。	
㊲	極端なふざけは注意している。	
㊳	こどもが直接触れて火傷をするような暖房器具を使用していない。	
㊴	床が濡れていたらすぐに拭き取るようにしている。	
㊵	水遊びをする時は、必ず保育者が付き添っている。	
㊶	バケツやこども用プールに水を溜めておくことはない。	
㊷	散歩の時は、逐次人数確認をしている。	
㊸	道路での飛び出しに注意している。	
㊹	手を繋いで走ると、転んだ時に手をつきにくいことを保育者は理解し、指導している。	
㊺	散歩の時、園が近づくと早く帰園しようとして、走ったり早足になったりすると危険であることを保育者は理解している。	
㊻	公園は園の施設に比べ安全面が十分でないことを知り、慎重に対応している。	
㊼	年齢に合ったアスレチックか、雨などで滑りやすくなっていないかなどを点検して遊ばせている。	
㊽	ジュースの空き缶やタバコなどの危険な物がある時には、口にしないよう指導し、危険な物に気がついたら片づけるようにしている。	
㊾	犬や動物は噛む、鳥はつついたりすることがあることをこどもに教え、注意している。	

【3〜5歳児クラス用・事故防止チェックリスト】

記入日 　　年　　月　　日
記入者氏名（　　　　　　）

	要項	チェック
①	こどもの遊んでいる遊具や周りを確認している。	
②	すべり台やブランコ、ジャングルジムなど、遊具の遊び方のきまりを守らせるようにしている。	
③	おもちゃを持ったり、カバンをかけたりしたまま、すべり台やジャングルジムで遊ぶことがないように注意している。	
④	すべり台の上でふざけたり、逆さ登りをしたりさせないようにしている。	
⑤	揺れているブランコには近付かないように注意している。	
⑥	シーソーは反対側に人が乗ると、急に上にあがることを教えている。	
⑦	登り棒の登り方、降り方を指導し、必ず付き添うようにしている（4・5歳児）。	
⑧	砂場では砂の汚染や量、周りの枠について注意点検している。	
⑨	シャベルやヘラの取り合いをしない、振り回さないなど、砂場での正しい遊び方を指導している。	
⑩	砂場周辺は砂で滑りやすいことを注意し、指導している。	
⑪	鉄棒の近くで遊ぶと勢いあまって衝突することがあることに注意している。	
⑫	鉄棒で遊ぶ時は、必ず横で付き添うようにしている。	
⑬	三輪車や足掛けスクーターは、スピードがつくと転倒しやすいことを教えている。	
⑭	園庭の状況にあった遊び方を選び、保育者はこどもの行動を常に確認できる状況である。	
⑮	こどもが大きな物を持つ時は、足元の安全に気を配っている（3歳児）。	
⑯	足に合った靴を履いているか確認している。	
⑰	縄跳びのロープは使用後片付けるようにしている（4・5歳児）。	
⑱	フェンスや門など危険な高いところに登らないように指導している。	
⑲	室内では衝突を起こしやすいので、人数やルールを考えて遊ばせている。	
⑳	午睡後、十分に覚醒しているか、個々の状態を十分に把握している（3歳児）。	
㉑	肘内障を起こしやすいこどもを、職員全体が把握している。	
㉒	こどもの腕を強く引っ張らないように注意している。	
㉓	こども同士が手を繋いでいる時、引っ張り合い肘内障になることがあるので注意している。	
㉔	手に怪我をしていたり、手がふさがっていたりする時はバランスをとりにくく、転びやすいので注意している。	
㉕	室内・室外で角や鋭い部分にガードをしている。	
㉖	椅子に立ち上がったり、椅子をおもちゃにしたりして遊ぶことはない（3歳児）。椅子に立ち上がったり、揺らしたりして遊ぶことはない（4歳児）。椅子を後ろに揺すっていたり、後ろ向きに座ったりしないよう、正しい使用法を教えている（5歳児）。	
㉗	ロッカーや棚は倒れないものを使用している。	
㉘	マットは、使用後はそのままにせず、必ず片付けている。	
㉙	室内は整理整頓を行い、使用した物はすぐに収納場所に片付けている。	
㉚	ハサミは使用したら必ず片付けている（3歳児）。ハサミは正しい使い方をさせ、使用したら必ず片づけている（4・5歳児）。	
㉛	箸や歯ブラシなどをくわえて立ち歩くことがないように注意している。	
㉜	食べ物の固さや大きさ、量などを考えて食べさせている（3歳児）。	
㉝	給食の魚を食べる時は、骨に注意し、食べ方を指導している（4・5歳児）。	
㉞	こどもが鼻や耳にドングリや小物を入れて遊んでいないか注意している（3・4歳児）。	
㉟	先の尖った物を持っている時は、人に向けたり、振り回したりしないように指導している。	
㊱	こどもが直接触れて火傷をするような暖房器具を使用していない。	
㊲	床が濡れていたらすぐに拭き取るようにしている。	

第3章　安全な保育環境の整備

	要項	チェック
㊳	トイレや手洗い場では走らせない。	
㊴	トイレ用の洗剤や消毒液はこどもの手の届かないところに置いている。	
㊵	水遊びをする時は、必ず保育者が付き添っている。	
㊶	昆虫や小動物などと遊ぶ時は、そばについて注意している。	
㊷	散歩の時は、逐次人数確認をしている。	
㊸	道路では飛び出しに注意している。	
㊹	歩道に危険な物がないか注意している。	
㊺	バイクのマフラーは熱いことがあるので触らせない。	
㊻	手を繋いで走ると、転んだ時に手をつきにくいことを保育者は理解し、指導している。	
㊼	散歩の時、園が近づくと早く帰園しようとして、走ったり早足になったりすると危険であることを保育者は理解している。	
㊽	前を見て歩かせ、列全体のスピードを考え誘導している。	
㊾	下りの坂道は勢いがつくことを保育者は理解し、指導している（5歳児）。	
㊿	公園は園の施設に比べ安全面が十分でないことを知り、慎重に対応している。	
(51)	年齢に合ったアスレチックか、雨などで滑りやすくなっていないかなど点検して遊ばせている。	
(52)	ジュースの空き缶やタバコなど危険な物がある時は、口にしないよう指導し、危険な物に気がついたら片づけるようにしている。	
(53)	石を人に向かって投げてはいけないことを指導している。	
(54)	犬や動物は噛む、鳥はつつくことがあることをこどもに教え、注意している。	
(55)	川や海岸では貝殻やガラスなど鋭利な物があることを考え、裸足にしてよいか慎重に判断している（4・5歳児）。	
(56)	蜂の巣がないか点検している。	
(57)	蜂の嫌がることをすると刺されることを教えている。	

第4章 園舎内外の保育

1. 基本的な姿勢

園舎内外の安全については、「人命の尊重」という安全管理の理念を全職員が共通理解し、建物や施設面での安全点検、整備を怠らないことが基本です。

① 建物・構造面・園児数・職員数・地域環境などの違いによる安全への配慮を行う。

② 安全点検は、職員各自が責任箇所を分担して絶えず行い、問題点のあると思われる場合は必ず園長に報告する。

③ 突発的な事故を想定（危険予知）し、それに伴う安全チェックポイントの作成をするなど、マンネリ化を防ぐ。

また、月に一度、園内外安全点検シート及び屋外遊具安全点検表を用いて安全点検を行う。これについては、事務分掌表における安全点検係が行う。

【事故リスク軽減のためのチェックリスト】

記入日　　年　　月　　日
記入者氏名（　　　　　　）

【こどもの持つリスク対策】

	要項	チェック
①	視診や家庭からの報告よりこどもの日々の情緒・体調の把握を行い保育面への配慮を行っている。	
②	危険な行動への注意喚起をしている。	
③	遊具、園庭、プールでの遊び方の指導を積極的に行っている。	
④	危険を回避するために安全教育を実施している。	
⑤	危険につながる行動については園全体で注意喚起をしている。	

【保育者の持つリスク対策】

	要項	チェック
①	保育者の事故の認識、危険予知能力の向上に努めている。	
②	こども各人の発達段階や特徴を職員全体で把握している。	
③	こどもの行動予測を十分認識している。	
④	園舎、園庭の特徴の把握とそれらに対する配慮をしている。	
⑤	施設の使用上の連携と協力を職員間で行っている。	
⑥	職員間で声をかけ合い危険防止の確認をしている。	
⑦	職員間の情報交換とチームワーク作りをしている。	
⑧	クラス担任はクラス全員の状況を把握している。	
⑨	こどもの状況把握のための保育者の位置の確認をしている。	
⑩	午睡時の職員の付き添いと表情の見える明るさの確保をしている。	
⑪	事故原因の分析と防止方法の検討と全職員への注意喚起をしている。	
⑫	こどもの発達に合った遊具の選択と遊び方の指導をしている。	
⑬	職員間で園庭、プール、固定遊具等の遊び方について確認している。	
⑭	固定遊具で遊ぶ時は保育者が付き添っている。	
⑮	園外保育の時は異常時に対応できる十分な人数が付き添っている。	
⑯	手を繋ぐ相手を歩調の合うこども同士としている。	
⑰	日案、週案、月案の指導計画に事故防止の配慮も取り上げている。	
⑱	保育カリキュラムの評価の時に安全面についても話し合うようにしている。	
⑲	他児に攻撃的な面のある園児の行動については、全職員が予測して対応するようにしている。	
⑳	肘内障など起こしやすいこどもを職員全員が把握している。	
㉑	生活（活動）の切り替えをはっきり行うようにしている。	
㉒	午睡、園庭、散歩、延長保育など状況にあった人数の配置を行っている。	
㉓	クラス担任だけでなく全職員がこどもの事故防止を心がけている。	
㉔	事故発生時の連絡、通報ができるように準備している。	

【施設、設備、遊具の持つリスク対策】

	要項	チェック
①	園舎内外の施設、設備、遊具について常に安全点検を行っている。	
②	異常発見をした際には早期に修理している。	
③	遊具の破損したものはただちに片づけるようにしている。	

第4章　園舎内外の保育

④	安全点検は毎日、職員全体で協力して行っている。	
⑤	危険な薬品や刃物、千枚通しなどはこどもの手の届かないところで管理している。	
⑥	砂場の深さ、遊具の角、室内備品の置き方などについて環境整備を行っている。	

【園舎内外で安全点検・整備すべき箇所及び配慮事項】

箇所	要項
玄関	玄関では段差によるつまずきの恐れがあるので、怪我をしないよう配慮をする。
廊下	玄関は広く、常に整理整頓し、廊下には物を置かないよう心がける。
テラス	戸で手を挟まないよう開閉には十分注意し、挟み防止などの工夫をする。
ベランダ	雨や冬の日は床が濡れやすいので、湿気をとる工夫をし、滑らないよう注意する。
足洗い場	コンクリート床の濡れ、凍結などで滑る恐れのあるところは、人工芝、マットなどで滑り止めをする。
プール	仮設のプールの管理、プールサイドで走らないよう指導する。
ホール	① 広さによる開放感からむやみに走り回らないように注意する（ぶつかり防止）。 ② ピアノの蓋の開閉で手を挟まないよう注意する。また、地震などの際には、転倒したり床を滑って動いたりすることを頭に入れておく。 ③ 非常口や窓のそばには物を置かない（避難経路の確保・転倒防止）。 ④ ベランダの塀の上に物を置かない（落下物防止）。
保育室	① 椅子、机は常に整理整頓をし、机を折りたたむ場合は、落ちたり倒れたり手足を挟んだりしないよう注意する。 ② 手洗い場の下が濡れないようマットを敷いたり、濡れたらこまめに拭いたりして滑るのを防ぐ。 ③ 棚やロッカーの上には物を重ねて乗せすぎないようにし、落下を防ぐ。 ④ 危険と思われる用具は、こどもの手の届かない所定の場所に整理しておく。 ⑤ カバン掛けやタオル掛けなどのフックで、目や体を傷つけることのないよう、取り付けや使用時には十分注意する。 ⑥ テレビ、ピアノは置き場所を考え、転倒や落下を防ぐ。 ⑦ ピアノの蓋の開閉で手を挟まないよう注意する。また、地震などの際には、転倒したり床を滑って動いたりすることを頭に入れておく。
トイレ	① トイレはタイルが滑りやすいので、ゴムサンダルにするなど履物を工夫したり、常に水気を拭き取っておいたりして注意する。 ② 常に清潔を保つように心がける。
階段	① つまずきによる転倒が予測されるので、手すりにつかまって安全に昇り降りするよう指導する。 ② 昇り降りの際に前のこどもとの間隔に気をつけ、押さないよう指導する。 ③ 手すりの上に乗って下を覗かないように指導する。
倉庫	原則として、こどもは入室禁止。
調理室	① 入り口に「入ってはいけない」といった表示をしたり、安全のために鍵をかけたりする。 ② こどもには、火災報知器、コンセントなどに絶対触れないよう指導する。 ③ 職員は、電気関係の一般的知識を心得ておくこと（危険度、回線路、アンペア、配電盤の知識など）
園庭	固定遊具の点検を定期的に受け、破損箇所があれば修理、修繕の対処を行う。
非常すべり台	① 遊具の使用前には点検を行い、危険の有無を確認する。 ② 落下が予想される箇所には砂、芝、土、マット、タイヤなどで衝撃を少なくするために配慮をする。 ③ 止水栓やアスファルトのある箇所は、挟まること、転ぶことに気をつける。 ④ 庭木は剪定を行い、毛虫や蜂の巣に気をつけ、その駆除を行う。 ⑤ 門扉は必ず閉めておくことを徹底する。
非常階段	非常階段の安全性について、常日頃から確認しておく。
医薬品	危険物の保管には十分気をつけ、一目で分かるようにして、鍵はしっかりかける。
ガス類	① 給湯器の火気器具の取り扱いには十分注意し、器具の固定や安全柵の取り付けなどを行う。 ② 日常、こどもたちに危険物や危険箇所を知らせておき、絶対触れないことや事故の怖さを知らせる。

【屋内安全点検シート】

点検実施日時	令和　　年　　月　　日		点検担当者（2名以上）		
	午前 / 午後　　　時　分 ～　　　時　分				

不具合があれば、欄内に※印と数字を書き入れ、備考欄に記入する↓

	項目	職員室	保健室	多目的ホール	2歳児	3歳児	4歳児	5歳児
保育室	教材、遊具、玩具が散乱していないか							
	教材、遊具、玩具の傷みや補修の必要な物はないか							
	ナイフ、ハサミ、劇薬などは安全な場所に保管してあるか							
	電器コードが邪魔だったり、劣化していたりしていないか							
	コンセント、照明など電気器具は安全な状態であるか							
	照明は全て正常に点灯するか							
	机、椅子は整理整頓されているか							
	机、椅子は汚れたり、劣化していたりしていないか							
	空調は正常に機能しているか							
	壁、床の状態はよく保たれているか							
	ドアの状態はよく保たれているか							

	項目	職員室	1階保育室	2階保育室	子育て	多目的	園外	調理室
トイレ	洗面台、鏡は清潔に保たれているか							
	洗面台、ペーパータオルホルダーはきちんと固定されているか							
	ペーパータオルの配置は適切であるか							
	手洗い洗剤や消毒液は安全な場所に保管してあるか							
	壁、床の状態はよく保たれているか							
	照明は全て正常に点灯するか							

	項目	1階廊下	1階テラス	2階廊下	2階テラス
テラス・廊下	大きなものなどで通行が妨げられていないか				
	砂、水などが溜まり、滑りやすくなっていないか				
	人工芝の状態は良好か				
	その他の危険は箇所はないか				

備考欄：状態とその対策

	項目	調理室	1階配膳室	2階配膳室
給食・配膳室	調理器具は整理整頓されているか			
	可燃物の管理は適切か			
	給湯器、ガス管、水道管の破損はないか			
	清潔に保たれているか			
	壁、床の状態はよく保たれているか			
	照明は全て正常に点灯するか			

	項目	園舎内階段	避難階段
階段	砂、水などが溜まり、滑りやすくなっていないか		
	滑り止めが外れていないか		
	手すりが壊れていないか		

	項目	1階	2階	多目的ホール
倉庫	整理整頓されているか			
	通行を妨げるものが放置されていないか			
	壁、床の状態はよく保たれているか			
	照明は全て正常に点灯するか			

第4章　園舎内外の保育

【屋外遊具安全点検シート】

	項目	すべり台	鉄棒
遊具	摩耗（すり減り）はないか		
	木部・プラスチック部の割れ、腐食はないか		
	金属部分の亀裂、さびはないか		
	金属、パイプ部分は鋭利な状態になっていないか		
	ビス、ボルトの緩み、脱落はないか		
	部品の欠落など、構造に欠損はないか		
	回転、上下運動の不良はないか		
	溶接箇所の不良はないか		
	部分的な安定性は保たれているか		
	全体的に安定しているか		
	身体が触れる箇所の汚れ、危険性はないか		
	塗装の剥離はないか		
	遊具周辺の地面に窪地はないか		
	遊具周辺の地面に危険物が落下していないか		
	コンクリート基礎部分は安全か		

	項目		備考：緊急性のある事項及びその対応
園庭・園舎周辺	水はけ、排水不良はないか		
	危険物は落下していないか		
	門扉の不具合はないか		
	垣根、柵の不具合はないか		
	燃えやすいものが放置されていないか		
	園児が一人で園外に出られるようになっていないか		
	敷地周辺はきれいに保たれているか		
	植樹の枝が伸びすぎていないか		
	植樹の枝が折れそうになっている箇所はないか		
	植樹周辺の枯れ枝、枯れ葉がたくさん散らばっていないか		

その他の事項とその対応年月日

担当		

第5章　日課に関すること

第1節　基本的な姿勢

① こどもの登降園は、家庭が責任を持って行うことを原則とする。平常と送迎者が代わる場合は、必ず連絡を入れることと、初めて来る際は身分証明書のコピーを取ることを徹底し、細心の注意を払うようにする。

② こどもの病気や怪我などについては、園内の連絡体制を明確にし、適切な処置をする。また、二重対応にならないように、全体の把握や注意に努める。

③ 特別な配慮を必要とするこどもは、全職員の協力を得て保育にあたり、行動観察及び一人一人に応じた安全体制に留意する。

④ 保育者は常に安全確認と確実な人員把握をしなければならない。特に生活や遊びが変わる時には、細心の注意を払うようにする。

⑤ ボタンや木の実、玉類などの異物が耳や鼻などに入らないように注意する。特に、乳児保育を行う時は、床の清掃や危険なものが落ちていないかなどについて丁寧に点検をする。

⑥ 体やその他の異常が認められた場合には、本人または友だちがすぐに保育者に伝えるように日頃から指導しておく。

⑦ 不審者の侵入や異物及び毒物の混入などに備えて、日頃から職員用玄関は鍵をかけ、外来者は正面玄関より出入りするように明記するなどの注意を払う。また、それぞれが問題意識を持って過ごし、機敏に行動できるよう定期的に確認し合うようにする。

第2節　主な内容

1. 登園時

① こどもが登園するまでに、非常口の確保、遊び場の点検及び清掃など、安心して保育できる体制を整えておくようにする。

② こどもは保護者から確実に受けとり、朝の健康観察を確実に行うとともに、常に園児の健康状態、表情や気分に細かく目を配り、出欠確認及び伝達事項をメモやクラスの伝達表に記入し、的確に行う。

③ 薬が必要な場合は、必ず直接手渡しでの預かりとする。その場で与薬依頼書の記入内容と薬の確認を行い、不明な点や事故のないように、決められた場所で保管する。

④ アレルギー対応児及び離乳期の乳児については、チェック用紙に基づいた確認だけでなく、視診や保護者からの連絡事項の伝達も的確に行う。

⑤ 早番の保育者については、登園時間、園児数、園児の行動、こどもの状態により、安全確保できる体制で決める。変則勤務体制となるために、役割分担を明確にし、それぞれが責任をもつ。

⑥ 園の近くに不審な人物・車両などがないか確認する（出勤時に目を配る）。

⑦ 保護者などからの伝達事項がある場合は、必ずメモして担任あるいは職員室へ報告を行う。

2. 遊び

① 保育者の役割分担を明確にし、それぞれが責任を持って保育にあたり、こどもの人数、活動内容、動きの状態に合わせて、臨機応変に対応する体制を整えておく。

② 保育中に保育者がその場を緊急に離れる時は、安全の度合いを確かめ、近くにいる保育者に必ず依頼して行動する。

③ 朝夕の自由遊びや複数のクラスが混在して遊ぶ場合などは、常に全体の活動を把握できる保育者がいることを確認する。

④ 活動の内容や遊ぶ場所を変える時、言葉の理解や行動が遅く、一緒について行けなかったり、場所になじめない子もいたりするので、その都度こどもの様子を確認して危険のないようにする。

3. 食事

① お茶・汁物・ミルクなどの温度には十分に注意する。

② 熱いものの持ち運びは、保育者が行う。

③ 手洗いや手拭き、机や食事の扱いには十分に注意し、衛生面に配慮する。

④ 食事中は楽しい雰囲気で臨み、姿勢よく、落ち着いて食事が摂れるようにする。

⑤ 自分で食べることのできないこどもへは、適切な一口の量を心がけ、詰め込まないようにする。

⑥ アレルギーや偏食、食事のペースなどの把握に努め、事故防止に務め、健康に十分配慮する。

⑦ 箸、スプーンやフォーク、歯ブラシなどで遊んだり、口にくわえたままで動き回ったりなど、危険の把握と適切な指導を行い、危ない行動につながらないように注意する。

4. 午睡

① 午睡前は、口の中に食べ物が残っていないか、健康状態の確認も確実に行う。

② 午睡中、保育者は必ずこどものそばにいて、一人一人の健康状態に十分注意するとともに、事故のないように注意する。

③ 乳幼児突然死症候群（SIDS）は0歳児だけの問題ではない。どの年齢も午睡中は目を離さず、少しでも様子がおかしい子は見逃さず、担任みんなが共通意識で対応できるようにする。連絡ノートの記入などは、こどもの近くに座り、こどもに背を向けることのないようにする。年齢に応じての午睡チェック表にチェックする。3歳未満児については、必ず5分ごとにチェックをする。

④ 午睡の場所は、落下物のない非常口付近を避けた安全な場所とし、適切な照度にも注意する。遮光性の強いカーテンは使用せず、直射日光を避ける程度に調整する。

⑤ 一人一人の生活リズムや休息の必要時間を把握し、無理せずに適度の休息がとれる方法を工夫する。

5. 降園時

① 降園時間帯は、こどもの気持ちも落ち着かないので、安全には十分注意し、園児の確認をする。

② 健康状態や小さな怪我、生活の様子を把握し、保護者に不安を残さないよう丁寧な伝達をする。早番等で保護者に直接伝えることができない時は、遅番保育者に確実に伝えてもらうよう依頼をする。また、遅番保育者はその内容を確実に伝達するようにする。

③ 不安なくお迎えが待てるような遊びを設定し、通園カバンや防寒具をつけたままで動き回ったりせず、固定遊具で遊ばないなどの約束を伝え、安全面に配慮する。

④ 降園は、責任の持てる人であることを確認して確実に行う。特に、保護者や平常保護者から委託を受けて送迎を行う人以外には、保護者からの連絡のある場合を除き、園児を同行させないことを徹底する。不明な点は、その場で保護者に連絡してからの対応とする。

※18歳未満の児童・生徒が迎えに来た場合、基本的には引き渡すことをしない。
　もし、18歳未満の児童・生徒が迎えに来た場合には、保護者に連絡をとり他の人を迎えてきてもらうよう伝達する。

⑤ 保護者への伝達忘れがあった場合は、遅番保育者が責任をもって電話連絡で直接伝える。

6. 長時間保育・延長保育

① 長時間保育では、異年齢児が混在する保育であるので、安全の確保に十分な注意を払う。

② 午後6時からの延長保育では、リラックスできる雰囲気の中にも、より一層の安全に配慮する。

③ 保育一覧表の連絡事項を必ず確認する。

④ 担当保育者は、人数確認及び園児の安全と連絡に気をつけ、保護者に渡すまで責任を持って保育する。

第6章　園外保育

第1節　基本的な姿勢

① 保育活動のねらいを明確にする。

② 戸外では行動範囲が広くなり、予想できない事態が発生する恐れがあるので、事前調査、打ち合わせ、事故防止対策など十分検討する。

③ 必要に応じて人数の確認を怠らず行う。

④ こども一人一人の行動を、全員が常に把握する。

⑤ 目的、行き先などの計画は、園長の許可を得て実施する。引率は2名以上とし、職員が欠席の時や園児の状態、熱中症警戒アラート等天候や気象条件によっては、実施を見合わせる。

⑥ 事故発生時の連絡方法を細かく確認しておく。必要時には、園外保育の責任者が個人所有の携帯電話か園の携帯電話を所持する。

第2節　実施前の留意点

① 1週間前に目的地の下調べをし、危険箇所などは全保育者が十分把握して検討しておく。また、1日前に目的地に行き最終的な安全確認を行う。なお、慣れている場所であっても、気象条件や時期などにより変化があるので、日頃から怠ることなく、状況把握をしっかりしておく。

② 出発前には必ず人数確認を行い、こどもの状態、目的、行き先、道順、予定（所要）時間、保育者（引率）人数などの届を園長に出し、所在を明らかにしておくようにする。また、都合で行き先の変更があった時は、その都度連絡を入れる。突発的に何かが起こった時など、速やかに対処できるようにする。出発、到着時に園外保育届に記入し、詳細が分かるようにしておく。

③ 健康状態、情緒面などのこどもの状態を十分に把握するとともに、衣服、履物などについての気配りをする。

④ 安全旗、救急医薬品用具、緊急連絡簿、携帯電話、防犯ブザーや笛、着替え、ティッシュペーパー、ビニール袋など、安全及び緊急に備えての準備をしっかりしておく。

第3節　目的地での留意点

① 当日の気象状況をしっかり把握し、曖昧な自己判断で行動しない。

② いろいろな不慮の事故、災害などを想定し、もし事故があった時は、場を離れず園児を守りながら、連絡を速やかにする。

③ 目的地では常に安全に対する配慮を怠らず、全体を見ている保育者がいて、常に全園児の行動と安全を確認する。

④ 目的地の状況、遊びの内容により、安全体制の打ち合わせ、役割分担をしっかりとするとともに、状況に応じて、保育者が臨機応変に対応できる体制を整えておく。

⑤ 保育者は、こどもがどんな遊びをしているか把握し、安全に十分注意する。

⑥ 園外保育先のトイレは、不審な物や人物に注意し、必ず保育者が同行する。

第4節　集団歩行に関しての留意点

① 列は短くし、適当な間隔をとる。

② なるべく歩道のあるところを歩く。少し遠くても横断歩道を選ぶなど、交通ルールを守り安全歩行に気をつける。

③ 二人ずつ手を繋いでいる時は、道路条件に応じて手を離したりし、異年齢の場合は大きい子が車道側になるように手をつなぎ、小さい子に合わせて歩くようにする。

④ 障がいがある園児や年少児が、突発的に列から飛び出したり、自転車や車など物的条件で列が乱れたりするなどを予測して、保育者は絶えず気配りと安全確認をする。

⑤保育者の正しい歩行態度と実施指導で、園児に交通安全の習慣づけを十分に行う。

⑥田畑や水路のそばを歩く時は、転落、転倒などの事故や怪我を避けるため、道の端を歩かないよう気をつける。また、ガードレールの切れ目などにも気をつける。危険箇所があれば写真を撮るなどして記録を取る。

⑦周囲に不審な人物がいないか観察し、必要な場合は園と連絡を取る。緊急性があればすぐに110番通報を入れる。

1. 集団歩行の役割

① 先頭保育者

目的地までの先々の状態に見通しを持って、安全経路を選ぶ。交通の実施指導をしながら誘導する。常に、後に続く全体の安全を確認する。

② 中間保育者

適当な間隔に位置して、必要に応じて移動しながら適切な安全指導をする。道路を横断する場合は、安全旗を上げ、左右確認の指導と歩行の安全をしっかり監視する。

③ 後尾保育者

最後尾に位置し、全園児の安全確認に努める。中間保育者がいない時には、後尾保育者は、中間保育者の役割もする。

第5節　園外保育の行き先

① 児童公園

事前に固定遊具の安全確認をする。そして、ガラス片、空き瓶など危険物の除去に努める。年齢、発達に合った遊具を選ぶ。危険を伴う遊具、箇所には、保育者が必ず付き添う。危険な箇所で遊ばないように働きかけ、園児自身にも気づかせていく。場所によっては、遊ぶ範囲を決め、園児に知らせる。

② 公的建物や神社・仏閣・教会、川堤防（土手）、田畑、森林等

ガラス片、空き瓶など危険物の除去に努める。危険を伴う箇所には、保育者が必ず付き添う。危険な箇所で遊ばないように働きかけ、園児自身にも気づかせていく。森林や茂みでは、蛇や蜂などの危険生物がいないか確認し、園児にも呼びかける。

③ その他

踏み切り横断時は、十分注意を払う。また、ガードレールなどの防護柵のない区間の飛び出しや転落防止の呼びかけを行う。

第6章　園外保育　107

第6節　交通機関利用時の留意点

① 交通マナー及び公共物を大切にする。他の人の迷惑にならないようにするなど、場に応じたマナーを日頃から培っておく。
② 乗り物酔いをするこどもを把握し、配慮する。
③ 交通機関を利用する時は、車中での保育者の役割分担を明確にする。
④ 乗り降りの際の人数確認、特に降りる時は危険が大きいので、降りる場所の判断、安全な場所の確保を必ずしておく。
⑤ 責任者である保育者が一番先に降りて、全員の安全確認をする。
⑥ 運転手など乗務員への挨拶を進んでする。同乗者への挨拶など、日頃出合うことが少ない機会であるから、大切な学びの時間とするよう心がける。保育者は一人の社会人としての見本となるよう心がける。
⑦ 保育者は、浮き足立つこどもの気持ちを予測して、座り方や言葉の使い方などに十分な注意を心がけ、事前の学習にも心がけること。
⑧ 公共の交通機関を利用する場合は、車を降りる際に忘れ物がないか確認して降車する。貸し切りバスを利用した場合は、全員が降車したかの確認を確実にし、忘れ物や落し物がないか、ゴミを置いたままにしていないかなどの点検を必ず行う。

第7節　日帰り園外保育における準備・チェック・注意事項

① 持ち物リスト

【チェック項目】
- □ 行程表
- □ 園児名簿
- □ 医療用品（職員個人ですぐ出せるもの、救急箱）
- □ 絆創膏
- □ ガーゼ
- □ 消毒液
- □ 湿布薬
- □ 体温計
- □ テーピング
- □ 包帯
- □ 毛抜き
- □ ハサミ
- □ ハンカチ
- □ タオル
- □ 水
- □ ティッシュペーパー
- □ トイレットペーパー
- □ ビニール袋
- □ カメラ・ビデオ
- □ 連絡ツール（携帯電話、小銭等）
- □ 笛
- □ 拡声器
- □ 綿棒

【チェック項目】
体調は…………□ 熱はないか、具合が悪いこどもがいないかを確認
服装は…………□ 通気性のよい帽子をかぶる
　　　　　　　□ 涼しい時、暑い時は着脱しやすい、動きやすい上着を携行
　　　　　　　□ 靴は履き慣れたものにする
排泄は…………□ 出掛ける前に排泄をすませる
遠出の時は……少し遠出をする時は、事前に「いつ、どこへ」行くのかを、保護者に知らせる。また、園外保育の当日は、体調や機嫌などについて気になる点は、保護者から報告してもらうようにする

② 事前準備リスト

● 場所決め
（　　年　　月　　日）
【チェック項目】
- □ 交通手段・費用
- □ 時間
- □ 危険物・危険箇所の確認
- □ トイレの場所
- □ 休憩所の場所
- □ 近隣の医療機関

③ 出発前の園児のチェック

● 園内での打ち合わせ
（　　年　　月　　日）
【チェック項目】
- □ 園児の人数
- □ 行程
- □ バスの運行について
- □ 職員の配置
- □ 持ち物
- □ 注意事項

第6章　園外保育

④園外保育の現地での注意事項

【チェック項目】

□ 危険な場所（下見時以外の場所を再度確認）

□ 園児たちに行ってはいけない場所を分かりやすく説明する

□ トイレに行かせる時の誘導の仕方をあらかじめ決定する

□ ゴミの処理の仕方を前もって説明する

□ 職員配置の決定

□ 怪我や事故、急な天候の変化などが起きた時の体制

□ 園に戻る時間に変更が起きた時の体制

第8節　園児送迎にかかる運行管理について

1. 送迎方法

①送迎者一覧・園外活動の通りとする（園外活動指導案、使用車両、ルート等）。

②バス業者、タクシー業者へ委託する（バス送迎の手順をもとに園児の安全を図るようにする）。

2. 職員体制

① 登園バスを運行する場合は、園児の安全を図るため、運転手を含めた最低2名の職員を置く。

② 職員は、当日の乗車名簿について管理して園児の乗降を補助する。

③ そのほか必要事項を記述する。

3. 人数確認等

①園長は、車両1台につき最低一人の車両責任者を任命し、その車両責任者が乗車及び降車時の人数について、園外活動指導案を作成して確認する。

②車両責任者は、全員が降車後に最後列から園児が取り残されていないか、置き忘れがないかの確認を行う。

4. 記録

担当保育者は、園外活動指導案を評価したものを園外活動後1週間以内に園長へ提出する。

※令和4年11月4日付厚生労働省「こどもの出欠状況に関する情報の確認、
　バス送迎にあたっての安全管理等の徹底について」参考。

第7章	危険を伴う遊びについて

第1節　基本的な姿勢

① 危険を伴う遊びについては、危険な理由を知らせるとともに、予測されるけんかや遊びは、許さないようにする。しかし、全てを制止するのではなく、自主性や創造性が育つように制止の方法や安全な行動への誘導を常に心がける。

② 遊具の破損による事故は、大きな事故につながるので、構造・材質・機能など、要点を捉えて定期的に点検し、問題点を発見した時は、速やかに適切な処置、対策をとる。

③ 危険を招くような長い髪や爪、安全ピン、紐やレースがついている服、長すぎるズボン、足にあっていない靴などは避けるなど、常にこどもの服装に気を配る。

第2節　主な内容

1. 廊下

① 走らないように言葉かけをする。

② 追い越す時は、こども同士が声をかけるように言葉かけをする。

2. すべり台

① 階段を昇る時に体に手を添えて、落ちないようにする。

② すべり台の上で、滑らずに止まっている子には声をかけたり、保育者が一緒に滑って降りたりする。

③ 手を添えて滑るように声をかける。

④ すべり台を下から登らないように、みんなで遊ぶ時の注意を繰り返し伝える。

⑤ 下に他児がいないことを確認してから滑るように配慮する。

⑥ 上の踊り場で遊んだり、ふざけたりしないように注意して見守る。

⑦ 衝突しないように、前のこどもが滑り終えてから滑るように声をかける。

⑧ 夏期は熱くなるので注意する。

⑨ 順番を守り、押したりしないように指導する。

⑩ 降り口を鬼ごっこ等で横切ると滑っている子と衝突する危険があるので注意して見守る。

⑪ 滑り台が濡れていると、滑る速度が増し、危険なので、遊ぶ前に雑巾で必ず拭き上げる。

3. 雲梯

① 順番を守り、押したり急がせたりしないように声をかける。

② 身体を安定させてから次の動作に移るように指導する。

③ 一方通行を徹底する。

④ 片腕でぶら下がっている時は、体全体をよじらせすぎないように注意を呼びかける（肘内症の防止）。

4. 砂場

① 動物の糞や危険なものがないか確認する。週1回は消毒をする。

② 砂場で使う遊具は、みんなで順番に使えるように声をかける。

③ 近くで遊んでいる他児の顔や頭に砂がかからないよう、注意して遊ぶように声をかける。

5. 三輪車・スクーター・一輪車

① 順番を守って使用できるように声をかける。

② 固定遊具、大型遊具へ持ち込むことは、絶対にしないように注意喚起をする。

6. ボール・縄（紐）・カラーフープ・竹馬

① 常に周りの人や物に対して注意して使う習慣をつけるよう指導する。

② 縄や紐などは、背中・首・腰などを締めつける恐れがあるので、注意して遊ぶよう指導する。また、高いところへは持っていかないようにする。

③ 年齢や遊びに応じた長さ・大きさ・硬さ・材質を使用するよう注意する。

7. どろんこ・水遊び

① 砂の中の危険なものや不衛生なものを取り除く。

② 事前に健康状態を把握しておくようにする。

③ 他児が嫌がることは無理やりしないよう、注意喚起をする。

④ どろんこ遊び後は、体を清潔にする。

⑤ 周りの人に対して、注意して遊ぶよう声をかける。

8. プール遊び

① 家庭と連絡をとり、健康状態を十分把握しておくようにする。

② 深い所でも50cm位とし、こどもの年齢や経験によって水位を変動させる。

③ 保育者は必ず一緒にいて、絶えずこどもの観察をする。

④ 約束事を必ず守るよう指導する。

⑤ プールの側面や床など、濡れると滑りやすくなるので環境を工夫する。

9. リズム遊び・集団遊び・自由遊びなど

① 床が濡れていないか、物を置いてなく広々としているかなど、環境を整えてから遊び始める。

② 衝突や転倒は避けにくいが、とっさの時は素早く対応できるよう、身のこなし方を培っておくようにする。

10. 用具（ハサミ・パンチ・ホッチキスなど）を使った遊び

① こどもの能力に応じて、用具の正しい使い方を個々にしっかり指導する。

② 使う場所、置き場所を決めておき、持ったまま動き回らないように指導する。

11. 室内遊具

① 多人数にならないよう気をつける。

② 清潔に努め、汚れた手や不衛生な手足で遊ばないように指導する。

【事故報告書】

令和 　　年 　　月 　　日

保育・幼児教育課長　殿

〇〇〇〇〇〇〇〇園
園長　〇〇〇〇〇

園児の事故について

上記のことについて、下記のとおり報告いたします。

1. 事故の概要

① 事故の種類　　（　　　　　　　　　　　　　　　　　　　　　）
② 園児の氏名　　（　　　　　　　　　　　　　　　　　　　　　）
③ 保護者の氏名　（　　　　　　　　　　　　　　　　　　　　　）
④ 住所
　（　　　　　　　　　　　　　　　　　　　　　　　　　　　　）
⑤ 事故発生日時　　令和　　　　年　　　　月　　　　日
⑥ 事故発生場所　（　　　　　　　　　　　　　　　　　　　　　）

2. 事故の状況

① 事故の状況

② 保育所・こども園・幼稚園がとった対応

③ 今後の対応

3. 添付資料

位置図別紙

第3部
衛生管理・応急処置・健康管理

第1章	衛生管理

　感染症の広がりを防ぎ、安全で快適な保育環境を保つためには、日頃からの清掃や衛生管理が重要です。新型コロナウイルス感染症の流行の中でも、特に問題になりましたが、職員間で情報を共有することがとても重要になります。そして、職員は日常的に手洗いの習慣を付け、こどもの手本になることが大切です。

第1節　正しい手洗いの方法

　手指に存在する細菌は、常在菌と一過性菌及び緑膿菌などに分類できます。常在菌は皮膚組織に定住しており、皮膚表皮のみならず皮脂腺や汗腺で増殖しています。一般的には弱毒性ですが、免疫機能が低下している時には、感染症を引き起こす危険性があります。

　一過性の菌は皮膚表面に外界から付着する細菌であり、接触により移行することがあります。石鹸と流水で20〜30秒間の揉み洗いでほとんど取り除くことができます。

　手洗いには目的に応じて「流水のみ」「流水と石鹸や消毒薬」「消毒薬のみ」の手洗いがあります。日常生活における食事の前やトイレの後などは、市販の石鹸でもかなりの除菌効果が得られますが、病原微生物の汚染や易感染患者などに接する時などには消毒薬を使用します。

　上手に手を洗うには、指の間など洗い損じのないように注意をして、揉み洗いの基本に従って少なくとも10〜20秒間行い、手洗い後には、タオルなどからの逆汚染を防ぐことが大切です。

①　液体石鹸を泡だて、手のひらをよく擦る。

②　手の甲を伸ばすように擦る。

③　指先、爪の間を洗う。

④　両指を合体し指の間を洗う。

⑤　親指を反対の手で握り、捻り洗いをする。

⑥　手首を洗った後、最後によく濯ぎ手を拭く。

※①〜⑥を2回以上くり返すと効果的。

⑦　タオルはマイタオルを使用し、清潔なものを使用する（1日同じものを使うが、汚れがひどい時は交換する）。もしくは、エアードライヤーでしっかり乾かす。

第2節　施設内外の衛生管理チェック

【保育室の衛生管理チェック】

	要項	チェック
①	季節に合わせ適切な室温（夏季26〜28℃・冬季20〜23℃）、湿度（約60%）の保持と換気	
②	冷暖房器、加湿器、除湿器等の清掃の実施	
③	床、棚、窓、あみ戸、テラスの清掃	
④	蛇口、水切り籠や排水口の清掃	
⑤	歯ブラシの適切な消毒（熱湯、日光、薬液）と保管（歯ブラシが接触しないよう、個別に保管する）	
⑥	個人専用の歯ブラシやタオル、コップなどの日用品を使用	
⑦	遊具等の衛生管理（直接口に触れる乳児の遊具は、その都度湯等で洗い流し、干す。また、午前・午後と遊具の交換を行う。その他の遊具は適宜、水（湯）洗いや水（湯）拭きを行う）	
⑧	ドアノブや手すり、照明のスイッチ（押しボタン）等は水拭きの後のアルコール消毒を行う	

【食事・おやつの衛生管理チェック】

	要項	チェック
①	給食室の衛生管理の徹底	
②	衛生的な配膳、下膳	
③	手洗いの励行（個別タオルまたはペーパータオルで手を拭く）	
④	テーブル等の衛生管理（清潔な台布巾で水か湯拭きをする。必要に応じて消毒液で拭く）	
⑤	食後のテーブル、床等の清掃の徹底	
⑥	専用のスプーン、コップなどの食器の使用	

【調乳室の衛生管理チェック】

	要項	チェック
①	調乳マニュアルの作成と実行	
②	室内の清掃	
③	入室時の白衣（エプロン）の着用及び手洗い	
④	調乳器具の消毒と保管	
⑤	ミルクの衛生的な保管と使用開始日の記入	

【おむつ交換の衛生管理チェック】

	要項	チェック
①	糞便処理の手順の徹底	
②	交換場所の特定（手洗い場がある場所を設定し、食事の場等との交差を避ける）	
③	交換後の手洗いの徹底	
④	使用後のおむつの衛生管理（蓋つきの容器に保管）及び保管場所の消毒	

【トイレの衛生管理チェック】

	要項	チェック
①	毎日の清掃と消毒（便器、ドア、ドアノブ、蛇口や水回り、床、窓、棚、トイレ用サンダル等）	
②	ドアノブや手すり、照明のスイッチ（押しボタン）等は水拭きの後、アルコール消毒を行うとよい	
③	トイレ使用後の手拭きは、個別タオルまたはペーパータオルを使用	
④	汚物槽の清掃及び消毒	

第1章　衛生管理　117

【寝具の衛生管理チェック】

	要項	チェック
①	衛生的な寝具の使用	
②	個別の寝具に布団カバーをかけて使用	
③	布団カバーの定期的な洗濯	
④	定期的な布団乾燥	
⑤	尿、糞便、嘔吐物等で汚れた場合の消毒（熱消毒等を行う）	

【園庭の衛生管理チェック】

	要項	チェック
①	安全点検表の活用等による安全・衛生管理の徹底	
②	動物の糞、尿等の速やかな除去	
③	砂場の衛生管理（日光消毒、消毒、ゴミや異物の除去等）	
④	樹木、雑草、害虫、水溜り等の駆除や消毒	
⑤	小動物の飼育施設の清潔管理及び飼育後の手洗いの徹底	

【プールの衛生管理チェック】

	要項	チェック
①	プール遊びの前のシャワーとお尻洗いの徹底	
②	排泄が自立していない乳幼児には、個別のたらいを用意する（共用しない）などのプール遊びへの配慮	
③	プール遊び後のうがい、シャワーの徹底	

第3節　職員の衛生管理

① 清潔な服装と頭髪にする。

② 爪は短く切る。

③ 日々の体調管理を怠らない。

④ 発熱・咳・下痢・嘔吐がある場合には医療機関で速やかに受診し、周りへの感染対策を徹底する。

⑤ 保育中及び保育前後の手洗いを徹底する。

⑥ 感染源となり得る物（尿・糞便・吐物・血液等）の安全な処理を徹底する。

⑦ 下痢・嘔吐の症状があったり、化膿創があったりする職員が食べ物を取り扱うことを禁止する。

⑧ 咳等の呼吸器症状を認める場合にはマスクを着用する。

⑨ 予防接種歴、罹患歴を把握する（感受性者かどうかの確認）。

第4節　消毒薬の種類と使い方

　消毒薬は、感染症予防に効果がありますが、使用方法を誤ると有害になることもあります。消毒薬の種類に合わせて、用途や希釈等正しい使用方法を守るようにします。

① 消毒薬はこどもの手の届かないところに直射日光を避けて保管する。

② 消毒薬は使用時に希釈し、毎日交換する。

③ 消毒を行う時はこどもを別室に移動させ、消毒を行う者はマスク・手袋を使用する。

④ 希釈するものについては、濃度、消毒時間を守り使用する。

⑤ 血液や嘔吐物、下痢便等の有機物は汚れを十分に取り除いてから、消毒を行う。

⑥ 使用時には換気を十分に行う。

【消毒液の種類と使い方】

薬品名	次亜塩素酸ナトリウム	逆性石鹸	消毒用エタノール
適応対策	衣類・歯ブラシ・遊具・哺乳瓶	手指・トイレのドアノブ	手指・遊具・便器・トイレのドアノブ
消毒の濃度	① 0.02% 液での拭き取りや浸け置き ② 嘔吐物や排泄物が付着した箇所は、0.1% 液での拭き取りや浸け置き	① 0.1% 液での拭き取り ② 食器の浸け置きは、0.02% 液	原液（70〜80% の場合）
留意点	① 酸性物質と混合すると有毒な塩素ガスが発生する ② 吸引、目や皮膚に付着すると有害であり、噴霧をしない ③ 金属腐食性が強く、錆が発生しやすい ④ 嘔吐物等を十分拭き取った後に消毒する ⑤ 哺乳瓶は、十分な洗浄後に消毒する ⑥ 脱色（漂白）作用がある	① 経口毒性が高いので誤飲に注意する ② 一般の石鹸と同時に使うと効果がなくなる	① 刺激性があるので、傷や手荒れがある手指には用いない ② 引火性に注意する ③ ゴム製品・合成樹脂等は変質するので長時間浸さない ④ 手洗い後、アルコールを含ませた脱脂綿やウェットティッシュで拭き自然乾燥させる
新型コロナウイルスに対する有効性	○ （ただし手指には使用不可）	○ （ただし手指には使用上の効果は確認されていない）	○
ノロウイルスに対する有効性	○	×	×
消毒薬が効きにくい病原体		結核菌・大部分のウイルス	ノロウイルス・ロタウイルス等
その他	直射日光の当たらない涼しいところの保管	希釈液は、毎日作りかえる	

（「保育所における感染症対策ガイドライン一部修正（2023年改訂版）」参照）

1. 嘔吐物・下痢便の取り扱いと消毒

① 嘔吐した場合、こどもに近付かないように声をかける。

② 古新聞紙や使い捨ての布などで外側から内側へ向かって静かに拭き取る。

③ 拭き取った嘔吐物及び布は、ビニール袋に入れて、再度消毒薬を入れてしっかり口を結び捨てる。

④ 嘔吐した場所に次亜塩素酸ナトリウム液を吹きかけ、5〜10分後拭き取る。

第 1 章　衛生管理

⑤ 換気をする。

⑥ 消毒に使用した雑巾もビニール袋に入れて、再度消毒薬を入れてしっかり口を結び捨てる。

⑦ 処理後は手洗い（液体石鹸も用いて流水で30秒以上実施）を行い、また、状況に応じて、処理時に着用していた衣類の着替えを行う。

⑧ 園児の汚染された衣類は、二重のビニール袋に密閉して家庭に返却する（園では洗わないこと）。

⑨ 家庭での消毒方法等について保護者に伝える。

（「保育所における感染症対策ガイドライン一部修正（2023年改訂版）」参照）

2. 血液の取り扱い

① 鼻血など血液を取り扱う場合は、汚れたティッシュなどは必ずビニール袋に入れ、しっかり口を結び見えないようにして、園児の手の届かないところに捨てる。

② 衣類についた場合、水で汚れを落とし、ビニール袋に入れ、しっかり口を結び持ち帰らせる。

③ 作業後は、正しい手洗い方法に添ってしっかり手を洗う。

3. おもちゃ・遊具等の消毒の仕方

【おもちゃ・遊具等の消毒の仕方】

対象	普段の取り扱いの目安	消毒方法
ぬいぐるみ 布類	① 定期的に洗濯する ② 陽に干す（週1回程度） ③ 汚れたら随時洗濯する	① 嘔吐物や排泄物で汚れたら、汚れを落とし、塩素系消毒薬の希釈液に十分浸し、水洗いする ② 色物や柄物には消毒用エタノールを使用する ※汚れがひどい場合には、処分する
洗えるもの	① 定期的に流水で洗い、陽に干す ② 乳児がなめるものは毎日洗う 　乳児クラス：週1回程度 　幼児クラス：3ヶ月に1回程度	① 嘔吐物や排泄物で汚れたものは、洗浄後に塩素系消毒薬の希釈液に浸し、陽に干す ② 色物や柄物には消毒用エタノールを使用する
洗えないもの	① 定期的に湯拭きまたは陽に干す ② 乳児がなめるものは毎日拭く 　乳児クラス：週1回程度 　幼児クラス：3ヶ月に1回程度	① 嘔吐物や排泄物で汚れたら、汚れをよく拭き取り、塩素系消毒薬の希釈液で拭き取り、陽に干す

（「保育所における感染症対策ガイドライン一部修正（2023年改訂版）」参照）

第2章　感染症

　ウイルスや細菌などの病原体が人や動物などの宿主の体内に侵入し、発育・増殖することを「感染」といい、その結果、何らかの臨床症状が現れた状態を「感染症」といいます。病原体が体内に侵入してから症状が現れるまでにはある一定の期間があり、これを「潜伏期間」といいます。

潜伏期間は病原体によって異なり、乳幼児がかかりやすい感染症の潜伏期間を知っておくことが必要です。

　感染症が発生するには、その原因となる「病原体」、その病原体が宿主に伝播される「感染経路」、そして、病原体の伝播を受けた「宿主に感受性」が存在することが必要です。病原体、感染経路、感受性宿主を、感染症成立のための三大要因といいます。乳幼児期の感染症の場合は、これらに加えて宿主である乳幼児の年齢等の要因が病態に大きな影響を与えます。こどもの命と健康を守る園においては、全職員が感染症成立の三大要因、潜伏期間や症状について熟知することが必要です。

　また、こどもは、病気にかかりながら免疫力を付けていきます。風邪程度の軽症なものから重症化した場合は、命に関わるような怖いものまでいろいろあります。園は毎日長時間にわたり生活をする場所で、集団での遊びなど濃厚な接触の機会が多く、飛沫感染や接触感染への対応が非常に難しい状況にあり、発症した場合には、その流行の規模を最小限にすることが大事です。そのためには、乳幼児の特性や感染症に対する正しい知識を理解し適切な対応をすることが必要になってきます。とりわけ、乳児は床をはったり、手に触れたりするものを何でもなめます。しかも、正しいマスクの付け方や適切な手洗いの仕方、物品の衛生的な取り扱いなどの基本的な衛生対策が、十分にできない年齢です。

　さらに、1歳未満の乳児には、生理学的特性として、以下のようなことがあげられます。

① 母親の胎盤を通してもらっていた免疫が生後数ヶ月以降に減り始めるので、感染症にかかりやすい。

② 成人と比べると鼻道や後鼻孔が狭く、気道も細いため、風邪などで粘膜が腫れると息苦しくなりやすい。

③ 年長児や成人と比べ、体内の水分量が多く、一日に必要とする体重当たりの水分量が多く、発熱・嘔吐・下痢などによって体内の水分を失ったり、咳や鼻水等の呼吸器症状のために哺乳量や水分補給が低下したりすると脱水症状になりやすい。

1. 感染経路

① 空気感染：感染している人が咳やくしゃみをした時に、口から病原体が飛び出し、病原体が空気中に広がり近くだけでなく遠くにいる人も吸い込んで感染する。

② 飛沫感染：感染している人が咳やくしゃみをした時のしぶきと一緒に病原体が飛び出し、近くにいる人が吸い込むことで感染する。1〜2m飛ぶ。

③ 接触感染：感染した人に触れることで感染する直接接触と、汚染されたものを触って感染が広がる間接接触がある。

④ 経口感染：口に入ったもので感染する。

⑤ 糞口感染：便の中に排出されたウイルスが口に入って感染する。

第1節　主な感染症

病名	潜伏期間	感染経路及び感染しやすい期間
麻疹（はしか）	8〜12日（7〜18）	・唾液中のウイルスによる飛沫感染、空気感染、接触感染 ・発症1日前から発疹出現後の4日後まで
インフルエンザ	1〜4日	・飛沫感染、接触感染 ・症状がある期間（発症前24時間から発病後3日程度までが最も感染力が強い）
新型コロナウイルス感染症	約5日間	・飛沫感染、エアロゾル感染、接触感染
風疹（三日はしか）	16〜18日（14〜23）	・唾液中のウイルスによる飛沫感染、接触感染 ・発疹出現7日前から発疹出現7日後くらい
水痘（水ぼうそう）	14〜16日 稀に10日未満や21日	・空気感染、飛沫感染、接触感染、母子感染（胎内感染） ・発疹出現1〜2日前から痂皮（かさぶた）形成まで
流行性耳下腺炎（おたふくかぜ、ムンプス）	16〜18日（12〜25）	・飛沫感染、接触感染 ・発症3日前から耳下腺腫脹後4日
結核	3ヶ月〜数10年 特に6ヶ月以内に多い。	・空気感染、飛沫感染、経口、接触、経胎盤感染 ・感染源は喀痰の塗抹検査で結核菌陽性の肺結核患者
咽頭結膜熱（プール熱、アデノウイルス主に3型）	2〜14日	・飛沫感染、接触感染 ・発熱、充血等の症状が出現した数日間
流行性角結膜炎（アデノウイルス主に8型）	2〜14日	・接触感染（患者の手指、使用中のタオル、プールなどを介して）、飛沫感染 ・充血、目やに等の症状が出現した数日間
百日咳	7〜10日 （5〜12日）	・鼻咽頭や気道からの分泌物による飛沫感染、接触感染
腸管出血性大腸菌（O-157、O-26、O-111）	3〜4日（1〜8日）	・患者、保菌者、家畜の糞便に汚染された食品、水などによる経口感染、接触感染
急性出血性結膜炎	1〜3日	・接触感染、接触感染、経口感染 ・咳や鼻汁から1〜2週間、便からは数週間〜数ヶ月間ウィルス排出
髄膜炎菌性髄膜炎	4日以内	・飛沫感染、接触感染 ・治療を開始して24時間経過するまで
溶連菌感染症	2〜5日	・飛沫感染、接触感染 ・適切な抗菌薬投与を開始後1日間
マイコプラズマ肺炎	主に2〜3週間 （1〜4週間）	・飛沫感染、接触感染 ・適切な抗菌薬投与を開始後数日間

主な症状	登園の目安
発病の3～5日は発熱、咳、鼻汁、眼脂などの風邪症状の後半にコプリクス斑出現、ついで発熱が一段と高くなり、4～5日かけて耳の後ろから全身に発疹が拡がる。発疹は徐々に紅→紫→褐色に変色しつつ4～5日間皮膚に留まる。解熱後発疹は出現した順に色素沈着を残して消退する	解熱後3日を経過していること
突然の高熱が出現し、3～4日続く。倦怠感、食欲不振、関節痛、筋肉痛等の全身症状や、咽頭痛、鼻汁、咳等の気道症状を伴う。通常、1週間程度で回復するが、気管支炎、肺炎、中耳炎、熱性けいれん等の合併症が起こることもある	発症したのち5日経過し、かつ解熱したのち2日経過していること（乳幼児にあっては、3日経過していること）
発熱、呼吸器症状（咳、咽頭痛）、頭痛、倦怠感（だるさ）。下痢、嘔吐、嗅覚・味覚障害も起こることもある。	発症後5日を経過し、かつ、症状が軽快した後1日を経過するまで
発熱と同時にバラ色の発疹が全身に出現。3～5日で消えて治る	発疹が消失していること
軽熱、被覆部に発疹、斑点丘疹状→水疱→顆粒状痂皮 〈合併症〉皮膚の細菌感染症、肺炎	全ての発疹が痂皮（かさぶた）化していること
両側または片側の耳下腺が腫れ痛む。腫れは2～3日でピークに達し、3～7日間、長くても10日間で消える。発熱は中等度で2～3日、頭痛、開口出来ぬため食欲減退	耳下腺、顎下腺、舌下腺の腫脹が発現してから5日を経過し、かつ全身状態が良好になっていること
慢性的な発熱（微熱）、咳、疲れやすさ、食欲不振、顔色の悪さ等。症状が進行し、菌が血液を介して全身に散布されると、呼吸困難、チアノーゼ等がみられるようになることがある。また、結核性髄ずい膜炎を併発すると、高熱、頭痛、嘔おう吐、意識障害、けいれん等がみられる	医師により感染の恐れがないと認めるまで
高熱、咽頭痛、頭痛、食欲不振の症状が3～7日続く。咽頭発赤、結膜充血	発熱、充血等の主な症状が消失したのち2日経過していること
軽熱、頭痛、全身倦怠、結膜の炎症、目瞼浮腫、目やに	結膜炎の症状が消失していること
特有な咳（コンコンと咳き込んだ後、ヒューという笛を吹くような音を立てて息を吸うもの）が特徴で、連続性・発作性の咳が長期に続く。咳とともに嘔おう吐することもある。発熱することは少ない。生後3か月未満の乳児の場合、呼吸ができなくなる発作（無呼吸発作）、肺炎、中耳炎、脳症等の合併症も起こりやすく、突然死の一因であるとも考えられている	特有の咳がなくなるまで、または5日間の適正な抗菌性物質製剤による治療が終了するまで
腹痛、大量の新鮮血または水様の下痢、嘔吐、発熱、脱水症	医師により感染の恐れがないと認められていること。（無症状病原体保有者の場合、トイレでの排泄習慣が確立している5歳以上の小児については出席停止の必要はなく、また、5歳未満のこどもについては、2回以上連続で便から菌が検出されなければ登園可能である）
急性結膜炎で、結膜出血が特徴	医師により感染の恐れがないと認められていること
発熱、頭痛、嘔おう吐、急速に重症化する場合がある 劇症例は紫斑を伴いショックに陥り、致命率は10％、回復した場合でも10～20％に難聴、まひ、てんかん等の後遺症が残る	医師により感染の恐れがないと認めるまで
発熱、咽頭痛、扁桃腺炎、苺舌、頸部リンパ節炎、全身に発疹	抗菌薬内服後24～48時間経過していること
頑固な咳、発熱、特に夜間 症状に比較して全身状態は悪くない	発熱や激しい咳が治っていること

第2章 感染症

病名	潜伏期間	感染経路及び感染しやすい期間
手足口病	3〜6日	・飛沫・接触感染、汚染された手からの糞口感染 ・手足や口腔内に水疱、潰瘍が発症した数日間
伝染性紅斑（りんご病）	4〜14日	・飛沫感染、母子感染（胎内感染） ・発疹出現前の1週間
ウイルス性胃腸炎（ロタウイルス、ノロウイルス、アデノウイルス等）	平均1〜3日	・糞口感染、接触感染、飛沫感染 ・症状のある間と、症状消失後1週間（量は減少していくが数週間ウイルスを排出しているので注意が必要）
ヘルパンギーナ	3〜6日	・飛沫感染、経口感染、接触感染 ・急性期の数日間（便の中に1か月程度ウイルスを輩出しているので注意が必要）
RS ウイルス感染症	4〜6日間	・飛沫感染及び接触感染 ・呼吸器症状のある間
帯状疱疹	不定	・接触感染 ・水疱が形成されている間は感染力が強い
突発性発疹	9〜10日	飛沫感染、接触感染、（濃厚接触による）経口感染
アタマジラミ	10〜30日、成虫まで2週間（卵は約7日で孵化する）	・接触感染（頭髪から頭髪への直接接触衣服や帽子、櫛、寝具を介する感染）
疥癬（かいせん）	約1ヶ月	接触感染
伝染性軟属腫（水いぼ）	2〜7週間 時に6ヶ月まで	接触感染、皮膚の接触やタオル等を介して感染
伝染性膿痂疹（とびひ）	黄色ブドウ球菌（ブ菌）は2日、溶血性連鎖球菌（溶連菌）は10日	虫刺され、擦り傷、引っかき傷からの菌の侵入あるいは疹との直接接触感染
B 型肝炎	急性感染では45〜160日（平均90日）	母子など垂直感染 父子や集団生活での水平感染 歯ブラシ等の共用による水平感染

	主な症状	登園の目安
	・手のひら、足の裏、膝がしら、肘、臀部に灰白色の丘疹、水疱。発熱は、1〜3日で解熱 ・口内では水疱、潰瘍	発熱は口腔内の水疱・潰瘍の影響がなく、普段の食事がとれること
	・軽い風邪症状を示した後、顔面赤斑特に頬部の赤斑性発疹 ・痒みとほてりがある ・少なくとも10日〜2週間以上疹が続く。入浴、暖房、日光等の刺激で再度現れる事がある	全身状態がよいこと
	下痢、嘔吐、軽度の発熱。ロタウイルスでは白色ないし淡黄色の便が5〜6日、アデノウイルスでは9〜12日続く	嘔吐、下痢の症状が治まり、普段の食事がとれること
	突然の発熱、咽頭痛。咽頭に赤い発疹→水泡→潰瘍	発熱は口腔内の水疱・潰瘍の影響がなく、普段の食事がとれること
	呼吸器感染症で、乳幼児期に初感染した場合の症状が重く、特に生後6か月未満の乳児では重症な呼吸器症状を生じ、入院管理が必要となる場合も少なくない	呼吸器症状が消失し、全身状態がよいこと
	小水疱が神経の支配領域にそった形で片側性に現れる。正中を超えない 神経痛、刺激感を訴える、小児では掻痒を訴える場合が多い 小児期に帯状疱疹になった子は、胎児期や1歳未満の低年齢での水痘罹患例が多い	全ての発疹がかさぶたになってから
	母体免疫が消失する生後6ヶ月以後に38〜39℃の発熱が2〜7日（平均3〜4日）続き、解熱とともに胸、腹、背部に麻疹様、風疹様の紅色発疹が出る	解熱し、機嫌がよく全身状態がよいこと
	小児では多くが無症状であるが、3〜4週間後に頭皮の吸血部分にかゆみがでてくる。引っかくことによって二次感染が起きる場合がある	駆除を開始していること
	かゆみの強い発疹ができる。手足等には線状の隆起した皮疹もみられる。かゆみは夜間に強くなる。アトピー性皮膚炎、他の湿疹等との区別が難しいことがある。	治療を開始していること。プールに入ってもかまわない。ただし、手をつなぐなどの遊戯・行為は避ける。
	直径1〜5mmの半球状丘疹で、表面は平滑で中心臍窩を有する 四肢、体幹等に数個〜数十個が集簇してみられることが多い 自然治癒もあるが、数カ月かかる場合がある。自然消失を待つ間に他へ伝播することが多い。アトピー性皮膚炎等、皮膚に病変があると感染しやすい	掻きこわし傷から滲出液が出ているときは被覆すること
	・ブ菌では分泌液が出て薄いかさぶたをつくる一方で破れやすい水疱ができ、液が流れてさらに拡がる ・溶連菌では膿疱やかさぶたが厚く積もった状態で発熱することがある	皮膚が乾燥しているか、湿潤部位が被覆できる程度のものであること
	乳幼児期の感染は無症候性に経過することが多いが、持続感染に移行しやすい 急性肝炎の場合、全身倦怠感、発熱、食欲不振、黄疸など。慢性肝炎では、自覚症状は少ない	急性肝炎の場合、症状が消失し、全身状態が良いこと キャリア、慢性肝炎の場合は、登園に制限はない

（「保育所における感染症対策ガイドライン（2018年改訂版）（2021（令和3）年8月一部改訂）」参照）

第2節　症状別対応とケア

1. 発熱

【保育可能なケース】

前日38℃を超える熱が出ていない

① 熱が37.5℃未満で元気があり機嫌がよく、顔色がよい
② 食事や水分が摂れている
③ 発熱を伴う発疹が出ていない
④ 排尿の回数が減っていない
⑤ 咳や鼻水を認めるが増悪していない
⑥ 24時間以内に解熱剤を使っていない
⑦ 24時間以内に38℃以上の熱が出ていない

【園を休むのが望ましいケース】

（1）発熱期間と同日の回復期間が必要

① 朝から37.5℃を超えた熱とともに元気がなく機嫌が悪い。食欲がなく、朝食・水分が摂れていない
② 24時間以内に解熱剤を使用している
③ 24時間以内に38℃以上の熱が出ていた

（2）1歳以下の乳児（上記にプラスして）

① 平熱より1℃以上高い時（38℃以上ある時）

【保護者への連絡が必要なケース】

37.5℃以上の発熱がある

① 元気がなく機嫌が悪い
② 咳で眠れず目覚める
③ 排尿回数がいつもより減っている
④ 食欲がなく水分が摂れない

注）熱性痙攣の既往児は医師の指示に従う

【至急受診する必要があるケース】

37.5℃以上の発熱の有無に関わらず、

① 顔色が悪く苦しそうな時
② 小鼻がピクピクして呼吸が速い時
③ 意識がはっきりしない時
④ 頻繁な嘔吐や下痢がある時
⑤ 不機嫌でぐったりしている時
⑥ 痙攣が5分以上治まらない時
⑦ 3ヶ月未満児で、38℃以上の発熱がある時

【対応・ケア】

（1）発熱とともにポツポツとしたものが身体に出てきたり、感染症の疑いがあったりする時は早めに受診する。

① 経口補水液（OS-1® ・アクラライト®）・湯ざまし・お茶などで水分補給をする。
② 熱が上がって暑がる時は、薄着にして涼しくする。氷枕などを使ったり、乳児には水枕を使ったりして冷やす。
③ 手足が冷たい時、寒気がある時は部屋の温度や服の調節をして温かくする。微熱の時は水分を補給して、静かに過ごす。30分後くらいに様子を見て再度熱を測る。
④ 吐き気がなく熱だけであれば、本人が飲みたいだけ水分を与える。
⑤ 汗をかいたら体を拭き着替えをする。
⑥ 高熱の時は、嫌がらなければ、首の付け根・脇の下・足の付け根を冷やす。

【0〜1歳児の特徴】

突然の発熱では、突発性発疹の可能性がある。時には熱性痙攣を起こすことがある。発熱時は目を離さず注意深く観察する。発熱時、耳をよく触る時は中耳炎の可能性があるので耳鼻科を受診する。

【熱性痙攣既往歴がある場合】

① 入園時に保護者から痙攣が起こった時の状況や、前駆症状について聞いておくようにする。

② 解熱していても、発熱後24時間は自宅で様子を見る。

③ 発熱及び痙攣時の連絡・対応等を主治医から指導内容を確認する（例：37.5℃以上、保護者への連絡先、病院等）。

④ 室温：（夏）26〜28℃ （冬）20〜23℃

⑤ 湿度：高め

⑥ 換気：1時間に1回

⑦ 外気温との差：2〜5℃

2. 下痢

【保育可能なケース】

① 感染の恐れがないと診断された時

② 24時間以内に2回以上の水様便がない時

③ 食事・水分を摂っても下痢がない時

④ 発熱を伴わない時

⑤ 排尿がある時

【園を休むのが望ましいケース】

① 24時間以内に2回以上の水様便がある時

② 食事や水分を摂ると下痢がある時（一日に4回以上の下痢）

③ 下痢に伴い体温がいつもより高めである時

④ 朝、排尿がない時

⑤ 機嫌が悪く、元気がない時

⑥ 顔色が悪く、ぐったりしている時

【保護者への連絡が必要なケース】

① 食事や水分を摂ると刺激で下痢をする時

② 腹痛を伴う下痢がある時

③ 水様便が2回以上みられる時

【至急受診する必要があるケース】

① 元気がなく、ぐったりしている時

② 下痢の他に機嫌が悪く食欲がなく、発熱や嘔吐・腹痛を伴う時

③ 脱水症状と思われる時（下痢と一緒に嘔吐、水分が摂れない、唇や舌が乾いている、尿が半日以上でなくて量が少なく色が濃い時

④ 米のとぎ汁のような水様便が数回出ている時

⑤ 血液や粘液、黒っぽい便の時

第2章　感染症

【対応・ケア】

① 感染予防のため、適切な便処理を行う。

② 繰り返す下痢・発熱、嘔吐等他の症状を伴う時は、別室で保育する。

③ 嘔吐や吐き気がなければ下痢で水分が失われるので、経口補水液（OS-1®・アクアライト®）・湯ざまし・お茶などを少量ずつ頻回に与える。

④ 食事の量を少なめにし、乳製品は控え消化のよいもの（おかゆやうどんなど）にする。

⑤ お尻がただれやすいので清潔にする。

⑥ 診察を受ける時は、診療機関によっては便の一部を持っていくと、診断の目安になるのでよい（便の付いた紙おむつでも可）。

⑦ 下痢便は刺激が強く、おしりがただれやすいので清潔にする。入浴ができない場合は、おしりだけでもお湯で洗う。

　尿も出ていればこまめにおむつを変える。

⑧ 弱酸性の石鹸をよく泡立て、擦らず、当てるように洗う。

⑨ 洗った後は、柔らかいタオルでそっと押さえながら拭く。

【感染予防のため適切な便処理と手洗いを】

① 液体石鹸で30秒以上手洗いをしっかりと行う。

② 便が飛び散らないように、おむつ交換は決めた場所で行う。

③ 使い捨てのおむつ交換シート（新聞紙でも可）を敷き一回ずつ取り替える。

④ 処理する場合は必ず手袋をはめる。激しい下痢の時は、使い捨てマスク・使い捨てエプロンを使用する。

⑤ 汚れた紙おむつはビニール袋に入れ、しっかりビニール袋の口をしばる。

⑥ おむつ交換時に使用した手袋・おむつ交換シートはビニール袋に入れ、しっかりとビニール袋の口をしばる。

⑦ 処理に使用したものは、毎回しっかり密閉して、回収日まで屋外に出す。

⑧ 便の処理後は手洗い・うがいをする。

⑨ 下痢便で汚染された衣類は大きな感染源になる。園では洗わず、二重にした袋に密閉し、家庭に返す。

⑩ そのまま洗濯機で他の衣類と一緒に洗うと洗濯漕内が汚染される。もし園内で洗わなければならない事態が起こった時は、マスクと手袋をした上で、バケツを用いて周りに飛び散らないように水洗いし、汚水はトイレに流す。そして、0.1% 塩素系消毒液に30〜60分間浸すか、85℃ 以上で1分間以上になるように熱湯消毒してから洗濯機で洗う。

【ノロウイルスに対する消毒効果】

① 塩素系と表示されているものは消毒効果がある。

② アルコール性製剤や酸素系と表示があるものは消毒効果がない。

【1%の塩素系消毒液の作り方】

① 家庭用塩素系漂白剤を水で薄めて作る。

② 用意するものは、500㎖ペットボトル、塩素系漂白剤（約5%）、ゴムまたはビニール手袋。

③ ペットボトルに少量の水を入れる。

④ こぼさないように漂白剤10cc（ペットボトルのキャップ2杯）を入れ、その後、水をいっぱい入れる。

⑤ ペットボトルの蓋をしっかりと閉め、よく振る。

⑥ 作った消毒液は時間の経過とともに効果が減少してくので、作り置きせずに使いきる。

【下痢の時の食事】

① 消化吸収のよい、お粥・野菜スープ・煮込みうどん等を少量ずつゆっくり食べさせる。経口補水液（OS-1® ・アクアライト® など）・湯ざまし・お茶等の水分補給（医師の指示により使用する）。

② 下痢の時に控えたい食べ物は、脂っこい料理や糖分を多く含む料理やお菓子や香辛料の多い料理や食物繊維を多く含む食事（ジュース・アイスクリーム・牛乳・ヨーグルト・肉・脂肪分の多い魚・芋・ごぼう・海草・豆類・乾物・カステラ）。

3. 嘔吐

【保育可能なケース】

① 感染の恐れがないと診断された時

② 24時間以内に2回以上の嘔吐がない時

③ 発熱を伴わない時

④ 水分摂取ができ食欲がある時

⑤ 機嫌がよく、元気である時

⑥ 顔色がよい時

【園を休むのが望ましいケース】

① 24時間以内に2回以上の嘔吐がある時

② 嘔吐に伴い体温がいつもより高めである時

③ 食欲がなく、水分も欲しがらない時

④ 機嫌が悪く、元気がない時

⑤ 顔色が悪く、ぐったりしている時

【保護者への連絡が必要なケース】

① 咳を伴わない嘔吐がある時

② 元気がなく、機嫌、顔色が悪い時

③ 2回以上の嘔吐があり、水を飲んでも吐く時

④ 吐き気が止まらない時

⑤ お腹を痛がる時

⑥ 下痢を伴う時

【至急受診する必要があるケース】

① 嘔吐の回数が多く、顔色が悪い時

② 元気がなく、ぐったりしている時

③ 水分を摂取できない時

④ 血液やコーヒーかすのようなものを吐いた時

⑤ 頻回の下痢や血液の混じった便が出た時

⑥ 発熱・腹痛の症状がある時

⑦ 脱水症状と思われる時（尿が半日以上出ない、落ちくぼんで見える目、唇や舌が乾いている）

第2章 感染症

【対応・ケア】

① 何をきっかけに吐いたのか（咳で吐いたのか、吐き気があったのかなど）を確認する。

② 感染症が疑われる時は、他児を別の部屋に移動させる。

③ 口の中に嘔吐物が残っていれば見えているものを丁寧に取り除く。

④ うがいのできるこどもは、うがいをして口をきれいにする。

⑤ 次の嘔吐がないか様子を見る。嘔吐を繰り返す場合は脱水症状に注意する。

⑥ 寝かせる場合は、嘔吐物が気管に入らないように体を横向きに寝かせる。

⑦ 30分程度後に、吐き気がなければ様子を見ながら水分を少量ずつ与える。

注）頭を打った後に嘔吐を繰り返したり、意識がぼんやりしていたりする時は、横向きに寝かせて大至急脳外科のある病院へ
　受診する。強い衝撃が加わった場合は、頸椎保護も行う。

【嘔吐物の処理方法】

① 窓を開け、部屋の換気をする。※（二方向の窓を開けた方が望ましい）

② 嘔吐物を拭き取る（処理する場合は必ず手袋をはめる）。嘔吐物を布やペーパータオルなどで
　外側から内側に向けて静かに拭き取る。

③ 嘔吐の場所を消毒する。嘔吐物が付着していた床とその周囲を塩素系消毒液をしみこませた
　布やペーパータオル等で覆うか、浸すように広めに拭く。塩素系消毒液は金属を腐食させる
　性質があるので10分程度たったら水拭きする。

④ マスク、エプロン、ゴム手袋・雑巾など処理に使用したものは、ビニール袋に入れ、塩素系
　消毒液を染み込む程度に入れて捨てる。

⑤ 処理後手洗い、うがいをして状況により着替える。汚れた衣類はそのまま洗濯機で他の衣類
　と一緒に洗うと洗濯槽内全体も汚れてしまう。マスクと手袋をした上で、バケツを用いて水洗
　いして嘔吐物を十分落としてから、0.1%塩素系消毒液に30〜60分浸すか85℃以上で1分間
　以上になるように熱湯消毒し、洗濯機で洗う。

⑥ 汚れた衣類は感染予防のため、園では洗わずに、ビニール袋に二重に入れて返す。

4. 咳

【保育可能なケース】	【園を休むのが望ましいケース】
前日38℃を超える熱がでていない時	前日に発熱がなくても、
① 喘鳴や呼吸困難がない時	① 夜間しばしば咳のために起きる時
② 続く咳がない時	② 喘鳴や呼吸困難がある時
③ 呼吸が速くない時	③ 呼吸が速い時
④ 37.5℃未満の熱を伴っていない時	④ 37.5℃以上の熱を伴っている時
⑤ 機嫌がよく、元気である時	⑤ 元気がなく、機嫌が悪い時
⑥ 朝食や水分が摂れている時	⑥ 食欲がなく、朝食・水分が摂れていない時
	⑦ 少し動いただけで咳がでる時

【保護者への連絡が必要なケース】

38℃以上の発熱がある

① 咳があり眠れない

② ゼイゼイ・ヒューヒューという音があり眠れない

③ 少し動いただけでも咳がでる

④ 咳とともに嘔吐が数回ある

【至急受診する必要があるケース】

38℃以上の発熱に伴い、

① ゼイゼイ・ヒューヒュー音がして苦しそうな時

② 朝は熱がなかったが、発熱を伴い息づかいが荒くなった時

③ 水分が摂取できない時

④ 犬の遠吠えのような咳が出る時

⑤ 顔色が悪く、ぐったりしている時

⑥ 元気だったこどもが突然咳こみ、呼吸が苦しそうになった時

【対応・ケア】

① 気管に入らないように上半身を起こして、少量ずつ湯冷まし、お茶など少しずつ与え、水分補給をする。柑橘系の飲み物は、咳を誘発することがあるのでできれば避ける。

② 咳込んだら前かがみの姿勢をとり、背中をさすったり、やさしくトントンと叩いたりすると、少し楽になる。

③ 乳児は顔を向き合わせて立て抱きにして、背中をさするか、やさしくトントンと叩く。

④ 部屋の換気・湿度・温度の調節をする。目安として夏は26～28℃、冬20～23℃、湿度は50～60%。気候の変化や乾燥により、体調が変わるので注意する。

⑤ 静かに過ごすようにし、呼吸を整える。

⑥ 横になる時は、上半身を少し高くすると寝やすい（45度くらい）。

【呼吸が苦しい時の観察ポイント】

① 呼吸が速い（多呼吸）。

② 息を吸う時に比べて、吐く時が2倍近く長くなる（呼気の延長）。

③ 肩を上下させる（肩呼吸）。

④ 胸や喉が呼吸のたびに引っ込む（陥没呼吸）。

⑤ 呼吸のたびに、ゼーゼー息苦しそうにしている。

⑥ 息苦しくて横になることができない（起座呼吸）。

⑦ 小走りしている時に、咳き込む。

⑧ 小鼻をピクピクさせる呼吸（鼻翼呼吸）。

【正常な呼吸数】

新生児：40～50回／分

乳児：　30～40回／分

幼児：　20～30回／分

第2章　感染症　131

5. 発疹

【保育可能なケース】

① 受診の結果、感染の恐れがないと診断された時。

【園を休むのが望ましいケース】

① 発熱とともに発疹のある時。

② 今までになかった発疹が出て感染症が疑われ、医師より登園を控えるよう指示された時。

③ 口内炎のため食事や水分が摂れない時。

④ とびひ（顔等で患部を覆えない時。浸出液が多く他児への感染の恐れがある時。痒みが強く手で患部を掻いてしまう時）。

【保護者への連絡や受診が必要なケース】

(1) 発疹が時間とともに増えた時

① 発熱してから数日後に熱がやや下がるが、24時間以内に再び発熱し赤い発疹が全身に出てきた。熱は1週間くらい続く（麻しん）。

② 微熱程度の熱が出た後に、手のひら、足の裏、口の中に水疱が出る。膝やおしりに出ることもある（手足口病）。

③ 38℃以上の熱が3〜4日続き下がった後、全身に赤い発疹が出てきた（突発性発疹）。

④ 発熱と同時に発疹が出てきた（風しん、溶連菌感染症）。

⑤ 微熱と両頬にりんごのような紅斑が出てきた（伝染性紅斑）。

⑥ 水疱状の発疹がある。発熱や痒みは個人差がある（水痘）。

(2) その他の発疹等を伴う病気

① 蕁麻疹・アセモ・カンジダ症・疥癬・鵞口瘡（口内炎）・エンテロウイルス感染症・薬疹。

② 食物摂取後に発疹が出現し、その後消化器や呼吸器に症状が出現してきた場合は至急受診が必要。

【対応・ケア】

① 体温が高くなり、汗をかくと痒みが増すので部屋の環境や寝具に気をつける。目安として、夏の室温は26〜28℃、冬の室温は20〜23℃、湿度は50〜60%。

② 爪は短くやすり等を使って角を丸くする。皮膚を傷つけないように心がける。

③ 木綿等の皮膚に刺激の少ない下着や服を着るようにする。

④ 口内炎がある時は、痛みで食欲が落ちるので食事に気をつける。

【口内炎がある時の食材】

① バナナ・おかゆやパンがゆ・うどん・ヨーグルト・豆腐・ゼリー等つるんとして飲み込みやすいものが食べやすい。少量でも高エネルギーのものを何回かに分けて食べる。

② 酸味の強い物・固い物・塩味の強い物・熱すぎるものは控える。

【発疹の観察】

① 時間と共に増えていかないか。

② 出ている場所は（どこから出始めて、どう広がったか）。

③ 発疹の形は（盛り上がっているか、どんな形か）。

④ 痒がるか。

⑤ 痛がるか。

⑥ 他の症状はないか。

6. 新型コロナウイルス感染症について

　「新型コロナウイルス（SARS-CoV-2）」はコロナウイルスの一つです。コロナウイルスには、一般の風邪の原因となるウイルスや、「重症急性呼吸器症候群（SARS）」や平成25年以降発生している「中東呼吸器症候群（MERS）」の原因となるウイルスが含まれます。令和5年5月8日までは「新型コロナウイルス感染症」の位置づけは、「新型インフルエンザ等感染症（いわゆる2類相当）」でしたが、令和5年5月8日から「5類感染症」になりました。

　新型コロナウイルス感染症の潜伏期間は約5日間、最長14日間とされていますが、オミクロン株では中央値2.9日と潜伏期間が短縮されています。無症状のまま経過する人もいますが、有症状者では、発熱、呼吸器症状、頭痛、倦怠感、消化器症状、鼻汁、味覚異常、嗅覚異常などの症状が見られます。

　新型コロナウイルスに感染した人が、他の人に感染させる可能性がある期間は、発症の2日前から、発症後は7日から10日間程度とされています。この期間のうち発症の直前・直後で特にウイルス排出量が高くなります。また、無症状病原体保有者（症状はないが検査が陽性だった者）からも感染する可能性があります。

　新型コロナウイルス感染症と診断された人のうち、重症化する人の割合や死亡する人の割合は年齢によって異なり、高齢者は高く、若者は低い傾向にあります。こどもについては、デルタ株が蔓延していた際には、成人と比較して症例数が少なく、また感染した場合も多くが無症状、軽症で経過することが報告されていましたが、令和4年2月頃に全国的にデルタ株からオミクロン株に置き換わり、小児の感染者数の増加が見られました。小児の感染者数が増えると、大多数が軽症ではありますが、熱性けいれん、クループ（息の通り道が腫れて狭くなり、犬が吠えるような特徴的な咳や呼吸困難がみられる）などの合併症が目立ち始め、極めて少数ながら入院患者や重症者、及び死亡例も報告されています。

　このように、こどもへの感染状況が変わる場合があるため、引き続き、手洗いなどの個人の基本的な感染対策を講じていく必要があります。

【主な感染経路】

　新型コロナウイルス感染症は、感染者の口や鼻から、咳、くしゃみ、会話等のときに排出される、

ウイルスを含む飛沫またはエアロゾルと呼ばれるさらに小さな水分を含んだ状態の粒子を吸入するか、感染者の目や鼻、口に直接的に接触することにより感染します。一般的には1m以内の近接した環境において感染しますが、エアロゾルは1mを超えて空気中に留まりうることから、長時間滞在しがちな、換気が不十分であったり、混雑していたりする室内では、感染が拡大するリスクがあることが知られています。また、ウイルスが付いたものに触った後、手を洗わずに、目や鼻、口を触ることにより感染することもあります。

【基本的な感染対策】

　まずは、一般的な感染症対策や健康管理を心がけることが重要です。特に、手洗い等により手指を清潔に保つことが重要な対策です。石鹸を用いた流水による手洗いや手指消毒用アルコールによる消毒などを実施する必要があります。

　また、手が触れる机やドアノブ、手すりなど物の表面には、消毒用アルコールのほか、次亜塩素酸ナトリウム、亜塩素酸水、塩化ベンザルコニウムによる消毒が有効です。これらの消毒薬の使用に関する留意点等については、「新型コロナウイルスの消毒・除菌方法について（厚生労働省・経済産業省・消費者庁特設ページ）」を参照してください。

　さらに、季節を問わず、こまめに換気を行うとともに、施設全体の換気能力を高め、効果的に換気を行うことが重要です。通常のエアコンには換気機能がないことに留意してください。機械換気による常時換気ができない場合、窓開けによる換気を行ってください。窓開けによる換気については、部屋の2方向に窓がある場合は2方向の窓を開け、気候上可能な限り常時、困難な場合はこまめに（1時間に2回程度、数分間程度、窓を全開にする）行うようにします。窓が一つしかない場合は、部屋のドアを開けて、扇風機などを窓の外に向けて設置すると効果的です。窓が十分に開けられない場合は、窓からの換気と併せて、HEPAフィルタ付きの空気清浄機を併用することは有効です。

（1）新型コロナウイルス感染症予防対策

① 常時、全ての窓と出入り口の扉を5〜10cm開け、換気をする。

② 手が触れる机やドアノブ、手すりなど、全て2時間に1度アルコール消毒をする。

③ 使用後の机や椅子、玩具にはアルコール消毒をする。

④ 保育室や保健室、ホールの使用後は、銀イオンのミストガンで空間を除菌・抗菌する。

⑤ 保育終了後、オゾン発生器を用い、園舎内の殺菌をする。

（2）新型コロナウイルス感染症の患者が当園園児・職員に出た場合

　新型コロナウイルスの感染症が発生した場合には、園医等へ相談し、関係機関へ報告するとともに、保護者への情報提供を適切に行うことが重要です。

① 園医等へ相談し、感染症法、自治体の条例等に定められた感染症の種類や程度に応じて、関係機関へ報告するとともに、保護者への情報提供を適切に行う。

② 園長の責任の下、感染症の発生状況を記録する。この際、入所している園児に関する事項だけではなく、職員の健康状態についても記録する。

③ 感染者の症状が出ている状態で登園・出勤していた場合には、臨時休園及び期間について、自治体の保育・幼児教育課と相談し、迅速に決定する。

④ 感染者が無症状の状態で登園・出勤した場合は、園の対応について、自治体の保育・幼児教育課と相談し、迅速に決定する。

⑤ 感染症の種類により適切な期間の登園自粛・出勤停止。新型コロナウイルスに限定しては最低5日間の出勤停止。

⑥ 全職員はマスク着用する。

⑦ 貼り紙、掲示板などで保護者への注意喚起を促す。

⑧ 新型コロナウイルスの場合、「当園の職員が新型コロナウイルスに感染しました」といった文面でお知らせをする。

⑨ 新型コロナウイルスの症状がある場合、登園・出勤は控え、ただちに病院受診をする。その際、感染症に感染している可能性のあることを電話で伝え、病院側の指示に従って受診すること。必ずマスクを着用して病院内へ入る。

7. インフルエンザ

　感染している人が咳やくしゃみをした際に、口から飛ぶ飛沫を近くにいる人が吸い込むことで感染します。また、感染源である人に触れたり、汚染されたものを介したりすることで伝播します。

　感染した時の症状は、突然の高熱が出現し、3〜4日続きます。全身症状（全身焦燥感・関節痛・筋肉痛・頭痛）を伴い、呼吸器症状（咽頭痛・鼻汁）がありますが、約1週間の経過で軽快します。肺炎・中耳炎・熱性けいれん・脳症を併発する可能性があるので、注意が必要です。

　予防方法としては、外出後の手洗いやうがい、加湿器を用いた適度な温度・湿度の保持、十分な休養とバランスのとれた栄養摂取、流行時には不要不急の外出を控える等が主な予防法です。なお、ワクチン接種の効果は、年齢が低いほど低く、乳児への接種の有効性は認められません。1歳から6歳未満までの幼児への有効性は、おおむね20〜30% 程度と報告されています。このため、ワクチン接種をしても罹患する場合があり、常にこどもの健康観察と上記の予防を行うことが必要です。

【インフルエンザ患者が職員に出た場合】

① インフルエンザを罹患した職員は、家族全員の外出を控える。また、発症時から最低5日かつ解熱後2日は出勤停止。

② 完治するまでは、職場復帰しない。

③ 全職員はマスク着用する。冬季の流行期以外の場合は、全職員は予防接種をすること。

④ 貼り紙、掲示板などで保護者への注意喚起を促す。その際、「当園の職員がインフルエンザになりました」といった文面でお知らせをする。

⑤ 他職員でインフルエンザ症状のあるものは、ただちに病院受診をする。その際は、病院にインフルエンザに感染している可能性のあることを電話で伝え、病院側の指示に従って受診する。

第2章　感染症

必ずマスクを着用して病院内に入る。

⑥ 冬季以外での流行の兆しがある場合は、緊急のお知らせを保護者全員に配布するようにし、注意喚起する。この時は、1週間に1回程度、事実に基づいた経過を貼り紙にて知らせるようにする。

⑦ 感染の危険がなくなった時期には、終息宣言を出す。

【インフルエンザ患者が園児に出た場合】

① 掲示板、貼り紙などで保護者への注意喚起を促す。自治体で決められた人数以上が出た場合は、園長は保健所にインフルエンザが出たことを報告する（保健所等への報告は自治体によって異なるのでその指示に従う）。

② 毎日の罹患数を掲示板で知らせる。

③ 保育中に37.5℃以上発熱した場合は、お迎えをお願いするようにし、翌日はお休みしてもらい、こどもの様子を見てもらうようにする。

④ インフルエンザを発症した園児は、処方された薬を5日間は飲みきってもらい、解熱した翌日から3日以上は登園を控えてもらう。

⑤ インフルエンザ流行時期において、登園している園児が発熱した場合は、保護者が迎えに来るまで、看護師（保健師）とともに保健室に、他の園児と隔離する。

⑥ 掲示板や張り紙等で保護者に注意喚起を促す。

⑦ 冬季以外での流行の兆しがある場合は、緊急のお知らせを保護者全員に配布するようにし、注意喚起する。この時は、1週間に1回程度、経過を掲示にて知らせるようにし、感染の危険がなくなった時期には、終息宣言を出す。同時に、保健所に終息したことを報告する。

【新型インフルエンザについて】

　新型インフルエンザとは、冬季に流行する季節性インフルエンザとは異なる遺伝子のインフルエンザウイルスが、人から人に感染する能力を持つことによって発症するインフルエンザです。このインフルエンザに対しては、一般に免疫をもっていないため、通常のインフルエンザに比べると、感染が拡大しやすく、世界的な大流行（パンデミック）となり、大きな健康被害と社会的影響をもたらすことが懸念されています。

　このため、国において平成17年にWHO世界インフルエンザ事前対策計画に準じた新型インフルエンザ対策行動計画を策定し、その後、平成20年4月に「感染症の予防及び感染症の患者に対する医療に関する法律」（平成10年10月2日法律第114号）及び「検疫法」（昭和26年6月6日法律第201号）の一部を改正し、水際対策など新型インフルエンザ対策の強化が図られました。さらに、平成21年2月には、行動計画の抜本的な改定が行われ、「新型インフルエンザ対策行動計画」及び「新型インフルエンザ対策ガイドライン」が示されています。

　現在の行動計画及びガイドラインは、強毒性の鳥インフルエンザ（H5N1）を念頭に策定されていることから、平成21年にメキシコ等で発生し、同年5月に国内での発生が確認された新型インフルエンザ（A/H1N1）の対策については、行動計画をそのまま適用するのではなく、ウイルスの特徴を踏まえた対策を講じることとし、平成21年5月22日の「基本的対処方針」及び平成21

年10月1日に改定された「医療の確保、検疫、学校・保育施設等の臨時休業の要請等に関する運用指針」により、その対策が図られています。

　今後の新型インフルエンザへの対策については、季節性インフルエンザと同様、本ガイドラインを参考に予防の徹底を図りながら、国や自治体からの情報を正確に収集し、冷静かつ適切に行わなければなりません。園において、国や自治体のガイドラインや運用指針等に基づき、こどもと保護者への対応を十分に考慮し、感染症発生時における臨時休園等を含む緊急時の対応について、保護者に協力を求めておくことが必要です。その際、それぞれの保護者の就労状況や家庭の状況を十分に考慮し、適切に助言し、対応するようにします。また、地域の発生状況の把握のため、普段から関係機関と連絡、連携を密にし、情報交換できるようにしておくことが大切です。

8. 腸管出血性大腸菌感染症（O-157、O-26、O-111 等）

　腸管出血性大腸菌の感染は、飲食物を介した経口感染であり、菌に汚染された飲食物を摂取したり、患者の糞便に含まれる大腸菌が、直接または間接的に口から入ったりすることによって感染します。

　感染した時の症状は、激しい腹痛とともに、頻回の水様便や血便の症状があります。発熱は軽度ですが、溶血性尿毒症症候群、脳症（3歳以下での発症が多い）を併発する可能性がありますので、注意が必要です。

　予防方法は、食品の十分な加熱と手洗いの徹底を行うことです。プールで集団発生が起こることがあるため、特に、低年齢児の簡易プールには十分注意し、塩素消毒基準の厳守が求められます。患者発生時には速やかに保健所に届け、保健所の指示に従い消毒を徹底します。症状が治まり、かつ、抗菌薬による治療が終了し、48時間あけて連続2回の検便によっていずれも菌陰性が確認されるまで、登園を避けるよう保護者に依頼します。

9. 感染性胃腸炎（ノロウイルス）

　ノロウイルスは、乳幼児から高齢者にいたる幅広い年齢層の急性胃腸炎の病原ウイルスで、特に冬季に流行します。ノロウイルスは、非常に感染力が強く、100個以下という少量のウイルスでも、人に感染し発病するといわれています。患者の嘔吐物や糞便には、1g 当たり100万から10億個ものウイルスが含まれているといわれ、不十分な汚物処理で、容易に集団感染を引き起こします。

　感染経路としては、ノロウイルスで汚染された飲料水や食物（生ガキ・サラダ等）からの感染があり、ウイルス性食中毒の集団発生の原因となります。また、感染者の嘔吐物や糞便で汚染されたものからも、感染します。患者の嘔吐物等が乾燥すると、ウイルスが空中を漂い、鼻腔や口に入って感染することもあります。

　潜伏期間は12～72時間で、嘔吐・下痢・腹痛・発熱等の症状が出ます。通常3日以内に回復しますが、症状消失後も10日間程度糞便中にウイルスは排泄されます。また、感染後、嘔吐、下痢等の症状がなくてもウイルスは排泄されていることがあるので、流行時には特に注意が必要です。痙攣・肝炎、稀に脳症を併発する可能性があるので、注意が必要です。

　消毒方法としては、ノロウイルスは、物理化学的抵抗性が非常に強いため感染症、食中毒の予

第 2 章　感染症　137

防を困難にしています。逆性石鹸やアルコールの消毒効果は十分ではなく、85℃で1分間以上の加熱または次亜塩素酸ナトリウムによる消毒が有効です。次亜塩素酸ナトリウムの濃度は、有機物の少ない時は0.02%、嘔吐物や糞便では0.1%以上が必要です。次亜塩素酸ナトリウムには金属腐食性があるため、金属を消毒する際は使用を避け、加熱消毒にします。また、次亜塩素酸ナトリウムは、揮発性で、塩素ガスが発生するため、窓を開けて換気します。

　園における感染拡大防止策は、ノロウイルスの流行期（晩秋から初春にかけて）に嘔吐・下痢を呈した場合は、ノロウイルス胃腸炎を疑う必要があります。このような症状のこどもは、速やかに別室で保育します。また、嘔吐物や下痢便の処理の際には、できる限りこどもを遠ざけます。

　嘔吐・下痢等の症状が治まり、普段の食事ができるまで登園を避けるよう保護者に依頼します。症状回復後も感染力を有していることや、回復に時間を要する感染症であることにも十分留意することが必要です。

【医師の診断を受け、保護者が記入する登園届が必要な感染症】

感染症名	感染しやすい期間	登園の目安
溶連菌感染症	適切な抗菌治療を開始する前と開始後1日間	抗菌薬内服後24〜48時間経過していること
マイコプラズマ肺炎	適切な抗菌治療を開始する前と開始後数日間	発熱が激しい咳が治まっていること
手足口病	手足や口腔内に水疱・潰瘍が発症した数日間	発熱がなく、口の中を痛がらずに普通の食事が摂れること
伝染性紅斑（りんご病）	発しん出現前の1週間	全身状態がよいこと
ウイルス性胃腸炎（ノロ・ロタ・アデノウイルス）	症状のある間と症状消失後1週間（量は減少していくが数週間ウイルスを排出しているので注意が必要）	嘔吐・下痢等の症状が治まり、普段の食事が摂れること
ヘルパンギーナ	急性期の数日間（便の中に1ヶ月程度ウイルスを排泄しているので注意が必要）	発熱がなく、口の中を痛がらずに普通の食事が摂れること
RSウイルス感染症	咳やゼロゼロなどの呼吸器症状のある間	咳やゼロゼロ等の呼吸器症状が消失し、全身状態がよいこと
帯状疱しん	水疱を形成している間	全ての発しんがかさぶたになってから
突発性発しん	———	解熱後1日以上経過し全身状態がよいこと（発疹が出ている間はかなり機嫌が悪い）

（「保育所における感染症対策ガイドライン（2018年改訂版）（2021（令和3）年8月一部改訂）表9」参照）

【医師が記入した登園許可書が必要な感染症】

感染症名	感染しやすい期間	登園の目安
麻しん（はしか）	発症1日前から発しん出現後の4日後まで	解熱後3日を経過してから
インフルエンザ	症状がある期間（発症後24時間から発症後3日程度までが最も感染力が強い）	症状が出た後5日を経過し、かつ熱が下がった後3日経過するまで
新型コロナウイルス感染症	発症後5日間	発症から5日間経過し、かつ症状軽快後1日を経過するまで
風しん	発しん出現の前7日から後7日間くらい	発しんが消失してから
水痘（みずぼうそう）	発しん出現1〜2日前から痂皮形成まで	全ての発しんが痂皮化してから
流行性耳下腺炎症（おたふくかぜ）	発症3日前から耳下腺腫脹後4日	耳下腺・顎下腺・舌下腺の腫脹が出現した後5日を経過し、かつ全身状態が良好になるまで
結核	———	医師により感染の恐れがないと認めるまで
咽頭結膜熱（プール熱）	発熱・充血等症状が出現した数日間	主な症状が消え2日経過してから
流行性角結膜炎	充血・目やに等症状が出現した数日間	感染力が非常に強いため結膜炎の症状が消失してから
百日咳	抗菌薬を服用しない場合、咳出現後3週間を経過するまで	特有の咳が消失するまでまたは5日後までの適正な抗菌性物質製剤による治療を終了するまで
腸管出血性大腸菌感染症（O-157・O-26・O-111等）	———	症状が始まりかつ抗菌薬による治療が終了し、48時間をあけて連続2回の検便によって、いずれも菌陰性が確認された者
急性出血性結膜炎	ウイルスが呼吸器から1〜2週間、便から数週間〜数ヶ月排出される	医師により感染の恐れがないと認めるまで
髄膜炎菌性髄膜炎	———	医師により感染の恐れがないと認めるまで

（「保育所における感染症対策ガイドライン（2018年改訂版）（2021(令和3)年8月一部改訂）表8」参照）

登園届（案）

○○○○園園長殿

　　　　　　　　　　　　　　　　　　　児童名　＿＿＿＿＿＿＿＿＿＿＿

　　　病　名（　　　　　　　　　　　　　）と診断され、

　　　　年　　月　　日、医療機関□□□□において、病状が回復し、

　　集団生活に支障がない状態と判断されましたので登園いたします。

　　　　　　　　　　　　　　　　　　　　　　年　　　　月　　　　日

　　　　　　　　　　　　　　　　保護者名　＿＿＿＿＿＿＿＿＿＿　印

＊医師の診断を必ず受けていること、及び全身状態が良好なことが条件

第2章 感染症

登園許可書（案）

○○○○園園長殿

児童名 _____

病　　名（　　　　　　　　　　　　　　　　　　　　）

年　　月　　日から症状も回復し、集団生活に支障がない状態になったので、

登園可能と判断します。

年　　　　月　　　　日

医療機関 _____

年　　　　月　　　　日

医師名 _____ 印

＊厚生労働省感染症対策ガイドラインを参考に作成。
＊自治体により書式が異なることがあるので確認してください。

第3節　予防接種

1. 予防接種の大切さ

　予防接種の目的は、「ワクチンであらかじめウイルスや細菌によって起こる感染症の免疫をつくり、病気にかかる心配が少なくなったり、重症化しにくくなったりすること」です。ワクチンで防げる病気をVPD（Vaccine Preventable Diseases）といいます。

　毎年、多くのこどもがワクチンで予防できるはずのVPDに感染して苦しんだり、後遺症を持ったり、命を落としています。健康な赤ちゃんは、病気になりながら自分で免疫をつくっていく力を持っています。けれども、まだ体力もなく体の働きも未熟な状態で、高い熱・喉の痛み・下痢などの辛い症状を乗り越えるのは、こどもだけでなく、看病する大人にとっても大変なことです。

　集団の中で生活するようになると、どうしても病気にかかる機会が多くなります。予防接種を受けておくと、病気が長引いて重症になることを防いだり、病気にかかりにくくしたりする効果が期待できます。

　赤ちゃんが母親からもらった免疫は、百日咳や水ぼうそう（水痘）は生後3ヶ月頃、はしか（麻疹）やおたふくかぜ（流行性耳下腺炎）は生後8ヶ月頃までに失われてしまうと言われています。園で流行が起きると、0歳のこどもでも感染する可能性があります。また、ワクチンによって効果のある期間が異なるため、こどもだけでなく大人がかかった時に重症化する病気もあります。特に妊娠中の人は、お腹の赤ちゃんへの影響に注意が必要になります。

2. 定期接種と任意接種の違い

（1）定期接種

　日本では、病気の重さや社会的重要性を考え、こどもたちにできるだけ受けてもらいたい予防接種の種類が法律（予防接種法）で決められています。これが「定期接種」です。予防接種の意義を理解し、受けるように努めてほしい予防接種です（努力義務）。公費で全額助成されます。

【法律に基づく接種】

接種名	対象年齢
ポリオ	生後3〜90月未満
DPT-IPV（ジフテリア・百日咳・破傷風・ポリオ）	生後3〜90月未満
DT2期	11〜13歳未満
BCG	1歳に至るまでの間にあるもの
MR（麻疹・風疹） 麻疹　風疹	第1期：生後12〜24月未満 第2期：5〜7歳未満で、小学校就学前の1年間
日本脳炎	第1期：生後6〜90月未満 第2期：9〜13歳未満
Hib（ヒブワクチン）	生後2〜60月に至るまでの間にあるもの
小児用肺炎球菌ワクチン	生後2〜60月に至るまでの間にあるもの
水痘（みずぼうそう）	生後12〜36月に至るまでの間にあるもの
B型肝炎	1歳に至るまでの間にあるもの

(国立感染症研究所定期予防接種スケジュールを参考に作成)

（2）任意接種

　定期接種以外の予防接種、あるいは定期接種で決められた一定期間の範囲外に行う予防接種です。任意接種は受けなくてもよいと誤解されやすいですが、こどもたちにできるだけ受けてもらいたいことに変わりはありません。自治体によって、公費助成の内容・金額に違いがあります。

接種名	対象年齢	料金	備考
おたふくかぜ （流行性耳下腺炎）	1歳以上の未罹患者*	地域や病院によって異なる。	90%以上の免疫が得られる。
インフルエンザ	全年齢		卵アレルギーが明らかなものは不適

＊未罹患者とは、その病気にかかったことのない人をいう。

(国立感染症研究所定期予防接種スケジュールを参考に作成)

【予防接種を控えたほうがよい場合】

① 発熱している時（37.5℃以上をさす）。

② 投薬がある時。

③ けいれんを起こしたことがある（医師に相談）。

第2章　感染症　141

④ 以前接種した際、副反応を起こした（急な発熱や嘔吐、発疹など）。
⑤ ポリオ投与は、口内に傷がある場合や、下痢の場合は受けられない。
⑥ 前回予防接種との間隔を考える。
　　1）ポリオ、麻疹、風疹、BCG、おたふくかぜ、水痘——4週間以上あける。
　　2）三種（二種）混合、日本脳炎、インフルエンザ——1週間以上あける。

（3）予防接種後

① 予防接種を受けた日は、できるだけ家庭で経過を見ていただくが、そのまま登園されたら、激しい運動は避け、室内でゆったり過ごす。
② 予防接種直後の発熱は、病院を受診する際に「○月に○○の予防接種をしています。」と医師に伝えるよう保護者に話す。
③ 麻疹（はしか）は、5日〜1週間後に発熱する場合がある。発熱をしたら、すぐ保護者に連絡をとる。
④ 三種混合は、回を重ねるごとに抗体ができ、接種箇所が赤く腫れるこどもがいる。引っ掻いたり、叩いたりしないように気をつける。
⑤ BCGは接種後に化膿することがある。患部を触ったり、引っ掻いたりさせない。気づいたら必ず保護者に伝える。
⑥ 予防接種を受けたら、保育者に知らせてもらい、園児台帳に記入する。

（4）微熱の経過の見方

　下のようなグラフに表すと、微熱の経過が分かりやすい（時間を決めておき、毎日同じ時間に測る）。

グラフを使わない時は、次のように記録し微熱の経過を見る。

名前	
○月○日	36.3度 （10:00） 36.8度 （12:00） 37.0度 （15:00）
○月○日	36.5度 （10:00） 37.0度 （12:00） 37.2度 （15:00）
○月○日	37.0度 （10:00） 37.5度 （12:00） 37.6度 （15:00）

第3章　与薬について

　日本保育保健協議会の定める基本的な考え方は、「保育園に登園するこどもたちは、ほとんど集団生活に支障がない健康状態にあり、通常業務として保育園で薬を扱うことはない」とあります。

資料1：保育園と薬（日本保育保健協議会の定める基本的な考え方より）

　家庭におけるこどもの健康管理は保護者の責任であります。保育園における病弱等のこどもの保育については、そのこどもの症状・安静度・処方内容等の情報を保護者からの「連絡票」等によって把握し、健康管理に支障がないようにします。

　保育園へ登園するこどもたちは、ほとんど集団生活に支障がない健康状態にあり、通常業務として保育園で薬を扱うことはありません。ただし、医師の指示により保育時間内にどうしても必要な薬は、その限りではありません。

　なお、保育園において薬を扱う場合には、園内の健康安全委員会などで検討し、慎重に扱う必要があります。

資料2：与薬の留意点（保育所保育指針・解説書より）

　保育所において薬を与える場合は、医師の指示に基づいた薬に限定します。その際には、保護者に医師名、薬の種類、内服方法等を具体的に記載した与薬依頼表を持参してもらいます。

資料3：外用薬の使い方（保育保健の基礎知識より）

・吸入薬・座薬・点眼薬は吸収の早い薬剤です。ことに吸入薬は薬によっては、医療関係者以外の使用は制限されることがあります。座薬・点眼薬も保育中に使用しないことが基本です。やむを得ず保育中に使用する時は、主治医や保護者にその都度連絡します。

・座薬　解熱鎮痛剤、下痢、痔用剤、抗痙攣剤などを使用場所に適した形として紡錘形、球形などに固めたもので、体温により徐々に溶けて有効成分が胃を通過せず、刺激なしに吸収されます。この利便性から薬の内服を拒んだり、あるいは機能不全であったりする老人に対して有効です。ただし、園の座薬使用は医療行為とみなされていますから決して無断で使用しないこと、やむを得ず使用する時は、必ず保護者から連絡のあった医師の指示に従って行うようにします。

① 園では基本的には与薬を行うことはできない。保護者がこどもを受診した際は、「保育中の与薬ができない」旨を医師に伝えるよう、周知徹底を図る。ただし、朝夕2回の処方や、朝・帰宅後・寝る前の内服で対応できることもある。

② 医師の指示で治療上やむを得ず、保育中に与薬が必要な場合は、各園の書式や預かり方に従って行う。

1)その都度医療機関を受診して処方された薬に限る。

2)市販薬や以前に処方された薬は、与薬できない。

3)与薬の仕方（特に塗り薬）などは、保護者が責任を持って確認し、きちんと園に伝える。

4)本来、こどもに与薬する役割は保護者であるということを、保護者も園も認識する。

5)家庭と園で連携をとってこどもたちの健康管理をしていけるように、受診の際は症状や診断・処方された薬などについて、園で飲まなくても、なるべく詳しく正確に、園に伝えるよう、保護者に周知徹底する。

1. 保護者からの依頼について

園が保護者からの薬を預かる時は、次の事項を確認します。

① 薬とともに所定の「与薬依頼書」が添付されていること。なお「薬剤情報提供書」がある場合にはそれも添付されていること。

② 所定の「与薬依頼書」、あるいは「薬剤情報提供書」には処方内容・調剤した医療機関名（医師名）、調剤薬局名が明示されていること。

③ 園児の氏名が薬の容器・薬袋などに明示されていること。

④ 処方内容・服薬方法（回数・時間等）などが明示されていること。

⑤ 医師から伝えられている病名または具体的な症状が「与薬依頼書」に記載されていること。

⑥ 1回分の薬と薬名情報とを一緒に手渡しで受けること。

⑦ ①〜⑥の事項が確認できれば、園長が受付印を押し、各クラスで「与薬依頼書」などを保存すること。

2. 薬の取り扱いについて

薬の取り扱いにあたっては、安全を期するために以下の注意事項を守らなければなりません。

① 薬はこどもの手の届かない安全な場所に、各人の薬が明らかに識別できるようにして保管すること。

② 薬の使用が「熱の高い時」「咳がでる時」「発作が起こった時」などのように、症状の判断を

必要とする場合は、その都度保護者に連絡すること。

③ 薬を与えた時刻及び服薬の状況等（安全に飲めたか、あるいは吐いてしまったか等）は、その都度「与薬依頼書」に記載してサインすること。

④ 座薬の取り扱いについては、原則として行わないが、やむを得ない場合は、医師からの具体的な文書による指示を必要とする。なお使用にあたっては、その都度こどもの保護者に連絡すること。ただし、その座薬が園児にとって初めての場合は対応できない。

3. 受け方手順

① 与薬が「内服」か「外用」かを確認する（様式1、様式2を参照）。

② 医師が記入した「与薬依頼書」に保護者が確認の署名をしたものを、1回分の薬と薬名情報とを一緒に、手渡しで受ける。「薬剤情報提供書」を一緒に受ける。「与薬依頼書」に依頼日時、病名、病院名、薬の内容、量と種類などが正しく記入されているか、薬を手に取り確認し、保育者が受け取り、園長が受付印を押す。受付印のないものは無効である。

③ 水薬は、1回分ずつを容器に移して持参してもらう。容器は、空の薬容器や未使用の小さな調味料入れがよい。小さな調味料入れに取り分ける時には、スポイト式の場合は、簡単に移し入れられるが、口の大きな容器の時は、小皿などの器に移し、吸い込むようにするとよいことを保護者に知らせる。小児科受診してから直接に登園してきた時には、「水薬は、1回分をお預かりします」と話して、事務室で取り分けてもらう。園で小さな水薬入れを準備しておく。粉薬の場合は、1包ずつ名前を書いてもらう。粉薬を「1/2包飲ませてください」と言われても受けない。その場合は、保護者が半分に分け、袋に入れたものを受ける。

④「与薬依頼書」と薬を、園用のチャック式の保管袋に入れる。

【様式1　与薬依頼書（内服薬）】

※用紙集（p264）に掲載

【様式2　与薬依頼書（外用薬）】

※用紙集（p265）に掲載

第3章　与薬について　145

⑤ 与薬方法や期間が異なる時は、それぞれ別の「与薬依頼書」に記入してもらう。同時刻に2つの異なる薬を受ける時は、1枚でよい。

⑥ 冷暗所か冷蔵庫へ保管することが指定された薬については、ビニール袋を別にして冷蔵庫内の「薬入れ箱」に入れる。

⑦ 与薬後は、薬を飲ませた保育者が「与薬依頼書」に押印する。

⑧ 塗り薬は、長期にわたっての使用が予測できる。用法などを詳しく尋ね、双方の理解の上で、1日ごとに塗り薬を預かる。2週間を超え、月をまたがる場合には、新たに与薬依頼書を提出してもらう。

⑨ 与薬依頼を受けないのに、カバン等に薬が入っていたら、原則的には飲ませない。しかし、保護者より連絡が入り、「飲ませてほしい」と依頼があれば、与薬依頼書等の書類がそろっていれば受ける。ただし、園長の許可が必要である。

4. 与薬の際の注意事項

① 「薬剤情報提供書」をもらっている場合は、一緒に持参してもらい、薬の内容を把握する。処方内容が不明な薬は受け付けない。

② 解熱剤などの座薬やホクナリン（1.5cm²の貼るタイプの咳止め）、点鼻薬、点耳薬は受け付けない。

③ 同じ薬が1週間続く場合は、症状はどうか、このまま続けてもよいものか保護者と話し、主治医に相談してもらう。断言的な言い方をしてトラブルになることのないように事前に園長・副園長・教頭・主任・主幹と打ち合わせをする。

④ 「一応預けておくので、先生が必要と思ったら飲ませてください」と言われた場合は、受けない。保育者は判断できないので、その都度保護者に園でのこどもの様子を話し、決めてもらう。

⑤ 早退したこどもの薬を預かったまま返し忘れた時は、すぐ連絡を入れる。「申し訳ありません。薬をお預かりしたままでした。お届けします」と伝える。「家庭にもあるはずだから」とそのままにしておかない。塗り薬も同様である。返し忘れた薬は、届けることを原則とする。

⑥ 病院受診を前日にし、後日必ず与薬があると思われる場合で、朝忙しい保護者には、事前に「与薬依頼書」を渡し、記入してきてもらう方法を知らせる。

⑦ 「ミルクに混ぜて飲ませてください」と言われた場合、主治医が指示した特別な場合を除き、ミルクに混ぜることはしない。「ミルクに混ぜるとミルクの味が変わり、飲まなくなることがありますので、別に飲ませますね」と伝える（乳糖不耐症と診断された時の薬などはミルクに混ぜることがある）。

⑧ 保育者が二重、あるいは間違えて飲ませてしまった場合は、すぐに処方医に連絡をし、ミスしたことを報告して処置についての指示を仰ぐ。同時に園児には水分を十分に取らせ、体内に入ってしまった薬の成分を少しでも薄めるように努める。処方医に指示を受けたら速やかにそれに従い保護者へ連絡をする。

⑨ 与薬時間がずれてしまった場合は、どれだけずれたかを記録し、保護者にその時間を伝える。

⑩ 保育者は、通常よく用いられる薬の名称と薬効について、基礎的な知識を習得し、保育の専

門職としての正しい対応ができるようにしておく。

5. 与薬の仕方

① 手を石鹸で洗い、アルコール消毒をする。
② コップ、スプーンを用意する。
③ 必ず「与薬依頼書」を手に取り、再度名前と飲む時間を確認する。
④ 「○○ちゃんの薬を飲ませます」と声に出して、他の保育者に知らせる。
⑤ こどもに「お薬飲みましょうね」と声をかける。乳児にも同じように言うこと。
⑥ 乳児の場合は、日頃接している保育者が、保育室で手早く飲ませるとよい。

水薬（キャップ式）
① 0歳児：1回の分量をコップに移し、スプーンで飲ませる。
② 1歳以上児：1回の分量をコップに移し、飲ませる。飲み終わった後、
　　1さじくらい水を飲ませる。

1回分の薬を預かる

水薬（スポイト式）
① スポイトを取り出し、スポイト内の薬を全部その容器に戻し、薬の全体量を確認する。
② スポイトで1回の分量をとる。
　　0〜1歳児：スプーンに少しずつ移して飲ませる。
　　2〜3歳児：「薬を飲もうね」と知らせて、スポイトを口に入れ、少しずつ飲ませる。
　　　　　　　飲み終わった後、1さじくらい水を飲ませる。

粉薬

（0歳児）
① 保育者は、石鹸で手を丁寧に洗う。
② 粉薬を小皿に入れ、スプーンで白湯を粉薬の全体が湿る程度に入れる。
③ 差し指に粉薬をつけて頬の内側につけ、飲み終わった後1さじくらい水を飲ませる（ミルクに
　　混ぜない。混ぜると味が変化するため、ミルクを飲まなくなることがある）。

粉薬をペースト状に練ったもの

スプーンの裏

（1歳児）
① スプーンと白湯を入れたコップを用意する。
② 白湯をスプーン1/3くらいすくって、粉薬を入れる（粉が溶ける程度）。
③ 2〜3回に分けて飲ませた後、1さじくらい水を飲ませる。

（2歳児以上）
① コップに水を入れる。
② 水を一口飲ませ、口内を湿らせる。
③ 「あーん」と口を開けさせ、粉薬を舌の上にのせ、再度水を飲ませる（量が多い時には2〜3回
　　に分ける）。

第3章　与薬について

（粉薬をどうしても嫌がる子には）
　小皿などに粉薬を移し、水を1、2滴たらしペースト状に練る。スプーンの裏に練った薬をとり、頬の内側につけ、水を飲ませる。

【目薬】
① ティッシュペーパーを用意する。
② 3歳未満児においては、こどもを仰向けに寝かせて保育者の股でこどもの頭が動かないように挟み、両腕を太ももで軽く押さえる。
③ 点眼する直前に目薬のキャップを外し、手から離さない。
④ 素早く点眼し、ただちにキャップをする。こどもを抱き上げ、流れてきた目薬をティッシュペーパーで拭く。目には触れない。
⑤ こどもが目を擦らないように玩具を持たせたり、遊びに誘ったりする。

第4章 応急処置

第1節　心肺蘇生法

　事故後に名前を呼んでも返事をしないということは、意識がないということです。意識がなくなると、全身の筋肉がダランとし、顎や首の筋肉も緩んで、舌が引っ込み、気道を塞いでしまいます。

　気道を確保するためには、硬いところに仰向けに寝かせ、片方の手で顎を持ち上げるようにし、もう片方の手で頭を後に反らせるようにします。

　そして、こどもの口元に顔を近づけて呼吸をしているかどうかを確認し、呼吸がないようだったら人工呼吸をし、心臓の鼓動がないようだったら心臓マッサージをしなければなりません。心肺蘇生とは、人工呼吸を1回、心臓マッサージを5回行います。これを心臓が動き出すまで繰り返し行うことです。こどもの心停止のほとんどは呼吸停止が原因です。

1. 人工呼吸の仕方
① 人工呼吸をする前に、口の中に異物が入っていないかを確認し、異物があれば取り除く。
② 3歳未満のこどもの場合は、気道を確保したまま口と鼻を一緒に覆い、1分間に約20回息を吹き込む。吹き込む力は、こどもの胸が軽く動く程度。
③ 3歳以上のこどもの場合は、気道を確保したまま鼻をつまみ、口から1分間に15～20回息を吹き込む。吹き込む力は、こどもの胸が軽く動く程度。

2. 心臓マッサージの仕方

① 脈をとる場合は、首や足の付け根など大きな動脈に触れるか、心臓部に耳を押し当て鼓動を聞くのが一番分かりやすい。

② 硬い床の上で行う。

③ 1歳未満の場合は、左右の乳首を結んだ線の中心から、指1本下の部位がマッサージをする場所で、人差し指と中指の2本で、真っ直ぐ上から胸が2cmほどへこむぐらいの力で、1分間に100〜120回ぐらいの目安で押す。

④ 1歳以上の場合は、胸骨の下端（みぞおちの直上）から指2本ぐらい上の場所に、手のひらの下の方で真っ直ぐに上から3cmぐらいへこむ程度の力で、1分間に100回の目安で押す。

心臓マッサージと人工呼吸の組み合わせが心肺蘇生法です。 救急隊が到着するまで、循環のサインが確認できるまで続けます。			
対象	心臓マッサージと 人工呼吸の組み合わせ	1回の組み合わせ	
		心臓マッサージ	人工呼吸
小児（1歳以上〜8歳未満）	5：1	約100回／分の速さで5回	吹き込みに1〜1.5秒かけて1回
乳児（1歳未満）		少なくとも100回／分の速さで5回	
新生児（生後28日未満）	3：1	約120回／分の速さで3回	吹き込みに1秒かけて1回

（JRCガイドライン第3章、第4章を参考に作成）

3. 窒息

① 口の中に見える物は、指でかきだす。

② 無理矢理に奥まで指を入れない。

③ 息がしにくそうな時は、膝の上にうつ伏せに抱いて、肩甲骨の間を4〜5回叩いて吐きださせる。

④ 逆さにしてもいい。

⑤ 3歳以上のこどもの場合は、こどもの背中側から両手を回してみぞおちの前で両手を組んで、勢いよく両手を絞ってこどもの脇腹を圧迫して異物を出させる（ハイムリッヒ法）。

⑥ 呼吸が止まっていたら、心臓蘇生をしながら、救急車を呼ぶ。

（1）乳児の窒息事故の予防

① 寝返りができるようになるまでは、うつ伏せ寝にはしない。

② ふかふかの布団に寝かせない。ベッドの回りにガーゼやタオルなど置かない。

③ 授乳後は抱いて、しっかり排気（げっぷ）をさせる。すぐに寝かせないで、少し落ち着くまで見る。

④ 吐乳しやすい乳児は、顔を横向けに寝かせる。または、しばらくベビーラックやバウンサーなどで上半身を斜めにして寝かせる。

⑤ 離乳食の形状は、咀嚼の発達に合わせる。りんごなどの固い果物は、喉に詰まらせやすく危険なので、発達に合わせ刻んだり、スライスしたりする。

⑥ 目覚めている時も、睡眠中も、呼吸の状態・顔色・姿勢などを5分おきにチェックする。

第4章 応急処置 149

⑦ 幼児と一緒に保育をする時は、必ず保育者がそばにつき、乳児の上に乗ったり、顔の上にハンカチなどの布を被せたりされることのないようにする。

第2節　アナフィラキシーショック

1. アナフィラキシーとは

　アレルギー反応が短い時間で全身に激しく現れることを「アナフィラキシー」と言います。アナフィラキシーの原因は、食べ物が最も多いのですが、蜂などの昆虫や薬物なども原因の一つです。このアナフィラキシーによって、血圧の低下や意識障害などを引き起こし、場合によっては生命を脅かす危険な状態になることを「アナフィラキシーショック」と言います。

　アナフィラキシーの特徴の一つは、短時間で症状が現れることですが、アレルゲンや患者によって差があります。一般的には、蜂毒や薬物は直接体内に入るので早く症状が出る傾向があります。食べ物は消化・吸収されるまでに時間がかかるため症状が出るまで時間がかかることが多いようです。ちなみに、アナフィラキシーショックで心停止に至るまでの平均時間は、薬物で5分、蜂毒で15分、食べ物で30分といわれています。

2. アナフィラキシーが起こった時の対応

　アナフィラキシーは、多様で全身にあらゆる症状が出現する可能性があります。しかし、頻度には差があり、皮膚症状が最も多く90% 程度の患者に認められ、以下、粘膜、呼吸器、消化器症状の順で合併しやすい傾向があります。アナフィラキシーの重症度は、その症状によって3段階のグレードに分け、その段階に合わせて対応を考えるようにします。

【グレード1】

　各症状はいずれも部分的で軽い症状で慌てる必要はありません。症状の進行に注意を払いつつ、安静にして経過を追う。誤食した時用の処方薬がある場合は内服させる。

【グレード2】

　全身性の皮膚及び強い粘膜症状に加え、呼吸器症状や消化器症状が増悪してくる。医療機関を受診する必要があり、必要に応じて処方された「エピペン®」があれば、注射することを考慮する。

【グレード3】

　強いアナフィラキシーの症状といえる。プレショック状態（ショック状態の一歩手前）もしくはショック状態と考え、緊急に医療機関を受診する必要がある。救急の現場にこどもに処方された「エピペン®」があれば速やかに注射する必要がある。

【アナフィラキシー事故発生時の緊急対応】

① 発生時刻を見る。

② 全館呼び出しで、園長・副園長・教頭・主幹・主任・看護師（保健師）に連絡する。

③ 事実関係をしっかり記録する。
　1）何時何分に食べ始め、何を食べたか
　2）食べたものの内容は詳しく（だしの内容も）
　3）何時何分に食べ終わり、どこに発症したのか
　4）病状の発症部位はどこか
　5）何時何分に全身に症状が出たのか
④ 意識がない時は、救急車を呼ぶ。
⑤ その他ショック症状を呈した場合は、緊急時対応マニュアルに基づいて、処置を行う。

3. エピペン®の使用

　平成21年7月6日、文部科学省スポーツ・青少年学校健康教育課長より医政局医事課長宛の「医師法第17条の解釈について」の照会により「アナフィラキシーショックで生命が危険な状態にある児童生徒に対し、救命の場に居合わせた教職員が、アドレナリン自己注射薬を自ら注射できない本人に代わって注射することは、反復継続する意図がないものと認められるため医師法第17条によって禁止されている医師の免許を有しない者による医業にあたらず、医師法違反にならない」との見解が出されました。

　園においても、こどもや保護者自らが「エピペン®」を管理、注射することが基本ですが、低年齢のこどもが自ら管理、注射することは困難なため、救急処置が間に合わない場合等の緊急時には、その場にいる保育者が注射することが必要な場合もありえます。

　こどもや保護者が持参した「エピペン®」を園で一時的に預かる場合、保護者との面接時に、緊急時の対応について十分に確認し合い、緊急時個別対応票等を作成し、その内容についても定期的に確認するようにします。

　園での「エピペン®」の管理運用においては、職員全員が、
① 「エピペン®」の保管場所を知っていること。
② 「エピペン®」の注射するタイミングと方法を知っていること。
③ 「エピペン®」や緊急時対応に必要な書類一式の保管場所を知っていること。
④ 「エピペン® 0.15mg」は体重15kg以上のこどもを対象として処方されています。
⑤ 投与のタイミングは、ショック症状に陥ってからではなく、その前段階（プレショック症状）で投与できた方が効果的です。具体的には、呼吸器症状として頻発する咳、喘鳴（ゼーゼー）や呼吸困難（呼吸がしにくいような状態）などが該当します。

安全キャップを外す

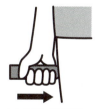
ももに対して90度に

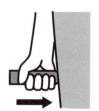
服の上からでも

⑥「迷ったら、打つ」を合言葉にしましょう。

第3節　乳幼児が起こしやすい事故

1. 誤飲

公益財団法人日本中毒情報センターが『中毒110番』を開設していますので、緊急時には、誤飲について電話で問い合わせすれば、アドバイスを受けられます。

公益財団法人日本中毒情報センターホームページ　**http://www.j-poison-ic.jp**

(1) 誤飲の予防方法

① 乾燥した豆類（ピーナツ、大豆）は、5歳までは食べさせない。節分の行事で豆をまいても、食べさせない。代わりに、お手玉や紙玉で遊ぶ。家庭でも気をつけるように、保護者に知らせる。

② 餅は、給食では使用しない。

③ 0歳児のいる室内に、直径32mm以下の小さなものを置かない。

④ お手玉の破れかけているものや、鈴・大豆などが入っている玩具の接着部分が取れかけているものなどを、保育室に置かない。玩具の安全チェックを定期的に行い、気づいたらすぐに取り除く（どんぐり・ビーズ・コイン・ビー玉など）。

⑤ コインや棒落としで遊ぶ時には、数を数えて出し、遊び終わったら、数が揃っているかを確認してから片づける。

⑥ 風船が割れた時のゴムの残り、糸くず、輪ゴム、アルミホイル、ビニール袋の切れ端などは、全て拾う。掃除機をかけ、部屋に危険なものがないかをよく見る。乳児室は最低、掃除機を朝・夕方の2回かける。

⑦ 棚やタオル掛けのテプラテープ®、ビニールテープなど、剥がれかけていないか定期的に見る。

⑧ 衣服のボタンなどが取れかけていないか、注意して見る。取れかけそうなボタンの服は、着用させない。（人形の衣服にも注意）

⑨ 押しピンは、使わない。

⑩ 薬品や洗剤類は、保育室に置かない。0〜1歳児のいる保育室には、石鹸は手の届くところに置かない。

⑪ 登園の時、手に何か握っていないか気をつけて見る。衣類やバッグの中に、家庭から小銭や薬、ミニカーなど入れてこないように、保護者に話しておく。

⑫ ジュースの空き缶やタバコなどの危険な物があるときには、口にしないように指導し、危険な物に気がついたら片づける。

誤飲の応急処置で大切なことは下記の4点です。

1) どこに入ったかをチェック

① 食道・気道・気管に飲み込んだかどうか

ⅰ）食道に飲み込んだ場合はケロッとしている、食道に引っかかっていると嗚咽や吐き気、気道に飲み込んだ場合は咳き込み、頭位症状でチェックする。

② 何を、どのくらい、いつを知る

ⅰ）何を、どの位、いつ頃誤飲して、今どんな状態かを把握することが重要。

ⅱ）気管の場合、背中を叩いたりしますが、呼吸困難があれば窒息の応急処置をとる。

③ 食道への誤飲（吐かせてよいもの・悪いもの）

食道への誤飲の応急処置には、吐かせてよいもの悪いもの、飲ませてよいもの悪いものがあることを知っておく。

ボタン電池は体液と反応して、−極に強アルカリ水酸化ナトリウム、＋極に塩酸が生じるといわれ、さらに電池そのものの圧迫による血流障害や内容物のアルカリ性物質の流出で強い局所障害が起こるので、早急に病院受診する必要があります。

2）吐かせてはいけないもの

強酸性・強アルカリ性の物質（特に洗剤）、灯油、ガソリン、マニキュア除光液など揮発性の液体。

牛乳や卵白などを飲ませて吐かせた方がよいもの	家庭用洗剤
牛乳を飲ませてはいけないもの	ナフタリンなど脂溶性の高いもの
水分を飲ませて様子をみてもよいもの	乾燥剤（シリカゲル）など
様子を見ていても大丈夫なもの	水銀体温計の水銀・クレヨン・水彩用絵具・シャンプー（少量）・石鹸・マッチ・パラジクロロベンゼンの防虫剤（少量）など

（2）アレルゲンの誤飲

① 口の中に食べ物が残っていれば、口から全て出させて口をすすぐ。

② 皮膚に付着した時は洗い流す。

③ 触った手で目を擦って、痒みや目の赤み、腫れなどが出現した場合には、水道水で目を洗う。

④ 皮膚の赤みや、蕁麻疹などの症状が出た場合、30分以内に症状が改善するようであれば、そのまま安静にして様子を見る。

⑤ 皮膚の症状が広がったり、咳が出たり、声が出にくい、ゼーゼーする、顔色が悪くなる、気分が悪い、嘔吐するなどの症状が見られるようであれば、ただちに医療機関を受診する。

⑥ アナフィラキシーがあり、エピペン® が処方されていれば、ただちに注射する。

2. 火傷

火傷は広さや深さによって程度がかなり変わります。こどもは大きな火傷をするとショック状態になりやすいので、応急処置後すぐに病院を受診します。

第4章　応急処置　153

① 熱の深部への伝達を防ぎ重症にならないために、まず冷やす。
② アロエなどの民間療法はしない。
③ 熱湯などで服のままやけどした場合は、20〜30分、痛みがなくなるまで服の上から冷やす。
④ 冷やす方法は、流水、氷などでもいいが、市販の冷えるシートは使わない。
⑤ 服を着ているところの火傷は、服を着たまま十分冷やした後に服をハサミで切り取るか、そのまま病院へ連れて行く。
⑥ 水疱は破らないように冷やす。
⑦ 顔など流水で冷やしにくいところは、氷水で冷やしたガーゼやタオルを頻繁に替えて冷やす。
⑧ 冬の寒い時などは、体を冷やさないように保護して、火傷したところを冷やす。
⑨ 使いすてカイロなど普通に触っても火傷しない程度のものでも、長時間身体の同じ部分に当てていると低温火傷が起こる。痛みを感じないまま皮膚の深い部分まで火傷が進む。気づいた時には重症化していることも多いので、病院で治療する。
⑩ 熱傷面積が少なく、赤くなってヒリヒリ感が強いが水泡が認められない軽症の場合は、よく冷やして受診させる。
⑪ 広範囲の熱傷の場合は、程度が軽く見えても受診させる。
⑫ 関節部や手などが熱傷した場合は、早めに受診させる。
⑬ 広範囲の熱傷、特に水泡ができたり、皮がむけたり、痛みがある状態は、救急車を呼ぶ。
⑭ 爆発などで、顔面や気道を熱傷した恐れがある場合は、救急車を呼ぶ。

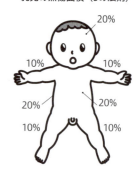

乳児の熱傷面積（5の法則）

3. 溺水

① すぐに呼吸をしているかどうかを見る。
② 呼吸をしていれば、水を吐かせ呼吸を楽にできるようにする。
③ もし、呼吸をしていなければ、ただちに人工呼吸を開始し、応援や救急車を呼ぶ。
④ 呼吸が出たり、泣いたりしたら一安心。濡れている部分を拭いて体が冷えないようにする。
⑤ 意識が戻れば無理に吐かせる必要はない。楽な姿勢を保ち救急車の到着を待つ。
⑥ 顔色が悪かったり、意識がない、呼吸がないような場合は、叩いたり、刺激を与えたりする。
⑦ 水に浮いていたり、水の中に沈んでいたりするのを発見した時は、呼吸が止まっているため、すぐに人工呼吸を始め、心肺蘇生をしながら、救援を頼み、救急車を呼ぶ。
⑧ 救急車が到達するまで、人工呼吸と心臓マッサージを繰り返し行う。

4. 交通事故

① 周囲の安全を確認し、安全であれば負傷者に近寄る。
② 顔色を観察し、身体全体を見回して傷がないかどうか、意識があるかどうか、声をかけながら反応を見る。
③ 手足が普通どおり動いているように見えても、むやみに動かさず、救急車を呼ぶ。
④ 安易に大丈夫だと思わない。

5. 打撲

(1) 手足

① 傷がある場合は、消毒をして腫れの程度を観察する。

② 打撲したところを冷やす。傷がなければ冷水や冷やしたタオルで冷やす。冷温布なども使用してよい。

③ 見る見るうちに腫れがひどくなってきた時は、捻挫・骨折などの可能性があるので、病院へ連れていく。

(2) 腹部

① 衣類を緩め、楽な姿勢をとらせる。

② 丸くなる姿勢で横向きに寝かせて、しばらく観察する。普通に歩けば問題はない。

③ 何度も吐いたり、顔色が悪かったり、痛みがひどい場合は、病院へ連れていく。

(3) 胸部

① 壁に寄りかからせるなど、呼吸が楽な姿勢をとらせる。

② 左右どちらかが痛い時は、痛い方を下にして横にする。しばらくすると痛みが和らぐ。

③ 息苦しい、咳き込みがある、血痰がでる、大きな呼吸ができないほど痛い場合は、病院へ連れていく。

(4) 頭部

　転んだり、落ちたりして頭を打った時には、こどもの意識の状態をよく観察します。すぐに大声で泣き、その後はいつもと変わらず過ごしたら、まず安心していいといわれています。場合によっては、数時間から数日後に症状が出ることもあるので、その後の経過に注意し、いつもと様子が違っているような場合は診察を受けるようにします。

【様子を見ていてよい場合】

① すぐに泣いて、顔色も変わらず、すぐに泣き止み遊び始めた時

② 頭皮に傷がなく、出血もしていない時

③ コブができていない、できていても大人の親指ほどでもない時

④ 目が覚めても吐かない時
　打った直後は静かにさせて、コブができていたら冷たいタオルなどで患部を冷やす。その後、ベノスタジン軟膏を塗り、冷えピタ® を貼る。当日は入浴や激しい運動は避けて、様子を見る

【受診した方がよい場合】

① すぐに泣かずに、泣くまでに数十秒以上かかった時

② 顔色が悪く、吐き気がある場合

③ 大人の親指以上の大きなコブができた時や皮下血腫ができブヨブヨと腫れてきた時

④ 泣き寝入りして目が覚めた後、2～3回以上吐いた時

⑤ 泣き寝入りして目が覚める時間になっても起きない時は起こして様子を観察し、顔色が悪かった時

【救急車を呼んだほうがよい場合】

① 打撲部分が陥没している時

② 出血が止まらない時

③ 名前を呼んでも反応がなく、ボーッとしている時

④ 1～2回の嘔吐後、意識がなくなっている時

⑤ 目の焦点が定まらない時

⑥ 痙攣が見られた時

⑦ 首を動かせない、腕がしびれるなど、頸部を強く打った可能性がある時

⑧ 嘔吐が激しく何回も続く時

【鼻血が出た場合】

　鼻血は頭部打撲や顔面打撲で見られるが、突然出ることもある。応急手当は、

① 椅子に少し前かがみに座らせて鼻をつまんで、少し強めに押さえておく（多くの場合は5分ぐらいで止まる）

② 鼻をぶつけて出た鼻血は、冷たいタオルなどで押さえる

③ 座れないこどもは横向きに寝かせて同じように鼻を押さえる

　仰向けに寝かせての止血や上向きかげんに座らせて背中を叩いたりする止血は、血が喉へ流れ込み、吐いたり、気道へ誤嚥したりする危険性があるため行ってはいけません。また、病院で受診した方がよいのは、次のような場合です。

1）頭部打撲後の鼻血で、薄い血液の場合（頭蓋骨が折れ髄液が漏れていることがある）。

2）10分以上鼻血が止まらない場合。

6. すり傷・切り傷

　こどもにとって小さな傷は日常茶飯事です。傷口の汚れは水道水などできれいに洗い流します。

（1）口の中を切った時

　口の中は血管が多いので、小さい傷でも意外に出血が多い。反面、比較的出血は止まりやすく、傷も治りやすい場所です。

① 出血が多い時は清潔なガーゼを当てて押さえ、止血する。出血が止まれば、その後は馬油などをつけて様子を見る。

② 傷が大きい時は病院へ。血液を飲み込むと嘔吐を誘うので、吐き出させる。

③ 治るまで刺激の少ない薄味の食事にして、食後はうがいをさせ口の中を清潔にする。

（2）大きな傷で出血が多い時

　こどもは体が小さいので、大量出血すると危険性は高まります。まず止血し、同時に救急病院へ運びます。

① 傷口に清潔なガーゼを当てて上から圧迫して止血する。手足の傷の場合は、心臓より高く上

げる。出血が多い場合や、長く続く場合は止血しながら救急車を呼ぶ。

②出血がほぼ止まったら包帯を巻き、傷を保護して、病院で傷の治療を受ける。

7. ぶつけて歯が抜けた時

　短時間なら再生する可能性があるので、歯周靱帯や歯根膜を残したまま保存液、または牛乳に入れて、急いで歯科に受診します。事故後早ければ早いほどよく、30分以内に治療を受けると成功率が高いといわれています。

①ぐらぐらしている時は出血が止まるか、時間をおって歯の色が黄色から黄土色に悪く変化しないか観察して、必要ならば早めに受診する。

②抜けた歯は水道水で洗ったり、口の中へ入れたりすると細胞変化を起こすので、水道水は使わない。

8. 捻挫、脱臼した時

　こどもの手を引っ張った時、脱臼や肘内障になることが多い。繰り返し起こしやすいので気をつけます。

①腕の場合は三角巾などで固定する。素人が無理に整復してはいけない。

②捻挫は関節が腫れ、内出血、痛みがあるので動かさないように固定して、水や保冷剤で冷やす。

③骨折などの場合もあるので、専門医の診断を受ける。

9. 耳に入った異物

　耳の異物は、自然に入ってしまうことがあります。また、悪ふざけで異物を詰めてしまうこともあります。自然に入ったのか故意に入れてしまったのかで、異物の内容が異なります。

①水が入って嫌がる場合は、綿棒で優しく水を吸いとるか、柔らかいティッシュペーパーでこよりを作って優しく吸いとる。または、水が入った耳を下に向けトントン跳ねたり、反対側の側頭部を軽く叩いたりする。

②球形の物を入れた場合で痛がっている時は、ギリギリの大きさを無理に入れた可能性があるので、受診する。

③豆類は耳の中で膨張して大きくなり取れなくて痛みが出現する。ピンセットなどで取り出そうとすると、かえって奥へ押し込んでしまう可能性があるので必ず受診する。

④耳に入った小さな虫の場合は、部屋を暗くして懐中電灯を耳に当てると、ひとりでに出てくることがある。20〜30分行っても出てこない時は受診する。また、昆虫が耳に入ると、痛みや耳の中でガサガサするなどの耳内音が聞かれ、こどもが不機嫌になる。オリーブ油を入れて虫を殺すこともできるが、虫が死ぬまでに時間がかかるので受診した方がよい。

第4章　応急処置　157

【受診すべき場合】

① 虫が入っていて取れない場合

② 球形の物がとれない場合

③ 耳から悪臭がしたり、分泌物が出ている場合

④ とても痛がったり、聞こえが明らかに悪かったりする場合

【救急受診をすべき場合】

① 眠れないなどの痛みがある場合

② 出血したり、発熱があったりする場合

③ めまいや頭痛があったり、耳鳴りが強かったりする場合

10. 鼻に入った異物

鼻の異物はそのほとんどはこどもの悪ふざけからです。

① 大きなこどもの場合は、詰まっていない方の鼻の穴を押さえ、鼻を強くかませる。

② 小さなこどもの場合は、こよりで鼻をくすぐって、くしゃみをさせる。

【受診すべき場合】

① 異物が出てこない場合

② 鋭利な物や球形でつかみにくい物の場合

③ 痛みや出血、鼻閉感で息苦しいなどの症状がある場合

【救急受診をすべき場合】

① 鼻出血が止まりにくい場合

② 異臭のする鼻汁が出たり発熱があったりする場合

③ 痛みが強く、息苦しくて日常生活が困難な場合

11. 目に入った異物

目に入る異物はほとんどが偶然に起こり、その種類は多種多様で生活環境に左右されます。

① 痛がって目を開けられない場合が多く、泣くことによって異物が洗い流されることがある。少し落ち着くまで泣かせておく。それでも痛がるようなら、寝かせて結膜の異物をしっかり観察する。

② まぶたを反転させて眼けん結膜を観察する。異物が見つかったら、柔らかいティッシュペーパーでこよりを作り先端を濡らしたものや、柔らかい綿棒などで軽く擦ったりして取る。

③ これらが無理な場合は、洗眼や目薬を点眼し洗い流す。

④ 異物がとれると、痛みは消え、涙も止まる。抗生剤の含まれた目薬を点眼する。

【受診すべき場合】

① 透明な異物など見えにくい物の可能性がある場合

② 除去できたと思っても、その後も痛がる場合

【救急受診をすべき場合】

① 運動場などで石灰の混じった砂が入った可能性がある場合

② 消毒液やトイレ洗浄剤などが入った場合

③ 転倒して眼球を強く突いたり、強く打ったりする場合

12. ものが刺さった場合

① 刺さっている皮膚を大きくつまんで注意して観察し、何がどんな刺さり方をしているかを見る。

② つまみにくい場合は、5円玉を刺さっている部分に被せて強く押すと抜きやすくなる。

③ 毛抜きやピンセットを使い、崩れて破片が残らないように注意して抜き取る。

④ 抜いた跡は消毒液で消毒し、絆創膏を貼る。

【受診すべき場合】

① 全部きれいに抜けず破片が残った場合

② 鋭利な物が深く刺さった場合、特に土壌の釘などが深く刺さった場合

③ 痛がり方が強い場合

④ とても汚いものが刺さった場合

⑤ 抜けないような複雑な刺さり方をした場合

【救急受診をすべき場合】

① 側溝や土壌などで鋭利な物が深く刺さった場合は、破傷風の予防が必要

② 出血や痛みが強かったり、しびれて動かなかったりするなどの症状が見られる場合

13. 刺された場合

① 原則的には、刺された部位は冷やすことが望ましい。

② 蜂の針には毒嚢があるので、毒嚢に注意して針を抜く。また、蜜蜂の針には逆トゲがあるのでナイフなどで削ぎ落す方がいい。

③ 蜂と蚊の場合には、時にはアナフィラキシーショックが起こることがあるので、呼吸の仕方や顔、全身の蕁麻疹やミミズ腫れに注意する。

④ 毒蛾や毛虫の場合は、痛みで擦らないことである。擦ると毒針が深く刺入してしまうので、セロファンテープやガムテープで優しく貼布して毒針を抜き、勢いよく流水で洗い流す。

⑤ クラゲなど海中生物の場合は、真水ではなく海水で洗い流し触手を丁寧に取る。クラゲの種類によっては、食酢が有効な場合もある。

【受診すべき場合】

① 刺された場所が、ひどく腫れて痛みや痒みなどが強い場合

② 発熱、咳など全身反応が見られた場合

③ スズメバチやムカデなど大型の虫に刺された場合

【救急受診をすべき場合】

① 蜂や蚊に刺され、呼吸が荒くなったり、顔色不良、嘔吐などが見られたりする場合

② 蜂に10ヶ所以上刺された場合

14. 噛まれた場合

① 友だちに噛まれた場合は、消毒をして様子を見る。

② ペットに噛まれた場合は、丁寧に消毒し様子を見る。

【受診すべき場合】	【救急受診をすべき場合】
① 犬に噛まれた場合	① 野生動物や野放しの犬猫に噛まれた場合
	② マムシ・ハブ・ヤマカガシなど毒蛇に噛まれた場合

15. けいれん

　けいれんを初めて経験した場合、どのように対応してよいか戸惑うこともありますが、けいれんが命に関わることはないので落ち着いて行動するようにします。

① けいれんを起こした場合、まず起こし始めた時刻を確認する。
② 視線がどこを向いているか、どの部位がけいれんしているかを記録する。
③ 床や布団の上（平らなところ）に寝かせ、衣類で締めつけている箇所はないか確認し、あれば緩める。
④ けいれん発作が治まると、嘔吐することがあるので、寝かせる時は上向きでも顔は横に向ける。もしくは横向きに寝かせる。
⑤ 発作が治まるまで、静かに見守る。体位を整えたら、目を離さず、手を出さないようにする。
⑥ 体温を測定する。
⑦ 保護者に連絡する。熱性けいれんがあり、座薬の指示があれば挿入する。
⑧ こどもの様子と変化のあった時間を必ず記憶・記録すること。

【注意事項】

① こどもから離れず、看護師への連絡は分担して行うか電話をする。
② 看護師（保健師）が不在の場合は、園長・副園長・教頭・主幹・主任へ連絡する。
③ けいれん発作の既往症のあるこどもは、調乳室の冷蔵庫にけいれん止めの座薬を預かっている場合もある。熱が37.5〜38℃以上になった場合は、保護者に連絡して、座薬の使用の相談をする。園長の同伴のもと、看護師（保健師）が挿入する。
④ 看護師が不在の場合は、担任が行う。

16. SIDS（乳幼児突然死症候群）

　以下の手順で、必要なことを行います。

① 大声で近くの人を呼ぶ。
② ただちに蘇生を始める。
③ すぐに救急隊に連絡する。
④ 両親に知らせる。
⑤ 園長・副園長・教頭・主幹・主任に連絡し、援助の手配をしてもらう。
⑥ 他のこどもを集めて、別の部屋に移動する。

⑦ 救急隊員が到着したら、ただちに適切な場所に案内する。

【呼吸をしていないこどもが見つかった場合】

① すぐに蘇生を始める。たとえ救急隊に連絡中であっても、蘇生を止めてはいけない。

② 119番に電話する。

③ 伝える内容は「こどもが呼吸をしていません。蘇生中です（こどもは施設内のこどもであることを告げ、施設の住所と電話番号を伝える)」

④ 両親に電話する。

⑤ 園長・副園長・教頭・主幹・主任に連絡し、援助の手配をしてもらう。

⑥ 警察に電話する。伝える内容は「こどもが呼吸停止で見つかったこと、電話しているのが誰であるか（施設の名前と住所、電話番号)」。

⑦ 残りのこどもたちを別の場所へ連れて行き、監視のもとで遊ばせる。

⑧ 警察が、施設のスタッフに質問し、口述書を取るが、それは原因不明の死亡調査に必要な手続きであることを理解する。

⑨ 担当の保育者、その上司は、死亡後の事実確認がスムーズに運ぶように配慮する。

⑩ 他のこどもたちがこどもの死を受け入れることができるように、こどもたちを指導する。

⑪ 死についての深い配慮を持ち、明確に、そして誠意を持って、他のこどもたちやその両親に説明することが必要である。

【死亡したこどもの両親との接し方】

① 保育していたこどもの死は、担当者や周囲にショックと動揺をもたらす。しかし、こどもの両親は、もっと大きな悲しみの中にある。こどもの死を悼む気持ちを両親と共有し、配慮と思いやりをもって接することが大切である。

② 担当の保育者は、こどもが亡くなる前後の様子を両親に伝える責任がある。憶測や個人的な感情ではなく、担当として目にした具体的な様子を、できるだけ詳しく話す。SIDSか事故か分からない場合は、どちらかと断定せず、事実を述べる。隠しているような態度やおどおどした態度は、両親に疑念や誤解を抱かせ、よい関係を保つ上で好ましくない影響を残す可能性がある。

③ こどもの死に関しての時間の流れる速さは、両親と周囲の人ではだいぶ違うものである。かなり時間が経ってから、こどもの話を聞きたいといって両親が園を訪れた時も、亡くなったこどもの思い出を共有する立場で、丁寧に対応する。

【日頃の保育で心がけること】

プロフェッショナルとして、次のことに取り組みます。

① 特別な理由（医師の指示など）以外は、うつ伏せ寝を止める（仰向け寝にする）。

② 布団は顔にかからないよう、首から下にかける。

③ 眠っているこどもは、定期的（5分ごと）に顔色や呼吸の方法などをチェックし、乳児の睡眠

中の見守りが十分な保育の体制かどうか確認する。

④ 蘇生法ができるように学習する。

⑤ 亡くなったこどもの担当保育者の罪責感は極めて強いものである。SIDS であれば、予測できない
死であったことを同僚間で確認し、できるだけ早く保育者自身がカウンセリングを受けるようにする。

第5章 健康管理

第1節　健康観察のポイント

以下のことをチェックし、「いつもと違う」「なんとなく気になる」ことを感じ取るようにします。

① 機嫌

理由なく泣き続けたり、ちょっとしたことで激しく泣いたりなど日頃と違う様子の時は、体調
が悪いために不機嫌なのかどうか原因をはっきりさせ、対応する。何となく機嫌が悪い時に、後
から発熱することがあるので、そのことをよく観察しておく。この時の様子を保護者に伝え家で
の様子を先に日誌に記入するが、保護者の申し出は日誌に記入しておく。

② 顔色・表情

いつもより顔色が赤い、青白い場合など、見た目にもはっきり分かる場合は、熱があったり、
体調を崩していたりすることが多いので、検温をする。

③ 熱・せきなどの症状

顔がほてっている、首筋が熱い、手が異常に熱いなどの場合は、すぐに検温する。0歳児は、
抱いた時熱いと感じたら検温する。

咳が出ていたら、「よく眠れましたか」「激しくせき込みませんか」と尋ね、せきが続き苦しそ
うな時には、連絡することを保護者に伝える。

④ 身体の動き

なんとなく動きがゆっくりでだるそう、声をかけてもすぐに反応せずボーッとしているこども
の場合は、泣き声が弱々しいなどのいつもと違う様子が見られたら、しっかりと観察する。状態
に応じて保護者に連絡する。

⑤ 肌の異常

赤い発疹が見られる場合は、感染するものではないか小児科を受診し調べてもらう必要がある

ので、検温をする。熱が37.5度以上ある場合は、何らかの感染する病気が考えられる。まずは登園前に小児科を受診していただき、相談するよう保護者に勧める。
　すり傷や切り傷や虫刺されの痕などが見られる場合は、傷の理由を把握しておく。

⑥ 便や尿の様子
　トイレに頻繁に行く場合は、保育者も一緒について行き、下痢や便秘をしていないか、尿の量はどうかなどを調べる。異常がある時には、保護者に連絡する。

⑦ こどもの訴え
　「眠い」「疲れた」「暑い」「寒い」「気持ち悪い」「お腹が痛い」「足が痛い」などと言う時は、こどもの訴えをよく聞き検温をする。前日の家庭生活で睡眠不足や遠出の外出などしていないか調べる。その時点では熱がなくても、少したってから熱が上がることが多いので、念のため激しい動きは控えるようにする。

第2節　危険予防・健康管理

1. 手の引き方
① こどもの腕は肘内障を起こしやすいため、激しく無理に引っ張らない。
② 小児肘内障とは、1～4歳のこどもの手を引っ張った時に、急に肘を痛がり腕をだらりとさせ使わなくなることがある。これを小児肘内障という。「脱臼」とは異なり、肘の「橈骨頭」の輪状靭帯が骨頭から外れる状態で、適切な整復で瞬時に治る。着替えの時、寝返りの時、自分で転んだ時、友だちとふざけあっている時などにも起こる。よって、腕を上げようとしない、物を持たない、「痛い」という時など「おかしい」と感じたら整形外科を受診する。
③ 一度起こすと繰り返すことが多いので、保育者の手の引き方が原因で初めての肘内障を園で起こすことがないように気をつける。
④ 肘内障を起こしたのは左右どちらの腕かを全職員が知っておく。散歩で手を繋ぐ時などは、肘

【肘内障を防ぐ手のつなぎ方・抱き方】

保育者の指を握らせ
その上に保育者の指を添える。

胴体を持って抱き上げる。

こどもの動きと反対の方向に
引っ張らない。

内障を起こしていない方の手を繋ぐなど配慮する。
⑤「○○ちゃん、行こうね」と優しく声をかけ、保育者の方に気持ちを向けさせ、こどもが自分から保育者の手を握るようにする。座り込んでしまい、手をつなごうとしない場合は、無理に起き上がらせようと引っ張ったりせずに、腋の下に手を入れ抱き上げる。

2. 抱き方

① 首が据わっていないこどもは手のひら、または腕で首を支えるようにして横抱きをする。もう片方の腕は、股に入れおしりを支えるようにすると安定し、こどもを落とすことがない。
② 首が据わり左右が見回せるようになったら、縦抱きをしてもよい。腕は背中とおしりを支えるように抱き、少々動いても落とすことがないようにする。
③ 足元が見えないために、こどもを抱いたまま転ぶことがある。抱いたままで、またぐ、飛び越える、走るなどしない。
④ 抱っこは、スキンシップはもちろんのこと、こどもと顔を見合わせることになり、表情や言葉が伝わり信頼関係が作られる。

3. おんぶの仕方

① 首が据わってないこどもを絶対おんぶしない。首がしっかり据わった頃からする。
② おんぶ紐を一人で使うのは難しく、こどもを落としてしまったり、紐を首にかけてしまったりすることがあるので、他の職員に後ろから介助してもらう。
③ おんぶ紐は、こどもの腋の下とおしりの下できゅっと締め、ずり落ちないようにする。
④ おんぶをしたら背中にこどもがいることを考え、狭いところに入らない、調理室には行かない、そのほか身をかがめるような動作はできるだけしない。こどもがぶつかったり振り回されたりして危険である。
⑤ 長時間おんぶしない。眠ったままにして首がぐらぐらすることのないように、気分転換を図っ

【おんぶの手順】

身体に合わせ胸紐の長さを調整する。

腰紐の長さを調整する。

一緒に背負わせてもらう。

注意：おんぶしてから紐の長さを調整する。「おんぶ紐」の場合、補助員は紐がしっかり締まるまで手を離さない。

たらすぐに降ろす。

⑥ おんぶは保育者の温もりが伝わりこどもが安心する。保育者は両手が空くので、他のこどもとの触れ合いも同時にできる。

4. ベビーラックの使い方

① まだお座りができないこどもに短時間使用する。離乳食を食べる時など、角度を適切に調整する。食事しやすくげっぷも出やすい角度（5～6ヶ月）は約60度で、お座りができるようになってきたら（7～8ヶ月）約80度が目安である。

② 一人一人の発達に合わせ、お座りが30分以上できるようになったらベビーチェアーを使用する。こどもの様子を見ながら、最初はベビーラックとベビーチェアーを併用するようにする。

5. 激しく泣く時の対応

　必ずそばに行って原因を調べます。「いつも泣くから」と、そのままにしておかないことです。急に激しく泣く原因は、次のようなことが考えられます。

① 突然火がついたように泣き出した時、蜂などの虫が衣類の中に入っていて刺していることがある。すぐに衣服を脱がせ、よく調べる。患部を確認し水で洗い、虫刺され用の薬をつける。腫れがある時は冷やすとよい。針を抜く必要があるので、必ず病院受診する。

② 体を折るようにして泣き、時には嘔吐したりする時には、「腸重積」などが考えられるので、すぐに保護者に連絡をとり、急いで病院へ行く。一刻を争う場合が多い。

③ 泣き続け、手を耳にやるような仕草をし、縦抱きにすると泣き止むことが多い時は、「急性中耳炎」のことが多いので、保護者に連絡し、耳鼻科受診を勧める。

④ ガラスの破片や針、トゲなどが刺さっていることがあるので、丁寧に衣服を脱がせ、縫い目などを調べる。刺さっているものを取り除き、患部を流水で洗い消毒をする。細かなガラスは見えにくいので、患部にガムテープを当て剥ぎ取るようにするとよい。中に刺さっている場合も考えられるので、外科を受診する。完治するまで確認する。

⑤ 他のこどもがそばにいる時は、噛みつきが考えられるので、噛み痕がないか背中や腹部など全身の衣服をめくり調べる。患部をすぐ冷やす（氷をビニール袋に入れ、おしぼりでくるむ）。引っかきのこともあるので、顔の場合は眼球に傷がついていないかすぐに観る。目から出血していたらすぐに眼科を受診する。目を擦らせないようにして様子を見て、いつまでも目を開けようとしない時も眼科を受診する。引っかき傷は、流水などで洗う。

⑥ 排尿・排便のたびに泣く時は、おむつかぶれがひどいことが原因であることが多い。シャワーをこまめにし、軟膏（ポリベビー®など）を塗布して、保護者に伝え、皮膚科受診を勧める。

6. アタマジラミが発生した時の対応

① すぐに保護者に知らせ、早期発見と駆除の徹底を図る。

② 人権問題にならないように伝え方に配慮をする。個人を責めない。「大変ですね」と共感をする。

③ 感染経路は「頭髪から頭髪へ、頭髪から衣服・寝具を介して頭髪へ」。体を寄せ合って遊び生

活する場である園では、集団発生する可能性が高く、移し合うことで、駆除にも時間がかかる。
保護者の協力による一斉駆除が望ましい。

【流行させないために保護者への徹底】
① 寝具、帽子、手拭きタオルは、毎日持ち帰ってもらう。
② 寝具は、日光消毒し、シーツの洗濯をまめにしてもらう。
③ もし、アタマジラミが家族に発生した、またはこどもに見つかった時には、隠さずに知らせて
　いただくように話す。

【流行させないために保育者が徹底すること】
① 午睡の後、布団を日光に干す。
② 押入れを掃除機で清掃後、消毒・乾燥させる。
③ 午睡時は、頭と頭が触れないような布団の敷き方をする。
④ 午睡時、こどもの髪の生えぎわや耳の後ろを見て、アタマジラミの卵がないか調べる。

【受け入れにあたり】
① 保護者と一緒に、毛髪を見る。「アタマジラミが発生しているかもしれませんから、一緒に見
　てください」と伝え、卵が見つかったらすぐに取る。全部なくなっていることを確認してから
　受け入れる。薬をしているが、まだ卵がある時も、一緒に取ってなくなってから受け入れる。
② もし、たくさんついている場合、「一緒に取りましょう」と言って取るが、まだ皮膚科を受診
　していない方は行っていただき、医師の指示を受けてもらう。卵はティッシュペーパーに包ん
　で焼却する。もしくはトイレットペーパーにくるんで流す。
③ 「休んでください」とは決して言わない。「治ったら」ではなく「虫を駆除したら」どうぞと言う。
　保育を別室ですることは、人権問題として保護者より指摘を受けかねない。園が一体となって
　駆除する姿勢を示す。
④ 「園の消毒は…?」と聞かれたら「劇薬は使えませんので、丁寧に掃除機をかけ、日光消毒や
　次亜塩素酸水で消毒しています」と答える。
　1）毎日、床を次亜塩素酸水で拭く。
　2）掃除機の中のゴミは、すぐ処分する。
⑤ 保護者は、被害者意識を持っている場合が多いので、「申し訳ありません。ご協力ください」
　という姿勢を持って話す。

（1）保育者の配慮

① アマタジラミがいた子は、さりげなくまとめて同じ場所に寝かせる。差別ととられかねないの
　で大声で言ったり、「この子はアタマジラミがいる」と、他の保護者の前で言ったりしない。「○
　○にいた」「○○組にいた」「○○からうつった」と言わないようにする。保護者と感情的にト
　ラブルを起こさないように気をつける。

②「髪が短い方が駆除しやすいですね」とは言うが、「髪を切ってください」とは言ってはいけない。人権問題となる場合がある。

  1）毎月身体計測の時に、アタマジラミを調べる。卵は、毛根の根元についている。

  2）襟足や耳の後ろの生えぎわにつくことが多い。太陽の下で見ると光って見える。

  3）梅雨時期から初夏にかけて発生することが多いので、よく見る。

③できるだけ戸外で遊ばせる。床の上に寝転ぶ機会を少なくする。

7. 生活習慣病についての対応

（1）肥満の判定と連携の仕方

こどもの肥満判定には、肥満度が使われています。年齢、性別、身長から標準体重を求めて、現在の体重が何割増しかをパーセントで表したものです。幼児の場合は、肥満度15%以上が、学童の場合は肥満度20%以上を、肥満としています。さらに、本人の出生からの身長と体重の記録を身体発育曲線にプロットすると、単純性肥満の中の良性型か、悪性型かが分かります。稀に病気が原因である症候群性肥満（プラダー・ウイリ症候群、ピックウィック症候群など）を見付けることもできます。

良性型は、生まれながらに大柄で、身体発育曲線に沿って大きくなっています。このタイプは、よく動いて好き嫌いなく食べ、血液検査をしても異常がないので、1年ごとに経過を見ればよいタイプで、いわゆる「肥満」です。

悪性型は、例えば3歳の時期に、急に体重が増えて、身体発育曲線に沿っていない場合です。家の中でも動かず、食事は偏食が見られます。現時点で血液検査の値が悪くなくても、定期的にチェックしていく必要があるタイプです。実際は、生活習慣を改めていかないと、幼児期でもメタボリックシンドロームといわれるような状態になることがあります。これが「肥満症」です。

医療機関へつなげる対象は、後者の「肥満症」です。まず、こどもの身体発育曲線を作成し、保護者の方に見せます。普通ではない体重の増加は、親の意識を高めて協力を得ることができるからです。そして、医療機関を勧めるにあたっては、こどもが幸いにも健康であり、病院に行く経験があまりないので、小児科を受診するのか、予約が必要かどうか、診療時間帯などを教えるようにします。その時は、嘱託医と連携を図るようにします。そして、嘱託医から保護者に向けて、なぜ治療が必要かを整理して話してもらい、理解してもらえるとスムーズにいきます。この動機づけが一番重要です。園でも、地域の病院リストなどをファイルし、いつでも紹介できるようにしておくことが大切です。

（2）園で取り組むこと

① 食事面において

食べ物の噛み方を観察する。食べ物を上手に噛むには、食事を摂っている時の姿勢や食具の扱いとも関係がある。前歯で食べ物をまず捉えて、噛めないほどの食べ物を口の中に入れないことを学習させる。食べ物を口に入れてすぐに水分で流し込む食べ方をしているこどもには、咀嚼学

第5章　健康管理　　167

習のために、食間には水分を出さないようにする。自然に噛めるように指導する。

　3歳を過ぎれば、奥歯が生え揃い、機能的には何でも噛み砕くことができるようになる。食べづらさはそれほど感じられなくなるので、好き嫌いをなるべく少なくしていくことが必要である。嫌いなものを摂る努力をさせることも、幼児期からは必要である。保育者は時には励まして、食べられたら褒めるような、根気のよい付き合い方が肥満改善につながる。

② 運動面において

　苦手とする運動は、無理にさせる必要はない。この時期は、単純に汗をかいて、友だちと遊ぶ楽しさが分かるようになるとよい。例えば、鬼ごっこ、ボールゲーム、プールでの遊びなどである。水泳は、きれいなフォームで泳ぐことを目指すよりも、水中遊びの方が楽しく、夢中になって体を動かすものである。このように園でできることは、体を使った遊びとお腹を空かせて苦手な食事も摂れるようにすることなのである。

③ 家庭への生活指導のあり方

　園の中でも連携をとり、家庭への生活指導ができる環境なら、個別に指導を開始してみる。個人のプライバシーに踏み込むことになるので、園の中での共通理解は必要だが、他の保護者たちには情報を漏らしてはいけない。

　まず、動機づけができたら、個別の指導を行う。尋ねる要点は、家族の病歴、家族関係、生活リズム、食事と間食の内容、誰と食べているか、休日の過ごし方、自分のことは自分でさせているかなどである。聞きながら保護者の方も改善点に気づくことがある。できれば1ヶ月毎の身体計測で肥満度を求めて評価するとよい。問題点を見つけて改善に努力しても、体重が増えることがある。それは、保護者が問題意識を持っていないか、さらには症候性肥満を疑うことも必要である。特に、身長の伸びが身体発育曲線に沿っていない時は、早急に医療機関の受診を勧める。いずれも、保護者とまず十分なコミュニケーションをとり、説明しやすい状況をつくることから始まる。それから具体的な案を提示する。保護者は、野菜料理のおいしい作り方、簡単でバランスよく作れる食事、おやつの適量、外食の摂り方などを知りたがっている。また、こどもとの休日の過ごし方、こどもの自立に向けての接し方など、対応の仕方についてはアドバイスが必要である。集団としての取り組みは、保護者向けの勉強会や、親同士の話し合いの時間が持てるとさらに効果的である。また、以下に紹介するチェックリストを活用すると取り組みの方向性が見えてくると思われる。

(3) 肥満傾向のある園児の家庭で取り組むように伝えていくこと

① 幼児期から教えていく食事のルール

1) 食べる場所は、基本的に食卓だけにすること。

2) 大皿盛りにせず、各自の食器に分けて盛り付け、自分の分だけ食べるようにする。

3) 食べ終わったら「ごちそうさま」をする。

4) 食事の時間、おやつの時間を決め、それ以外の時間は食べないようにする。

5) 家の中の食べ物を勝手に食べないようにする。

【望ましい家庭への生活指導のためのチェックリスト】

食事編	チェック
食事時間は15分以内ですます	
テレビを見ながら食べている	
夕食の始まりは7時を過ぎている	
食事と食事の間もだらだらとつまみ食いをする	
夜遅く帰宅した親の食事にこどもが付き合う	
朝ご飯を食べない	
休日は朝昼兼用の食事になりやすい	
食事の献立は1汁2菜ではない	
料理の盛り付けは大皿盛である	
毎食洋食ばかり、一皿料理ばかりと献立が偏る	
おやつはスナック菓子、ケーキなど脂肪や糖分が多いものばかり食べている	
おやつの食べる量や時間が決まっていない	
買い食いしている	
夕食後には必ずデザートやお菓子を食べる習慣になっている	
お菓子やジュースの買い置きがあり、自由に食べられる	
1年中アイスクリームを食べている	
水代わりにジュースやイオン飲料、牛乳を飲んでいる	
嫌いなものは残す	
外食に週1回は行く	
外食では必ずデザートをたのむ	
焼肉、回転寿司屋に行き大人並みに食べる	
食べ放題の店に連れて行く	

生活編	チェック
朝はなかなか自分で起きられない	
食後は食器を片付けない	
着る服は親が用意し着替えを手伝う	
園のカバンの用意や片付けは自分でしない	
テレビやテレビゲームの時間が長い	
外遊びに連れて行かない	
移動は車や自転車を利用し歩かない	
テレビはいつもついたままが多い	
身体を使う遊びを知らない	
夜10時以降の就寝である	

第3部

第5章　健康管理

② 適切な食習慣を身に付けるために幼児期から取り組むこと

1) 発達レベルに合わせて野菜、キノコ、海藻などの低エネルギーの食材を豊富にメニューに取り入れ、これらの食材を好むこどもに育てる。

2) 「今、食べられないもの」は見せない、食事内容は一緒に食べる友だちとの差を感じにくくするなど、余計なストレスを抱えてしまわないように配慮する。

3) 基本的に食べ物をご褒美にはしないようにする。

4) 要求に応じて食べ物を与えないようにする。

5) 給食は、基本的に主食とおやつでエネルギー量を調節し、副食は標準量で食べ、おかわりをしない。

6) 特別な食事を伴う行事は、日頃とは違う特別な日であることを教えて、できるだけ普通参加して楽しませてやり、前後の食事で調節する。

7) 不潔なものや危険なもの（薬など）を食べてしまわないように配慮する。

8) 食べ物の絵本やままごとなどの模擬遊びは、十分に楽しむ。

(日本小児医療保健協議会栄養委員会小児肥満小委員会「幼児肥満ガイド」2019より引用)

8. 園における虫歯予防対策

(1) うがい・歯磨きの実施

　食後に口の中に残った食べかすは、通常は唾液が分泌されて徐々にきれいにしてくれます。唾液が届きにくい部位に残った食べかすは、ぶくぶくうがいでかなり取り除けますが、虫歯が関与して歯に付着した汚れ（プラーク）は、歯ブラシでしっかり磨かないと取り除けません。溝のある奥歯が生え、糖分の多い食べ物を取り始める1歳半頃には、歯ブラシを使った歯磨きが必要となるのはこのためです。

① ぶくぶくうがい

　1歳頃になると、コップから水を飲むことも上手になり、口を膨らませたり吹いたりができるようになる。2歳頃には、水を含んでから出したり、ぶくぶくうがいもだんだんできたりするようになる。水を含んだ後の頬の膨らませ方などを教えると上達しやすい。

　園では、2歳児を目安に、食後に水を入れたコップを用意して、ぶくぶくうがいを始める。その後自分で歯磨きができるようになったら、磨いた後のうがいに移行していく。

② 歯磨き

　3歳頃からは自分で磨けるようになるので、2歳児から園での昼食後の歯磨きの実施をし、保育者が一緒に磨いて磨き方を教えていく。危険防止のために、歯ブラシをくわえたまま立ち歩いたり、遊んだりしないよう注意する。

③ 虫歯菌の伝播への対応

　園での生活で、同じ玩具をなめあったりして園児同士が、また食事介助をしていて同じ食具を

使ったりして、保育者から園児にと菌が伝播する機会をつくってはいけない。

　プラークは細菌の塊といえるものなので、歯ブラシを共有する、食べ物を噛み砕いて与える、などの行為は、菌の伝播を引き起こしやすくなる行為である。また、分泌されたばかりの唾液はほぼ無菌だが、口の中に貯まっているうちにプラーク中や粘膜上の菌が唾液中に移行するため、菌の感染源となり得る。周囲の人たちの口の清掃が十分行われていれば、プラークも唾液中の菌も少ないため、日常生活で菌がこどもに伝播・定着するリスクは少なくなる。虫歯予防も、口を通じてこどもの心身の健康づくりをすることが大切である。

(2) 重症虫歯により生じた生活上の問題への対応

① 重症虫歯による歯の痛みや顔の腫れなどで園での共同生活に支障が出る場合

　食事の様子などから虫歯による痛みが疑われた場合、保護者と連携をとって歯科受診を勧める。強い痛みや顔の腫れを伴う場合は、早急な受診が必要となる。また、顔の腫れの場合は、他の感染症の疑いもあるので、重症虫歯の有無に関わらず受診が必要である。ただし、外傷などと違って保育者が付き添って受診するまでの緊急性はほとんどありえないので、家庭へ連絡を取って受診してもらう方がよい（医療機関においても、処置に際して保護者の了承が必要となる）。

② 重症虫歯により咀嚼や発音などの障がいが見られる場合

　虫歯が進行して、歯が崩壊して根だけの状態になったりすると、急な歯の痛みを訴えることは少なくなるが、「前歯で噛み切れない」「サ行の発音が上手にできない」「固いものが上手に噛めない」など、こどもが生活していく上での支障が生じる。虫歯が重症化するには、虫歯発生につながる生活状況ばかりでなく、受診に積極的でない保護者の考え方や通院のための時間が割けない家庭状況、こどもが嫌がって診てもらえないなどの地域の歯科医療の状況など、さまざまな理由が考えられる。保護者と問題を共有しながら、対策を検討していく必要がある。もちろん、重症虫歯でうまく噛めないこどもには、食形態などに対する配慮も必要である。

　重症虫歯になるほど、通院に回数がかかったり、治療をこどもが嫌がったりと、保護者の負担も大きくなる。歯科の嘱託医にも協力してもらい、こどもと保護者の両者を励まして受診行動を促していくことが重要である。また、いくら連絡を取っても、重症虫歯が放置されている場合、虐待の一種であるネグレクトが疑われることもある。家庭の状況やこどもの様子などを見ながら注意して対応を図るようにする。

9. 慢性疾患のあるこどもへの対応

(1) 家族からの要望

　厚生労働省の検討会の報告書によれば、慢性疾患のあるこどもとその家族の要望は、「よりよい医療」「安定した家庭」「積極的な社会参加」の3つに集約されている。詳細は、以下のホームページで見られる。

「小児慢性特定疾患治療研究事業の今後のあり方と実施に関する検討会」の報告書について
http//www.mhlw.go.jp/houdou/2002/06/h0628-1.html

(2) 慢性疾患児の保育

保育者は、以下の事項などを参考に、こどもへの接し方を向上しなければなりません。

① 疾病のチェック

入園する前に診断書を取り寄せて疾病の確認を行い、保育上の注意点を把握し、必要な場合は、生活行動上の管理区分を十分記録する。

慢性疾患のあるこどもの場合、通常その治療方針を決めている主治医がいる。保育する上で不明の内容は、その主治医と連絡を取り合って解決しなければならない。ただし、医師には守秘義務があるので、保護者の了解の下に行う必要がある。

初めは、疑問点を手紙に書いて保護者に手渡し、主治医からの返事は、保護者を通じて行うとよい。そして、主治医との連携に関して保護者の了解を得られれば、主治医と直接やりとりして医療的な意見を求めたり、また、緊急時は医療機関に電話連絡したりして、直接指示を得られるようにしておく。

② QOL（Quality of life）の向上

慢性疾患である以上、生涯続くかもしれないし、療養が必要かもしれない。それはこどもも親も不安である。ある時は死と直面しているかもしれない。そのことを心に留めて愛情のある言動で接して、生きる喜びを与えたいものである。

医療機関で受ける検査や治療は、非常に痛かったりし、かなり辛い場合がある。しかし、病気が安定している期間は、一般的な保育がほぼ可能となっているので、その保育中こそ、生きていてよかったという実感を味あわせたいものである。慢性疾患のあるこどもも、可能な範囲で生活発表会・運動会・遠足などに参加させるように配慮する。

③ 感染症への注意

病気の寛解期には、集団生活の中で極力特別扱いしない方がよい。しかし、少しでも異変があれば、それに対応できるよう、また感染症にかからないように特に注意しなければならない。

心疾患のあるこどもが肺炎にかかると、心臓に開いている穴が大きくなり、心臓の病変が悪化することがある。白血病やネフローゼ症候群のこどもが水痘にかかったり、溶血性貧血や重症心身障がいがある園児がりんご病にかかったりすると、重症化することがある。周囲に感染症の人がいることに気づいたら、極力早めに保護者に知らせる。どのような感染症がどのくらい怖いか通常、保護者は医師から聞かされて知っているので、「隔離する、迎えに来る、一時休園する、予防接種する」など、適切に対処しなければならない。

④ 罪悪感を抱かせない注意

慢性疾患のあるこどもの保護者、ことに母親は、自身で罪悪感を持っていることが多い。妊娠中の生活、または自分の育て方が悪くてこどもが病気になったのではないか、と心配している母親が多い。母親と話をする場合、そのことを念頭において、母親が弱点と思っている内容に関する発言は避ける。母親のせいで発生するこどもの慢性疾患は、ほとんどないので、そのことを母親に理解させ、無用な心配をさせない配慮も大切である。

⑤ 健康観察

各種の慢性疾患のあるこどもでは、症状が出てきた時には病気が進行していたり、異常に対して反応が鈍かったりする場合がある。こども一人一人の体質傾向や基礎疾患を理解した上で健康観察を行う。普段のこどもの様子と違えば、早めに保護者に連絡をする。

また、長期的にも短期的にも体重の増減が見られるので、病気の悪化を早期に発見する意味、またその疾患の経過を知る意味で、定期的に体重を計測する。一般的に慢性疾患児は、治療しないと徐々に体重増加不良になることが多い。そして、急に体重が減ったり、逆に増えたりした場合は、急に悪化した恐れがあるので注意することが必要である。

⑥ 慢性疾患児の理解

慢性疾患のあるこどもとその家族への接し方を、他の保育者と話し合うなど、自分の事を気に留めて考えているかどうかは、小さなこどもでも敏感に感じ取っているもので、全職員で把握しておくようにする。

10. アトピー性皮膚炎のあるこどもへの対応

（1）保護者との連絡

アトピー性皮膚炎は、乳幼児期に多く、日常の生活の場で痒みを訴えたり、湿疹が悪化したりすることもあり、保護者から対応を依頼されることも多くあります。できるだけ細かく気を配ることが必要です。下の表のように保護者との間で確認しておくことが大切になります。

アトピー性皮膚炎のスキンケアの対応は、皮膚の清潔、皮膚の保湿並びに皮膚の外用療法に分けられます。薬を使用する場合には、医師の指示の下、薬の種類、塗る部位、回数などを確認します。

アトピー性皮膚炎を持つこどもは、喘息や食物アレルギーなどの病気も一緒にあることがよくあります。それらの症状やアレルゲン、また、食物アレルギーの場合には、除去する食品なども確認します。動物への接触や薬・食品の接触で皮膚の症状が悪化することもあるので確認をすることが必要になります。

【保育者との間で確認しておくこと】
1）痒みが起きた時の対処法
2）緊急連絡先（自宅、勤務先、携帯電話などすぐに通じる連絡手段）

第5章　健康管理　173

3) 薬を使用する場合は、塗り方など

4) 日々の体調の変化

5) アトピー性皮膚炎以外のアレルギーの有無（症状・対応・アレルゲンなど）

6) アレルゲンや除去食

7) 日常生活で注意すること（動物への接触、虫刺されなど市販の薬で合うもの、合わないものなど）

8) 参加できない行事

（2）外用療法

　アトピー性皮膚炎においては、皮膚症状の改善と保護を目的として、外用剤（塗り薬）が用いられます。皮膚の炎症を抑える薬として、ステロイド外用剤があります。その他、皮膚の保湿、保護を目的とした、一般的な保湿用の外用剤があります。

　外用剤を用いる回数は、1日2回（起床時など朝と夕、あるいは入浴後）を基本とします。したがって、外用剤は主に家庭での使用と考えた方がよいのですが、保湿剤などは医師の指示の下、園においても適宜使用してもよいと思われます。

（3）アトピー性皮膚炎の合併症とその対応

　アトピー性皮膚炎の場合、合併症として皮膚の感染症にかかりやすくなります。いつものアトピー性皮膚炎の症状と明らかに違う皮膚の異常に気づいたら医師の受診を勧めます。

① とびひ（伝染性膿痂疹）

　夏に乳幼児によく見られる。始めは水疱として生じ、膿が周囲に次々と飛び火していき、皮膚が乾いた状態になって治っていく。黄色ブドウ球菌や溶血性連鎖球菌のような細菌の感染により起こる。シャワーなどで患部を清潔にした後、ガーゼで患部を保護する。

② いぼ（伝染性軟属腫）

　幼児に多く見られる。直系1～5mm程度の半球状に盛り上がった小さないぼ。色は淡い紅色で、中央が凹んでへそ状になっているのが特徴である。湿疹のあるところにできることが多く、痒みのために引っ掻くことによって、さらに周囲に広がっていく。

　少し時間はかかるが、自然に治癒することが知られている。わざわざ痛みを伴う切除を行う必要はない。皮膚の清潔に気をつける。ウイルスによる病気のため、ステロイド外用剤で悪化する。水いぼの部分にはステロイド外用剤は塗らないようにする。

③ 単純ヘルペス

　単純ヘルペスウイルスにより起こる。口唇や口の周囲に小水疱、赤みができ、痛みを伴う。1週間程度で治癒するが、再発を繰り返す場合もある。風邪をひいたり、疲労が重なったりすると再発しやすくなるので、注意が必要である。

11. 園内における生活面での配慮

① 汗をかいた後の対応

　園庭での外遊びなどで汗をかいた後、そのままにしておくと痒みが増し、引っ掻くことで湿疹がひどくなる。汗をかいた後はタオルでよく拭く。着替えの下着を多めに持って来てもらうようにする。

② 砂場遊び

　砂場遊びはこどもが大好きな遊びであるが、汚れにより湿疹の悪化要因ともなる。遊んだ後はよく手を洗い、拭くようにする。

③ プール遊び

　症状が強い時は、夏の強い日差しの中でのプール遊びは控える。プールの後はシャワーでよく体を洗い流すようにする。

④ 日光浴

　日光浴で太陽の日差しを浴びることは、健康な体をつくる上で大切である。しかし、アトピー性皮膚炎が全身に広がっている場合には、あまり皮膚を露出しないようにする。また、長時間の強い日差しは避けるようにする。

⑤ 虫よけ剤

　虫よけ剤は普通に使用して構わないが、念のため保護者に確認する。あまり、頻繁に用いないようにする。

⑥ 日焼け止め

　日焼け止めクリームなどの使用はアトピー性皮膚炎でないこどもと同様で構わないが、できればあまり使用せず、皮膚を露出しないような服装をする。

12. 体調の悪いこどもを保育する時

　熱があっても保育を希望する場合（※37.5℃の発熱が基準）次のようなことを行います。

① 病院に行っていない時は、「お熱が高いようですので、病院に行かれた方がよろしいと思いますが」と告げ、まず病院へ行ってもらい、医師に「園での集団生活が可能かどうか」を確認してもらう。
② 病院で「休みなさい」と指示されても、どうしても都合がつかず、保育を希望したいと申し出があった時、「病児保育」を勧める。原則、病児は受け付けない。
③ 感染症の疑いのある場合は「他のこどもさんにうつるものですから」と丁寧に話し、休んでいただくようにする。
④ 保育日誌に、熱があっても保護者の申し出があったことを記録しておくようにする。

第5章　健康管理　175

（1）保育の配慮

① 定期的に（10時・12時・15時・17時）検温をして、保育日誌などに経過を記入する。午睡の後に熱が上がることが多いので気をつける。

② 体調の悪いこどもを保育していることを全職員が知っておくようにする。他の保育者が、戸外遊びをさせてしまうことがないように気をつける。

③ 与薬依頼書がある場合は、時間通りに服用させ、水分補給をこまめにする。

④ 食事量を観察し、食欲がない時には、スープや果物など口当たりのよいもの（本人が食べたがるもの）を勧める。

⑤ できるだけ安静に過ごせるようにし、静かな場所でゆったりと過ごさせる。

⑥ 戸外遊びや水遊びは特に体力を消耗しやすいので、保護者と連携をとり、控えた方がよいことを話す。

（2）翌日への引き継ぎ

① 熱の変化、誰が何時に電話をしたかなどの経過や、迎えの時の保護者の気になる表情や会話を記録する。例えば、熱が続いているにもかかわらず休ませない。とびひが広がっていても病院に行こうとしないなどがある。

② 翌日に自分が病気の園児の受け入れをするつもりで、「発疹が増えていないか」「病院受診しているか」などのポイントを、クラス伝達表などで引き継いでおくようにする。

③ 保護者との対応で特別に配慮が必要な場合は、翌朝、誰が何時頃にそのこどもを受け入れるかを決め、園長・副園長・教頭・主幹・主任とで対応を確認しておくようにする。

13. 健康診断の受け方

① 嘱託医が月1回、園児の健康状態を検診してくださっている。どんな些細な健康発達相談でも受けてくださっているので、こどもの発達状態や健康状態で日頃から気になることはこの機会に尋ねるようにする。

② 保護者や地域の方にも園だよりなどで知らせ、育児相談の機会として利用するようにする。

③ 健康診断には、主幹・主任や保健師が介助につき、スムーズにできるようにする。準備や記録など担当を決め責任をもって行うようにする。

④ 健康診断事前調査票を受診3日前に保護者に配布し、受診の日はその調査票の内容を嘱託医に告げるようにする。

（1）準備

舌圧子、懐中電灯、お盆、手洗い用洗面器、消毒液、タオル、健康診断記録用紙

① 0歳児：おむつを交換しておく。

② 1歳児：保育者が抱いて診てもらう。

③ 2歳児以上：そばで保健師が介助し、保育者もそばで付き添う。

(2) 手順

① 相談事項を忘れないようにその都度「園児健康診断票」に記録しておく。前日に主幹・主任が各クラスを回り、再度要相談園児の把握をする。

② 嘱託医が来園したら玄関に出迎え、「お世話になります」と丁寧に挨拶をする。

③ 主幹・主任・看護師がつき、年齢の小さなこどもから順に健診を受ける。熟睡している子は、無理に起こさず時間をずらして診てもらうようにする。0歳児はおむつ交換台で寝かせて、股関節などを診てもらうようにする。

④ 健診終了後、手洗い石鹸と消毒液を準備しておく。

⑤ 事務室で気になるこどもの症状や流行している病気などについて尋ねる。

⑥ お帰りの際は、丁寧に送る。

⑦ 検査結果をまとめる。

(3) こどもに身に付けさせたいこと

① 嘱託医とのやりとりの中で、自分の身体の仕組みや健康状態に関心をもつようにする。

② 順番に受診する、静かに待つなどのルールを身に付ける。特に聴診器を当てている時は音を立てないことを知らせる。

③ 家族、保育者以外に自分を見守っている人の存在を知る。

(4) 健康診断の結果について

① 当日に児童票・健康診断票に記入する

【児童票に「異常あり」と記入するもの】

1) 経過を見たり手術をしたりしなければならない病気。入園当初から分かっている股関節脱臼、陰嚢水腫、臍ヘルニア、鼠径ヘルニアなど。

2) 嘱託医師が小児科を受診した方がよいと診断したもの。「喘鳴がある」「心音が気になる」など。

【気になるが児童票には記入しないもの】

1) 怪我や感染症などは園長に報告し決める。すぐ治癒するものは「異常なし」。

2) かかりつけの医師の診断と嘱託医の診断が違う場合は、園長に相談する（保護者を混乱させることは伝えない場合もある）。

3) 発達の遅れが気になる。個人差の範囲であれば「異常なし」なので経過を見ていく（首の座り、歩行の遅れ、言葉の遅れなど）。

② 全職員に結果を伝達する

③ 保護者に伝える

1)発達の遅れなどの心配は、園長に相談し、伝えるタイミング、話し方を検討する。

第5章 健康管理

ⅰ）低身長

ⅱ）肥満度

ⅲ）身体の傷等

「個人差が大きいので何とも言えないのですが、一般的な発育・発達過程を見た場合に少し首の座りが遅いようです。念のために専門の病院で診ていただいたらいかがでしょうか」というような言い方を参考にする。

2)股関節脱臼や病院での再診を必要とするような病気の疑いがある場合は、どのように伝えるかを園長に相談する。

3)「安心のためにも一度検査を受けられたらいかがでしょうか」と伝える。

4)病院に通い経過観察中であれば、特に、嘱託医の診断は伝えない。

5)結果に異常がない場合は何も通知しないことを保護者へ事前に伝えておく。

ⅰ）歯科検診結果：異常のある時のみ結果表を配布し、受診を勧める。

ⅱ）耳鼻科健診結果：異常のある時のみ結果表を配布し、専門医の受診を勧める。

ⅲ）聴覚検査結果：異常のある時のみ結果表を配布し、専門医の受診を勧める。

ⅳ）視力検査結果：異常のある時のみ結果表を配布し、専門医の受診を勧める。

ⅴ）尿検査結果：異常のある時のみ通知し、再検査を受けてもらう。

④ 指導を受け保育に反映

1）はいはいをしない。

園において積極的に腹ばいで遊ばせ、はいはいの要領を知らせる。

2）肥満である。

家庭と連携をとり食事内容と運動のバランスを考える。原因が食事の時は、しばらく食事内容を書き出し、検討して対応する。

3）やせている。

一口でも多く食べられるような食事の工夫。栄養士の指導の下、家庭への栄養価の高い食品を紹介する。

4）便秘気味。

保護者に、繊維質の食品を紹介する。園ではヨーグルトの摂取を多くする。水分を十分に摂るように勧める。

5）湿疹（あせも）が出ている。

汗をかいた後は、シャワーをする。着替えを徹底し経過を見る。保護者には吸湿性のある綿のシャツを用意してもらう。

6）虫刺されがある。

爪を切り、かきむしらないようにする。汁が出ているようであったら、消毒してガーゼで覆うようにする。

14. 救急用具〜園に常備しているものの例〜

① 決められた薬品棚に保管する。

② 使ったら必ず元の場所に戻す。

③ 有効期限を見ながら入れ替え、補充をする。

【消毒薬】

薬品名	内容
マキロン®	消毒、切り傷、すり傷
オキシドール®	消毒
消毒用アルコール	玩具消毒、手指、机の消毒
ヒビテン®	手指、床、机の消毒
オスバン®	嘔吐物や便などの床、シラミが発生した時及び感染症が流行している時の床や畳の消毒、トイレの便座（トイレ掃除の後）
次亜塩素酸ナトリウム液	ミルトン®、キッチンハイター®、キッチン泡ハイター® などを利用する（全てのウイルス・細菌に有効）

【外用薬】

薬品名	内容
ヒルドイド® 軟膏	噛みつき、打ち身痕
オロナイン® 軟膏	引っ掻き傷、すり傷
クロマイ®−P軟膏	化膿止め、爪先の傷など治りにくいところに
抗ヒスタミン軟膏　小児用ムヒ	虫刺され、蕁麻疹
ポリベビー®	虫刺され、おむつかぶれ
白色ワセリン	肌荒れ
ベビーオイル	沐浴前の汚れを浮かせる、保護
パテックス®（湿布）	打ち身、こぶ

【薬品以外のもの】

品名	内容
綿棒	耳垂れを拭くなど
滅菌ガーゼ	大きな傷、出血を止める
脱脂綿、カット綿	
伸縮包帯・アミ包帯	傷の手当て
サージカルテープ	ガーゼを留める
カットバン（絆創膏）	
電子体温計	腋下（予測式、実測式）
熱吸収皮膚低下シート	発熱（特別な場合のみ）
らく飲み® 吸い飲み®（洗眼用）	目にゴミが入った時洗い流す（未満児用）
マスク	調理の予備として
ピンセット	
棘抜き	
爪切り	乳児用と幼児用を用意
ハサミ	ガーゼを切る
副木	（運動会用に持参）骨折疑い時の固定
体重計	身体計測用
身長計	身体計測用
メジャー	身体計測用
ペンライト	健康診断時使用

【散歩時の緊急セットとして用意するもの】

① 滅菌ガーゼ
② 棘抜き
③ 洗浄綿
④ 絆創膏
⑤ 抗ヒスタミン剤
⑥ 三角巾
⑦ 小銭
⑧ 携帯電話
⑨ おんぶ紐
⑩ 着替え
⑪ タオル
⑫ 靴下
⑬ おむつ
⑭ 園の所在地を明記したもの

第4部
給食

第1章	衛生管理

　給食の衛生管理は、最終的には調理員の経験と技能が頼りになります。管理栄養士、栄養士、調理員が、給食の特性に合わせた衛生管理知識を持ち、食材、食品加工、調理、手洗いなどの意味を自覚することが大切です。単に給食を提供するということに終始することなく、園ぐるみで「食育」という立場に立脚して、グローバルな視野で努めていくことが求められています。何よりもそうした一貫した姿勢が食中毒など最悪の事態を回避する手段となります。

第1節　衛生管理チェック

　衛生管理チェックは、右ページの衛生管理チェックシートで、毎日、栄養士・調理師が記入し、園長・副園長・教頭・主幹・主任に報告します。

　問題点が発生したら、そのままにせずにすぐに対応します。

第2節　調理従事者の衛生管理

① 調理従事者は、下痢・発熱などの症状があった時は、調理作業に従事しない。

② 手指等に化膿創があった時には、ゴム手袋をするなどの処置をする。

③ 着用する帽子、外衣は毎日専用で清潔なものに交換する。

④ トイレには、調理作業時に着用する外衣、帽子、履物のまま入らない。

⑤ 調理開始前、配膳作業に入る前及びトイレの後、汚れ物取り扱い時には、手指の洗浄、消毒をすること。

⑥ 調理、点検に従事しないものが、やむを得ず調理施設に立ち入る場合には、専用の清潔な帽子、外衣及び履物を着用させること。

⑦ 爪は短く切り、手指は常に清潔にすること。

⑧ 指輪等は作業前に外し、マニキュアはしないこと。

⑨ 食品や食器等を扱う時は、手指で顔、頭、髪等に触れないこと。

　衛生管理者としての手洗いはもちろんのこと、職員全員が手洗いの励行を習慣にすることで園児へのよい見本となり、衛生教育の基本として捉えていくことも必要となる。

【衛生管理チェックシート】

	点検項目	チェック
①	原材料の納入に際し、調理従事者等が立ち会っているか。	
②	検収場で原材料の品質、鮮度、品温、異物の混入等の点検を行い記録したか。	
③	原材料の納入に際し、生鮮食品は、1回で使いきる量を調理当日に仕入れたか。	
④	原材料は分類ごとに区分し、原材料専用の保管設備を設け、適切な温度で保管しているか。	
⑤	原材料を配送用包装のまま調理場又は保管施設に持ち込んでいないか。	
⑥	汚染区域、非汚染区域を区別している施設では非汚染区域内に汚染を持ち込まないよう、下処理が確実に行われているか。	
⑦	冷蔵庫又は冷凍庫から出した原材料は速やかに調理しているか。	
⑧	非加熱で供される食品は下処理後速やかに調理しているか。	
⑨	包丁、まな板等の調理器具は用途別、食品別に用意し、混同せず使っているか。	
⑩	調理器具、容器等は作業動線を考慮し、予め適切な場所に、適切な数が配置されているか。	
⑪	調理器具、容器等は使用後（必要に応じて使用中）に洗浄・殺菌し、乾燥しているか。	
⑫	調理場内における器具、容器等を洗浄・殺菌する場合には洗浄水等が飛散しないよう行っているか。	
⑬	調理機械は、最低1日1回以上、分解して洗浄・消毒し、乾燥しているか。	
⑭	全ての調理器具、容器等は衛生的に保管しているか。	
⑮	野菜及び果物を加熱せず提供する場合は、適切な洗浄（必要に応じて殺菌）を実施しているか。	
⑯	加熱調理食品は中心部が十分（75℃ 1分以上）加熱されているか。その結果は実施献立に記載されているか。	
⑰	食品及び移動性の調理器具並びに容器の保管場所は床面から60cm以上の場所で行われているか。	
⑱	加熱調理後の食品の冷却、非加熱食品の下処理後における調理場等での一時保管等は清潔な場所で行われているか。	
⑲	加熱調理食品にトッピングする非加熱調理食品は、直接飲んだ食べたりする非加熱調理食品と同様の衛生管理が行われ、トッピングする時期は提供までの時間が極力短くなるようにされているか。	
⑳	加熱調理後、食品を冷却する場合は、速やかに中心温度を下げる工夫がされているか。	
㉑	調理後の食品は衛生的な容器に蓋をして、他の二次汚染を防止しているか。	
㉒	調理後の食品は、30分以内に飲んだり食べたりされているか。	
㉓	調理後の食品が30分以内に直接飲んだ食べたりされていない場合は、適切な温度管理（冷却過程の温度管理を含む）が行われ、必要な時刻及び温度が記録されているか。	
㉔	配送過程があるものは、保冷又は保温設備のある運搬車を用いるなどにより、適切な温度管理が行われ、必要な時間、温度等が記録されているか。	
㉕	廃棄物容器は、防臭、汚液が漏れないよう管理し、作業終了後速やかに清掃し、衛生上支障のないように保持されているか。	
㉖	返却された食べ残した食材やくずは非汚染作業区域内に持ち込まれていないか。	
㉗	廃棄物は、適宜集積場所に搬出し、作業場内に放置されていないか。	
㉘	廃棄物集積場は、廃棄物の搬出後清掃するなど、周囲の環境に悪影響を及ぼさないよう管理されているか。	
㉙	保存食は、原材料（購入した状態の物）及び調理済み食品を食品ごとに50g程度ずつ清潔な容器に密封して入れ、−20℃以下で2週間以上保存されているか。	

【調理する時の服装】

① 帽子、エプロン、マスクは毎日清潔なものを使用する
② 履物は、調理専用の履物を使用し、清潔に管理を行う。
③ 厨房室、配膳室を出る場合は、帽子・エプロン・マスクを外す。
④ 手をきれいに洗い消毒する。

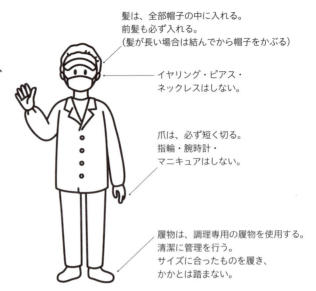

髪は、全部帽子の中に入れる。前髪も必ず入れる。（髪が長い場合は結んでから帽子をかぶる）

イヤリング・ピアス・ネックレスはしない。

爪は、必ず短く切る。指輪・腕時計・マニキュアはしない。

履物は、調理専用の履物を使用する。清潔に管理を行う。サイズに合ったものを履き、かかとは踏まない。

【衛生的手洗いの仕方】

① 正しい手洗い手順を守り、十分な時間をかければ、抗菌成分を含まない石鹸と流水による手洗いで、ほとんどの通過菌を除去することが可能である。
② 乾燥には使い捨てペーパータオルを用い、タオルからの再汚染を受けないようにする。
③ 消毒用のアルコールをかけて、手指によく摺り込む。
④ 乾燥性手指消毒薬によるラビング法*は、簡単に確実な除菌を達成できる方法であるが、目に見えるような汚れがある場合には、流水による手洗いで汚れを除去してからラビング法を行うべきである。

*ラビング法というのは、擦式法ともいい、アルコール擦式製剤を手掌にとり、乾燥するまで擦り込んで消毒する方法である。特別な手洗い設備を必要としないため、簡便に手洗いができる。

【薬用石鹸】

　薬用石鹸が、通過菌や常在菌の一部に殺菌力を発揮するのみならず、持続効果を発揮し、また、運用による累積効果を持つ場合があります。使い捨てのボトル容器の液体石鹸は、固形石鹸よりも清潔に使用することが容易であるため、薬用液体石鹸を推奨しています。

第3節　器具類の洗浄・殺菌

1. 調理機械

① 飲むことができる水で3回水洗いする。
② スポンジタワシに中性洗剤または弱アルカリ性洗剤をつけて、よく洗浄する。
③ 飲用適の水でよく洗剤を洗い流す。

④ 作業開始前に、70%アルコール噴霧またはこれと同等の効果を有する方法で殺菌する。

2. 調理台

① 調理台周辺の片付けを行う。

② 飲むことができる水で3回水洗いする。

③ スポンジタワシに中性洗剤または弱アルカリ性洗剤をつけて、よく洗浄する。

④ 飲用適の水でよく洗剤を洗い流す。

⑤ よく乾燥させる。

⑥ 70%アルコール噴霧またはこれと同等の効果を有する方法で殺菌する。

⑦ 作業開始前にも、上記と同様の方法で殺菌を行う。

3. まな板・包丁・へら等

① 飲むことができる水で3回水洗いする。

② スポンジタワシに中性洗剤または弱アルカリ性洗剤をつけて、よく洗浄する。

③ 飲むことができる水でよく洗剤を洗い流す。

④ 80℃で5分以上、またはこれと同等の効果を有する方法で殺菌する。

⑤ よく乾燥させる。

⑥ 清潔な保管庫で保管する。

4. 布巾・タオル類

① 飲むことができる水で3回水洗いする。

② 中性洗剤または弱アルカリ性洗剤をつけて、よく洗浄する。

③ 飲むことができる水でよく洗剤を洗い流す。

④ 100℃で5分間以上煮沸殺菌を行う。

⑤ 清潔な場所で乾燥、保管する。

5. 水道蛇口、ガスコック、ドアノブ

① 排水口にこびりついた油汚れや水垢、細かい隙間の汚れなどは、歯ブラシなどを使い清掃する（歯ブラシは、硬めで小さめのものがおすすめ）。

② ドアノブは、日常的清掃は拭いて清潔にする。

③ 汚染が著しい場合は、アルコール系消毒薬で拭いて清潔にする。

6. 床・壁

　設備は必要に応じて補修を行い、園の床面及び内壁のうち、床面から1mまでの部分は1日に1回以上、園の天井及び内壁のうち床面から1m以上の部分はひと月に1回以上清掃し、必要に応じて洗浄消毒を行います。園の清掃は、全ての食品が調理場内から完全に搬出された後に行います。

第1章　衛生管理 185

7. 冷蔵庫その他

　冷凍冷蔵庫の室外機、冷却機器のコンデンサー、その他機械の内部の清掃は、機械の取扱説明書をもとに定期的に行います。

　機械の外観がきれいでも、内部がきれいでないと正しく作動せず、機械の故障、食品の腐食ひいては食中毒の原因にもなりかねないので注意します。

第4節　食事の片づけ

　徹底した調理までの衛生管理ができたとしても、実際に提供する段階で怠っていては、全てがムダとなってしまいます。食事をするという楽しい時間を演出していく中で、食卓はその他の衛生管理上は忘れてはならないポイントです。こどもたちが食事をする前後において行うこと、また、食後の食器、備品の衛生管理は、次の食卓へのスタートだということを忘れてはいけません。

1. テーブル・棚

　熱水による洗浄が困難なため、塩化ベンザルコニウム、塩化ベンゼトニウムまたは塩酸アルキルジアミノエチルグリシンを使用して、拭いて清潔にして消毒します。使用した布巾、タオル等は、100℃で5分間以上煮沸消毒します。

2. 洗面台等

　0.2%塩化ベンザルコニウム液、0.2%塩化ベンゼトニウム液または0.2%塩酸アルキルジアミノエチルグリシン液で拭いて清潔にして消毒し、熱水で濯ぎます。

3. 壁・床

　通常の汚れの場合には、環境表面を消毒したり、滅菌したりする必要はほとんどなく、汚れを拭き取る程度にします。ただし、血液、体液などで床が汚染された場合には、それらを物理的に拭き取るなどして除去し、0.1%次亜塩素酸ナトリウム液を用いて拭いて清潔にして消毒します。

　物理的な除去が行えない場合には、1%の次亜塩素酸ナトリウム液を用います。

4. 食器類（手による洗浄）

① 三層のシンクを利用する。

② 第一層の温水は、50～55℃を確保する。

③ 中性洗剤の温度に注意する。

④ 第二層は、洗剤を除去するため、40℃以上の温水が継続的に供給され、オーバーフローする。

⑤ 第三層は、最終消毒用として、熱水が77℃以上に保持され、90秒以上浸漬する。

5. 食器類（機械洗浄）

① 洗浄層内は、最低60℃を維持し、最終リンス温度は、80～90℃とする。

② コンベア型では、洗浄速度を正確に保持する。

③ 給湯ノズルの汚染に注意する。

注：熱水消毒ができない食器の場合には、100～1,000ppm（0.01～0.1%）次亜塩素酸ナトリウム液を使用する。

第2章 食事の提供

第1節　離乳食

「授乳・離乳の支援ガイド」（厚生労働省2019年3月改訂版）に基づいて実施します。

【離乳食の献立】

① 月齢に合った食材を使用する。

② 炭水化物、たんぱく質、野菜類（淡色野菜、緑黄色野菜）をバランスよく取り入れる。

③ 新鮮な旬の野菜を取り入れる。

④ 幼児食からの展開食を考慮する。

　〈例〉 だんごや桜餅の時は、喉につまりやすい　→　豆腐を使用し類似させる

⑤ レバーは、主菜としてレバーのみでたんぱく質を摂取すると過剰摂取となる。
　チーズや卵など他の食材と組み合わせる。

⑥ 適切な献立名にする。

⑦ 乳児ボツリヌス症予防のために、黒砂糖、蜂蜜は使用しない。

> 　乳児ボツリヌス症とは、ボツリヌス菌は酸素のないところで育つ嫌気性菌で、体の脱力や呼吸麻痺が起こる毒力の強い菌である。乳児は、抵抗力が弱く、小腸内の酸素濃度が低いこともあり発病しやすい。蜂蜜に入っていることがあるため、1歳までは使用しないようにする。

⑧ 乳製品・大豆製品・卵などアレルゲンとなりやすいものは、家庭と連携を図り、必要な時に意図的に取り入れていくようにする。

⑨ 卵黄は初期に入れる場合、毎日ではなく1日おきにするなど十分な配慮が必要である。

⑩ 果物や野菜スティックなど手に持って食べさせる食材や咀嚼の練習のための食材を月齢に合わせて取り入れるようにする。

⑪ 薄味を基本とし、初期は単品で提供し味付けをしない。食材そのものの味を味わえるようにする。

第2節　離乳食の目安

　下に、月齢に沿った離乳食の目安を示しますが、あくまで目安ですので、個々のこどもの発達を把握して、その子に合った段階にすることが大前提にあります。食べ方は、歯の生え方にも大きく影響しています。「月齢が〇ヶ月だからこの段階であるはずだ」「この段階まで早く進めなければならない」とは考えず、食べ方や歯の生え具合を把握した上で、どの段階がふさわしいかを考慮した離乳食にします。そして、家庭としっかりと連携を図り、離乳食への計画を進めていきます。

【離乳食の進め方の目安】

		〈離乳初期〉 生後5～6ヶ月頃	〈離乳中期〉 7～8ヶ月頃	〈離乳後期〉 9ヶ月～11ヶ月頃	〈離乳完了期〉 12ヶ月～18ヶ月頃
食べ方・食事の目安		○こどもの様子をみながら、1日1回1さじずつ始める。 ○母乳やミルクは飲みたいだけ与える。	○1日2回食で、食事のリズムをつけていく。	○食事のリズムを大切に、1日3回食に進めていく。 ○家族一緒に楽しい食卓体験を。	○家族一緒に楽しい食卓体験を。
調理形態		滑らかに磨り潰した状態	舌でつぶせる固さ	歯茎でつぶせる固さ	歯茎で噛める固さ
一回当たりの目安量	I　穀類(g)	つぶしがゆから始める。 磨り潰した野菜なども試してみる。 慣れてきたら、つぶした豆腐・白身魚などを試してみる。	全がゆ　50～80	全がゆ　90～ 軟飯　　80	軟飯　90～ ご飯　80
	II　野菜・果物(g)		50～70	30～40	40～50
	III　魚(g) または肉(g) または豆腐(g) または卵（個） または乳製品(g)		10～15 10～15 30～40 卵黄1～全卵1/3 20～30	10～15 10～15 30～40 卵黄1～全卵1/3 50～70	15～20 15～20 50～55 全卵1/2～2/3 100

離乳の開始　　　　　　　　　　　　　　　　　　　　　　　　　　離乳の完了

上記の量は、あくまでも目安であり、こどもの食欲や成長・発達の状況に応じて、食事の量を調整する。

―― 成長の目安 ――
成長曲線のグラフに、体重や身長を記入して、
成長曲線のカーブに沿っているかどうか確認する。

【咀しゃく機能の発達の目安について】

[新生児期〜] 哺乳反射*によって、乳汁を摂取する。

*哺乳反射とは、意思とは関係ない反射的な動きで、口周辺に触れたものに対して口を開き、口に形のある物を入れようとすると舌で押し出し、奥まで入ってきたものに対してはチュチュと吸う動きが表出される。

[5〜7ヶ月頃] 哺乳反射は、生後4〜5ヶ月から少しずつ消え始め、生後6〜7ヶ月頃には乳汁摂取時の動きもほとんど乳児の意思(随意的)による動きによってなされるようになる。

反射による動きが少なくなってきたら、離乳食を開始する

離乳食の開始
7〜8ヶ月頃
9〜11ヶ月頃

口に入った食べものを、嚥下（飲み込む）反射が起きる位置まで送ることを覚える

支援のポイント
① 赤ちゃんの姿勢を少し後ろに傾けるようにする。
② 口に入った食べものが口の前から奥へと少しずつ移動できる滑らかに擂りつぶした状態
（ヨーグルト状）

乳歯が生え始める

（萌出時期の平均）
下：男子8ヶ月±1ヶ月
女子9ヶ月±1ヶ月
上：男女10ヶ月±1ヶ月

口の前の方を使って食べものを取り込み、舌と上顎でつぶしていく動きを覚える

支援のポイント
① 平らなスプーンを下唇に乗せ、上唇が閉じるのを待つ。
② 舌でつぶせる固さ（絹ごし豆らいが目安。スプーンの背で軽く叩いたらつぶせるぐらいの硬さ）
③ つぶした食べものをひとまとめにする動きを覚え始めるので、飲み込みやすいようにとろみをつける工夫も必要

上顎と下顎が、あわさるようになる

前歯が生えるにしたがって、前歯でかじりとって1口量を学習していく。

舌と上顎でつぶせないものを歯茎の上でつぶすことを覚える

支援のポイント
① 丸み（くぼみ）のあるスプーンを下唇の上に乗せ、上唇が閉じるのを待つ。やわらかめのものを前歯で囓り取らせる。
② 歯茎で押しつぶせる固さ（指でつぶせるバナナぐらいが目安）。

前歯が8本生え揃うのは、1歳前後

奥歯（第一乳臼歯）が生え始める

（萌出時期の平均）
上：男女1歳4ヶ月±2ヶ月
下：男子1歳5ヶ月±2ヶ月
女子1歳5ヶ月±1ヶ月

奥歯が生えてくるが、噛む力はまだ強くない。

奥歯が生え揃うのは2歳6ヶ月〜3歳6ヶ月頃

1. 口へ詰め込みすぎたり、食べこぼしたりしながら、一口量を覚える
2. 手掴みで食べることが上手になるとともに、食具を使った食べる動きを覚える

支援のポイント
① 手掴みで食べることを十分にさせる。
② 歯茎で噛みつぶせる固さ（肉だんごぐらいが目安）。

【参考文献】
1）向井美惠編著『乳幼児の摂食指導　お母さんの疑問にこたえる』医歯薬出版株式会社. 2000
2）日本小児歯科学会『日本人小児における乳歯・永久歯の萌出時期に関する調査研究』小児歯科学雑誌1988; 26（1）: 1-18.

第2章　食事の提供　189

第4部

1. 咀嚼の発達を促すために

　離乳後期より噛むことを意図的に導入し、咀嚼の発達を促すための献立に野菜スティックを取り入れるようにします。

【実施方法】

① 離乳後期9ヶ月から離乳完了期の15ヶ月に取り入れる。

② 野菜をスティック状にし、加熱する。（胡瓜、人参、大根、ブロッコリーの茎、ごぼう、りんごなど）

③ 大きさは7㎜、角の長さ7㎜。

　　しっかり手で握れ、噛み切れる太さにする。離乳完了期には、1㎝角でもよい。子どもに合わせて対応する。

④ 食事をする前に一度手に握らせ、「カミカミね」と促すこと。

　　ただ食べさせるだけでは全く意味がない。喉に詰めることがあるので気をつける。

⑤ 「これを食べなければご飯は食べさせない」など、嫌がるのに無理強いして叱らない。

　　楽しく噛むことを知らせていくことが大切である。歌に合わせるなど工夫をすることも大切である。

⑥ 素材の味を知らせることが大切であるため、調味料は使用しない。

⑦ 個別の経過を個人記録に記入する。

⑧ 保護者へ様子を伝え家庭と連携を図る。園と家庭が一体になることが大切である。

⑨ 園の教育的な面をアピールすることも大切である。

第3章　食中毒について

第1節　食中毒とは

　食中毒とは、食中毒の原因となる細菌・ウイルス等が付着した食品や有害な物質が含まれた食品を食べることによって起こる健康被害をいいます。症状としては、主に急性の下痢・腹痛・嘔吐などの胃腸炎を起こしますが、発熱や倦怠感など風邪のような症状を起こすこともあります。

1. 食中毒の分類

（1）細菌性食中毒

　細菌が原因となるもので、食中毒全体の約9割を占めます。「毒素型」は、細菌が食べ物の中で作り出す毒素が体内に入ることによって起こります。黄色ブドウ球菌、ボツリヌス菌、セレウス菌などが原因です。「感染型」は、細菌が体内に入り、腸の中で増えたり毒素を作ったりすることによって起こります。サルモネラ菌・腸炎ビブリオ菌・カンピロバクター菌・ウェルシュ菌・腸管出血性大腸菌・

赤痢菌などが原因です。

(2) ウイルス性食中毒

ウイルスが食品や飲料水を介して体内に入ることによって起こります。ノロウイルス、A型肝炎ウイルスなどが原因です。

(3) 原虫等による食中毒

原虫などが食品や飲料水を介して体内に入ることによって起こります。原虫（クリプトスポリジウムなど）、真菌などが原因です。

(4) 化学性食中毒

有毒・有害な化学物質が食品や飲料水を介して体内に入ることによって起こります。重金属（鉛・カドミウムなど）、農薬などが原因です。

(5) 自然毒食中毒

植物や動物にもともと含まれる有害物質を摂取することによって起こります。「植物性」は、毒キノコ、ジャガイモの芽（ソラニン）などが原因です。「動物性」は、河豚毒（テトロドトキシン）、シガテラ毒、貝毒などが原因です。

第2節　食中毒予防の三原則

食中毒の予防は菌により多少異なりますが、3つの原則があります。

1. 清潔（食品に食中毒菌をつけない）

清潔とは見た目の清潔ではなく、細菌学的に清潔です。細菌は目で見ることができません。手洗いはもちろんのこと、食器、まな板、包丁、布巾等をはじめ、調理器具は洗浄消毒が必要です。一般に、食品中で食中毒菌が増殖していても腐敗菌ではないので、匂い、味、見かけ等には変化がなく見分けがつかないので注意します。

① 食品取扱者は手洗いを励行することや健康管理に努め、指の怪我の化膿、体調不良に注意する。
② 調理器具（まな板、包丁、布巾、タワシなど）や食器の衛生的な管理を心がける（消毒、乾燥）。
③ 調理に関係ない人や物、ペット類を調理場に入れない、持ち込まない。
④ 食品倉庫や冷蔵庫、調理場は定期的に清掃し、二次汚染が起こらないよう工夫する。
⑤ 作業台や洗浄槽は毎日清掃する。
⑥ 床、壁、天井など園の衛生的な管理を心がける。
⑦ 鼠族や有害昆虫の定期的な駆除を行う。

第3章　食中毒について

2. 迅速に（食中毒菌に増殖する時間を与えない）

　細菌は時間とともに二分裂で増えていくため、時間の経過が大きなポイントとなります。調理前の食品・調理の終わった食品は、常温で長く放置しないようにします。各細菌の分裂に要する時間は、腸炎ビブリオは8分、病原性大腸菌は17分、サルモネラ菌は21分、黄色ブドウ球菌は27分、ボツリヌス菌は35分と細菌はネズミ算式に増えていきます。例えば、10分に1回分裂する菌が1個あると、1時間後には64個、2時間後には約4千個、3時間後には約26万個に増える計算になります。

　食中毒菌の種類や食べた人の状態にもよりますが、だいたい10万個から100万個まで菌が増えないと食中毒は起きないといわれます。いかにして食べるまでの時間を短くするかが大切です。

① 新鮮な材料を使い、衛生的に調理する。
② 生鮮材料及び製品は、できるだけ5℃以下で保存し、調理済み食品も室温で放置しない。
③ 調理してから飲んだり食べたりするまでの時間が長くかからないよう心がける。

3. 加熱または冷却（菌をやっつける。菌に適した増殖温度を与えない）

　加熱できる食品は十分に加熱し、殺菌します。食品の中心温度が75℃で1分以上加熱することが基本です。中心温度計でチェックします。冷蔵・冷凍することにより細菌の増殖は抑えられますが、死滅するわけではありません。常温に戻せば活動を始めます。冷蔵庫でも、ゆるやかに増殖する細菌もあり、過信は禁物です。

① 加熱は75℃以上で1分間以上、中心部まで行う。
② 調理済み食品を温めるだけなどの容易な再加熱はしない。
③ 温蔵庫での保存は65℃以上、冷蔵庫では10℃以下とする。

第3節　調理上の配慮

　乳幼児は病原菌に対する抵抗力が弱いため、食中毒を予防するために調理の衛生面に配慮します。

① 必ず手を洗った後、アルコール消毒する。
② 盛り付けには、使い捨て手袋を使用し、調理中は直接手で食材に触れない。
③ 新鮮な食材を購入し、検収をし、鮮度を確認する。
④ 食材は、オゾン水で十分に洗い、冷蔵庫に保管する。
⑤ 床もオゾン水で殺菌する。
⑥ まな板や包丁は食材ごとに使い分け、器具は滅菌消毒をする。
⑦ 揚げ物、煮物、焼き物料理は中心温度を計り、80℃以上になったことを確認し1分以上加熱する。特に肉、卵、ひき肉を使った料理は完全に火を通す。
⑧ 調理した食品は、できるだけ早く提供する。夏期は短時間でも冷蔵庫に保管する。

⑨ 調理室は、夏期はクーラーを使用し、室温を上げない。

⑩ 生ゴミは、生ゴミ処理機を使い、衛生的に管理する。

第4節　食中毒の原因と症状

　乳幼児は、病原菌に対する抵抗力が弱いため、食中毒が起こると、症状が重くなりやすいので、乳幼児の食事は衛生管理が大切です。

1. 主な食中毒

<table>
<tr><th colspan="2">細菌・ウイルス名</th><th>原因食品</th><th>潜伏期間</th><th>主な症状</th><th>予防のポイント</th></tr>
<tr><td rowspan="3">細菌型</td><td>サルモネラ</td><td>食肉及びその加工品、鶏卵、淡水魚。また、二次的に汚染された食品</td><td>5〜72時間（平均12時間）</td><td>急性胃腸症状、発熱、下痢、腹痛、悪心、嘔吐</td><td>① 食肉類の生食は避ける。鶏肉、牛肉、豚肉の加熱処理は75℃、1分以上
② 卵は必ず冷蔵庫に保管し、加熱調理は十分な温度で</td></tr>
<tr><td>小型球形ウイルス（SRSV）</td><td>① 河口養殖のカキやハマグリ
② 調理する人の手を介して汚染された食品</td><td>24〜48時間</td><td>下痢、嘔吐、腹痛、吐き気、発熱、頭痛</td><td>① 手洗いの励行（個人衛生の徹底）
② 調理者の健康管理
③ 食材の加熱
④ 調理器具を介した二次汚染の予防
⑤ 給水設備の衛生管理等</td></tr>
<tr><td>病原大腸菌</td><td>① 原因食品は多種にわたる
② 人・動物の糞便に汚染された食品
③ 井戸水、生肉等</td><td>12時間〜8日</td><td>急性胃腸症状、下痢、腹痛、悪心、嘔吐、血便（腸管出血性大腸菌O-157等は溶血性尿毒症候群で死亡する例も）</td><td>① 他の細菌性食中毒と同じ。食品（特に食肉等）は75℃、1分以上中心部まで加熱する
② 定期的な水質検査の実施</td></tr>
<tr><td rowspan="4">毒素型</td><td>腸炎ビブリオ</td><td>汚染された魚介類とその加工品</td><td>8〜24時間（平均3時間）</td><td>腹痛、下痢</td><td>① 低温管理（漁獲から消費まで）
② 二次汚染防止
③ 加熱処理
④ 魚介類の洗浄は真水で。
⑤ 8〜9月の夏期から秋口に多発</td></tr>
<tr><td>腸炎ビブリオ</td><td>汚染された魚介類とその加工品</td><td>8〜24時間（平均3時間）</td><td>腹痛、下痢</td><td>① 低温管理（漁獲から消費まで）
② 二次汚染防止
③ 加熱処理
④ 魚介類の洗浄は真水で
⑤ 8〜9月の夏期から秋口に多発</td></tr>
<tr><td>ブドウ球菌（エンテロトキシン）</td><td>① 手指の化膿巣（傷）より感染
② おにぎり、弁当等</td><td>1〜5時間（平均3時間）</td><td>嘔吐、腹痛、下痢</td><td>① 手指に傷や化膿巣のある者の調理取り扱い禁止。（個人衛生の徹底）
② 手指の洗浄消毒の励行</td></tr>
<tr><td>ボツリヌス菌</td><td>胞子により汚染された食品。（缶詰、ハム、果実類のビン詰め等）</td><td>5〜72時間（平均18時間）</td><td>神経麻痺</td><td>① 新鮮な原材料を用いて洗浄を十分に
② 低温保存と飲んだり食べたりする前に十分加熱</td></tr>
</table>

（厚生労働省HP「食中毒」を参考に制作）

2. 特に気をつけたい食中毒

（1）腸管出血性大腸菌 O-157

【原因食品等】

　O-157を腸管に持っている家畜などの糞便で汚染された食品や水（井戸水など）を食べることで感染します。ただし、どのような経路で、食品等がO-157に汚染されるのかは、まだ不明です。

　また、患者の糞便を介して、人から人に感染したり、食品を不衛生に取り扱ったりするために、食品から食品へ菌がついてしまい、感染が広がります。

【症状】

　健康な成人では無症状であったり、軽い腹痛や下痢で終わったりすることがほとんどです。しかし、乳幼児や小児などは激しい腹痛や血便などのほか、急性腎炎、血小板の減少、貧血などを主な症状とする「溶血性尿毒症症候群（HUS）」を引き起こし、重症となることがあります。

【特徴】

① 数百個程度のわずかな菌で発症する。

② 感染してから、症状がでるまで4日から8日間かかる。

③ 人から人へ、糞便を介して二次感染が起こる。

④ 熱や一般的な消毒薬に弱い。

⑤ O-157は75℃で1分以上の加熱で死ぬ。

⑥ O-157に感染したこどものおむつを取り替える時は、周りを汚染しないよう気をつける。

　　1）糞便の処理にはゴム手袋などを使用する。

　　2）おむつは、汚れをざっと落としてから消毒剤につける、または5分以上煮沸消毒する。

（2）サルモネラ・エンテリティディス（SE）

【原因食品】

　卵を原材料とした料理。加熱が不十分で、菌が生き残ったり、手指や調理器具を介して他の食品を汚染（二次汚染）したりすることで、食中毒が起こります。

【症状】

　発熱（38℃〜40℃前後）、腹痛、下痢、倦怠感

【注意】

　鶏卵は殻の表面や中身が、SEに汚染されていることがあります。SEに汚染された卵の保存条件が悪いと、卵の中のSEが増える。特に一旦割った卵では、急速にSEが増殖します。

① 信頼できる業者を選び、必ず賞味期限を見て新鮮であるか納品時検収する。

② 長期保管をしないでその都度使いきる。

【卵の取り扱い】

① 卵はきれいでひび割れのない新鮮なものを買い、すぐに冷蔵庫に入れ、できるだけ早く食べる。

② 卵を加熱して調理する時は十分加熱する。

③ 卵かけご飯、すき焼きなど、卵を生で食べる場合は、割れている卵やひびの入った卵は使わず、食べる直前に殻を割ってすぐに食べる。

3. 病状発生時の対応

① 病状発生
1）病状の内容：下痢、発熱、腹痛、嘔吐等
2）本人の状況調査：病状・発生日時

② 連絡など
1）園長に報告
2）嘱託医・家族に現在の状況、経過、受診報告
3）関係機関の保育事業室に報告

③ 受診
1）有症者は受診
2）医療機関で診断
3）園の利用者であることを説明
4）必要に応じて保健所に届出

④ 調査
1）職員・在園児の健康調査
2）集団感染が疑われる場合は実施
3）保健所へ調査結果・受診結果報告

⑤ 説明
1）保護者・職員・保育事業室に説明

⑥ 2次感染予防のための対策等
1）消毒薬の準備
2）必要に応じ下痢便、吐物の保存
3）食中毒が強く疑われる場合の準備
　ⅰ）給食施設の使用停止による代替食確保
　ⅱ）水使用停止による代替用水確保

4. 患者発生時の対応

① 通報
1）保健所に通報
　ⅰ）有症者の状況　　ⅱ）受診者の状況　　ⅲ）有症者の共通食品、等
2）保健所では通報を受けて、調査準備

② 調査等協力
1）保健所による原因究明調査への協力
　【有症者等に対する調査事項】
　ⅰ）健康及び喫食状況
　【施設に対する調査事項】
　ⅰ）施設・設備・使用水の衛生状況　　ⅱ）調理工程　　ⅲ）献立（2週間分）
　ⅳ）原材料の仕入先等（2週間分）
　【検体の採取】
　ⅰ）有症者等の糞便、吐物等　　ⅱ）調理従事者の糞便、手指等の拭き取り
　ⅲ）検食（2週間分）　　ⅳ）使用水　　ⅴ）調理器具等の拭き取り

2）保健所からの調査と指導
　〈調査〉　ⅰ）原因究明調査
　〈指導〉　ⅰ）給食施設の自粛　　ⅱ）有症者の受診勧告

③ **予防対策**
1）2次感染予防対策の実施
　　ⅰ）代替食、用水の確保　　ⅱ）代替職員の確保　　ⅲ）医療機関との連携
2）保育事業課へ支援要請

④ **行政処分**
1）保健所による業務停止命令
　　ⅰ）関係者への衛生教育　　ⅱ）施設の消毒及び改善　　ⅲ）報道対応
　　ⅳ）改善等履行確認

⑤ **終了**
1）関係者に説明
　　ⅰ）本人・保護者及び職員に説明　　ⅱ）保育事業課に報告書提出
　　ⅲ）対応を終了

【食中毒対応マニュアルフロー図】

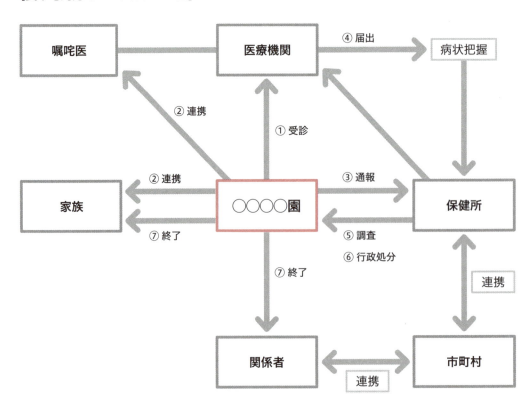

【検便判定期間の問題点】

〈6月3日〉
O-157が発生しました。
保健所により、「6月1日Aちゃんが下痢をして、市内の病院に受診して、その便を保健所が検査した結果、O-157と判明しました。AちゃんのO-157発生によって、他のこどもさんの健康状態を把握したいので、本日6月3日に御園に伺います」と連絡がありました。検便の結果の判定はどんなに急いでも、3日くらいはかかるようです。病院で診察を受け、検便の結果の判定が出るまでの2日間は、医師の登園停止の指示もありませんので、当然こども園には登園してきています。その2日間のうちにAちゃんの病原菌が、こども園にいる他のこどもに接触感染によってうつっている可能性が大きいのです。

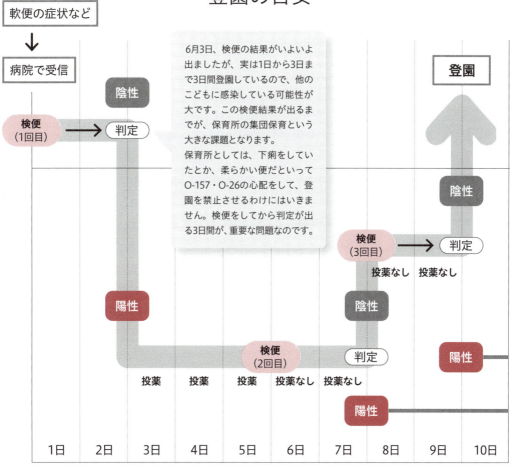

登園の目安

6月3日、検便の結果がいよいよ出ましたが、実は1日から3日まで3日間登園しているので、他のこどもに感染している可能性が大です。この検便結果が出るまでが、保育所の集団保育という大きな課題となります。
保育所としては、下痢をしていたとか、柔らかい便だといってO-157・O-26の心配をして、登園を禁止させるわけにはいきません。検便をしてから判定が出る3日間が、重要な問題なのです。

第4部　第3章　食中毒について

第5節　食物アレルギーへの対応

1. 現状と問題点

　厚生労働省『保育所におけるアレルギー対応ガイドライン（2019）』によると、保育園での食物アレルギー対応に関する現状について、次のように示されています。

　乳幼児は、学童に比べて食物アレルギーの頻度が高く、乳幼児の食物アレルギーの9割は乳児アトピー性皮膚炎を合併して発症しています。乳幼児期のアトピー性皮膚炎では食物抗原特異的IgE抗体の偽陽性が多く、学童期に比べるとアトピー性皮膚炎との関連も乳児期・幼児早期は認められます。

　「食物アレルギーの関与する乳児アトピー性皮膚炎」から「即時型」への移行もあり、乳幼児期には食物アレルギーの寛解（耐性化）も多く、変化が速いといわれています。さらに、標準的な診断・治療を受けていないこどもも多く、近隣の開業医、園長、保育士、教諭、栄養士の食物アレルギーに関する知識が最新の情報ではなく、開業医と専門医の連携が不十分で正しい指導を受けていない例や食物経口負荷試験未実施の例も多いといわれています。

　そして、その問題点としては、乳児・幼児について以下のように書いています。

（1）乳児の問題点

① 最も早くて産休明け（産後8週）から預ける場合がある。

② 乳児期には顔面に湿疹が出現する乳児は約3割存在し、その半数程度が慢性に経過する痒みのある湿疹である。

③ 慢性に経過する痒みのある湿疹の中から食物アレルギーが関与している湿疹を見極める必要がある。

④ 園に在籍する乳児は、アトピー性皮膚炎未発症あるいは診断が確定していない例も多い。

⑤ 乳児では育児用粉乳として予防用ミルク、加水分解乳、アミノ酸乳が使われている場合がある。

⑥ 乳児では診断を確定していく時期であるのでIgE抗体の感作や陽性だけで除去を指示されている場合も多い。

⑦ 離乳食を進める時期なので未摂食のものも多く、初めて食べ、発疹が出るとアレルギーを疑うことがある。

（2）幼児の問題点

① 幼児期の食物アレルギーは時々刻々変化する。治る例も多いので、常に見直しが必要である。

② 園での幼児食の食物除去の対応が細分化されていて煩雑であり、誤食の誘因となっている。

③ 園に在籍するこどもが自己管理できないことにより誤食事故が発生しうる。

④ 間違った知識や指示に基づいて過剰な食物除去をしていることも多い。

2. 除去食の考え方

園における食物アレルギー対応の原則については、職員で共通理解しておく必要があります。

① 食物アレルギーのないこどもと変わらない安全・安心な園での生活を送ることができる。

② アナフィラキシーが発生した時、全職員が迅速、かつ適切に対応できる。

③ 職員、保護者、主治医、緊急対応医療機関が十分に連携する。

④ 食物除去の申請には医師の診断に基づいた生活管理指導表が必要である（診断時+年1回の更新）。

⑤ 食物除去は完全除去を基本とする。

⑥ 鶏卵アレルギーでの卵殻カルシウム、牛乳アレルギーでの乳糖、小麦での醤油・酢・麦茶、
大豆での大豆油・醤油・味噌、ゴマでのゴマ油、魚でのかつおだし・いりこだし、肉類での
エキスなどは除去の必要がないことが多いので、摂取不可能な場合のみ申請する。

⑦ 除去していた食物を解除する場合は保護者からの書面申請で可とする。

⑧ 家で摂ったことがない食物は基本的に園では与えない。

⑨ 共通献立メニューにするなど食物アレルギーに対するリスクを考えた取り組みを行う。

⑩ 常に食物アレルギーに関する最新で、正しい知識を職員全員が共有し、記録を残す。

3. 食物アレルギーの症状

（1）皮膚粘膜症状

① 皮膚症状：痒み、蕁麻疹、むくみ、赤み、湿疹

③ 眼症状：白目の充血、ゼリー状の水ぶくれ、痒み、涙、瞼のむくみ

④ 口腔咽喉頭症状：口の中・唇・舌の違和感、腫れ、喉のつまり・痒み、イガイガ感、息苦しい、
嗄れ声

（2）消化器症状

腹痛、気持ちが悪くなる、嘔吐、下痢、血便

（3）呼吸器症状

① 上気道症状：くしゃみ、鼻水、鼻づまり

② 下気道症状：息がしにくい、咳、呼吸時に「ゼーゼー」「ヒューヒュー」と音がする

（4）全身性症状

① アナフィラキシー：皮膚、呼吸器、消化器などのいくつかの症状が重なる

② アナフィラキシーショック：脈が速い、ぐったり、意識がない、血圧低下

第3章　食中毒について

4. 食物アレルギーの種類

臨床型		発症年齢	頻度の高い食物	耐性の獲得（寛解）	アナフィラキシーショックの可能性	食物アレルギーのメカニズム
新生児消化器症状		新生児期	牛乳（育児用粉乳）	(+)	(±)	主にIgE非依存型
食物アレルギーの関与する乳児アトピー性皮膚炎		乳児期	鶏卵・牛乳・小麦・大豆など	多くは (+)	(+)	主にIgE依存型
即時型症状（蕁麻疹・アナフィラキシーなど）		乳児期〜成人期	乳児〜幼児（鶏卵・牛乳・小麦・そば・魚類など）、学童〜成人（甲殻類・魚類・小麦・果物類・そば・ピーナッツなど）	鶏卵・牛乳・小麦・大豆など (+)、その他の多く (±)	(++)	IgE依存型
特殊型	食物依存性運動誘発アナフィラキシー（FEIAn/FDEIA）	学童期〜成人期	小麦・エビ・イカなど	(±)	(+++)	(+++)
	口腔アレルギー症候群（OAS）	幼児期〜成人期	果物・野菜など	(±)	(+)	IgE依存型

5. アレルギー児の保護者

（1）アレルギー疾患を持つこどもの把握

　入園面接時にアレルギーについて園での配慮が必要な場合は、申し出てもらい、健康診断書や保護者からの申し出にもとづいてこどもの状況を把握します。

　申し出のあった保護者には、「保護者の皆さんへ（様式1）」の挨拶文に「生活管理指導表（様式2）」と「家庭における原因食物の除去の程度一覧表（様式3）」を渡し、「生活管理指導表」については主治医及び専門医が記入し、「家庭における原因食物の除去の程度一覧表」は保護者に記入してもらうようにします。

　保護者が持参した「家庭における原因食物の除去の程度一覧表」と「生活管理指導表」にもとづき、園での生活や食事の具体的な取り組みについて、園長、嘱託医、看護師、栄養士、調理員等と保護者が協議して対応を決め、その内容を「食物アレルギー個別支援プラン（様式4）」に記入します。

　上記までの手続きを踏んだ上で、全職員の共通理解を図るとともに、緊急時の対応について組織的に周知徹底を図ります。

　そして、「生活管理指導表」の見直しは、年に1回は必ず行うようにします。

【様式1　保護者の皆さんへ】

はじめに

　食物アレルギー、アトピー性皮膚炎、気管支喘息などのアレルギー性の病気は、アレルギー体質が関係しているので原因をつきとめて完璧に治すことは難しいといわれています。しかし、うまく対応すれば症状が出ず、普通に日常生活が送れます。

　その対応方法が、アレルギーの配慮食であり、スキンケアであり、そして、生活リズムを整えることです。

　医師と保護者と園とで正しい知識をもって、ゆったりとした気持ちでお子さんと向き合っていけたらと考えています。

【生活管理指導表の提出について】

① 給食での食物除去やアナフィラキシー対応など特別な保育が必要となる場合は、医師の診断と指導に基づく「生活管理指導表」を提出してください。なお、指導表作成にかかる必要な経費については、保護者負担でお願いします。

②「生活管理指導表」にもとづかない保育や除去食はお受けできません。

③ アレルギー疾患による特別な保育・給食を継続している期間は、最低1年に1回、「生活管理指導表」の提出をお願いします。

【給食対応について】

① 一般の給食材料での範囲内として「除去食」での対応となります。

② 特別な別メニューとしての「代替食」については、基本的には行っていません。ただし、代替材料（例：卵禁止の場合「マヨネーズ」の代わりに「マヨドレ」、「プリン」「ヨーグルト」の代わりに「ゼリー」など）にて、一部、調理し提供させていただく場合もあります。また、ご家庭からの代替物資（給食材料）の持ち込みはご遠慮ください。

③ 給食での除去は、「完全除去」か「完全解除」のどちらかで対応します。ただし、調味料や注意喚起表示の加工食品の除去については、「生活管理指導表」により摂取不可の場合のみ、除去対応します。

④ 調理作業・配膳スペースが狭く、また、調理器具・食器の洗浄や保管を個別に行うことができないため、微量なアレルゲンで発症するアナフィラキシーの症状がある場合は、給食対応ができません。お弁当の持参をお願いします。

⑤ 食物除去の解除は、保護者記載の書面申請が必要です。解除の際は、提出をお願いします。

⑥ 毎月の献立表に除去する食品に印をつけてチェックし、期日までに担任へお渡しください。

⑦ 除去することにより栄養価が不足する場合は、家庭の食事で補うよう配慮をお願いします。

⑧ こどもの健康状況を毎日把握し、状況に応じて担任に報告してください。体調不良の場合には、アレルギー症状をひき起こしやすいので注意が必要です。

【お弁当持参の場合は、次の点に注意してください】

① 材料は新鮮な物を使い、当日によく火を通し、冷ましてから容器に入れてください。

② 味付けは濃すぎないように注意してください。

③ 形態や量が、園の献立に似ている方が望ましいので、できる範囲でお願いします。

④ お弁当の受け渡しは、園と調整した方法に沿って行ってください。

【緊急時等に備えた処方薬をお預かりする場合】

① お預かりする薬は、アレルギー疾患を診察している主治医が処方した薬に限ります。

② 薬をお預かりする場合は、処方日、有効期限等を確認させていただきます。

③ 毎日毎食服用する薬の場合は、1回分の服用量が一目で分かるように分割するなどして、お預けください。

④ 薬の容器や袋に、お子さんの名前を書いてください。

⑤ 緊急時に備えて「エピペン®」をお預かりする場合は、主治医、保護者、園の三者で状況確認のための話し合いをさせていただきますので、ご協力をお願いします。

【その他】

① 園における日常の取り組み及び緊急時の対応に活用するため、「生活管理指導表」及び「緊急個別対応票」の内容等、お預かりした情報は職員全体で共有させていただきます。ご了承ください。

② 基本的には、園で除去食材を試すことはありません。ご家庭で取り組んでいただき、医師と相談の上、園ではすすめていきます。園で除去食を始める場合は、必ず、半年～1年の間隔で医師と相談をして、次の方針を出していただきます。

③ ご家庭で食べて何も問題がないからと保護者の判断で除去解除はできません。また、食べて反応があった時も保護者の判断では除去はできません。園で間違いのないように十分配慮していきますので、ご家庭でも食事の除去と解除のご協力お願いします。

以上、よろしくお願いします。

【様式2　生活管理指導表（アレルギー疾患用）】※用紙集（p266）に掲載

園児名（　　　）　男・女　　年　月　日生　園名（　　　）　初回提出日　年　月　日

園児生活管理指導表（アレルギー疾患用）（あり・なし）　アナフィラキシー（あり・なし）

病型・治療
A. 食物アレルギー病型（食物アレルギーありの場合のみ記載） 　1．即時型 　2．口腔アレルギー症候群 　3．食物依存性運動誘発アナフィラキシー
B. アナフィラキシー病型（アナフィラキシーの既往ありの場合のみ記載） 　1．食物　（原因　　　　　　　　　　　　） 　2．食物依存性運動誘発アナフィラキシー 　3．運動誘発アナフィラキシー 　4．昆虫 　5．医薬品 　6．その他
C. 原因食物・診断根拠（該当する食品の番号に○をし、かつ（　）内に診断根拠を記載） 　1．鶏卵　　　　　　　（　　　） 　2．牛乳・乳製品　　　（　　　） 　3．小麦　　　　　　　（　　　） 　4．ソバ　　　　　　　（　　　） 　5．ピーナッツ　　　　（　　　） 　6．種実類・木の実類　（　　　） 　7．甲殻類（エビ・カニ）（　　　） 　8．果物類　　　　　　（　　　） 　9．魚類　　　　　　　（　　　） 　10．肉類　　　　　　（　　　） 　11．その他1　　　　（　　　） 　12．その他2　　　　（　　　）
［診断根拠］該当するもの全てを（　）内に記載 　① 明らかな症状の既往 　② 食物負荷試験陽性 　③ IgE抗体等検査結果陽性 　④ 食べたことがない
D. 緊急時に備えた処方薬 　1．内服薬：抗ヒスタミン薬（商品名：　　　　　　） 　2．内服薬：ステロイド薬（商品名：　　　　　　） 　3．内服薬：気管支拡張薬（商品名：　　　　　　） 　4．吸入薬：気管支拡張薬（商品名：　　　　　　） 　5．アドレナリン自己注射薬（商品名：エピペン®） 　6．その他（商品名：　　　　　　） 　　　アナフィラキシー時は緊急時連絡医療機関への連絡よりも、 　　　エピペン®投与や救急車要請を優先してください。

園生活上の留意点
A. 給食 　1．管理不要 　2．保護者と相談し決定
B. 食物・食材を扱う授業・活動 　1．配慮不要 　2．保護者と相談し決定
C. 運動（体育・部活動等） 　1．管理不要 　2．保護者と相談し決定
D. 宿泊を伴う郊外活動 　1．配慮不要 　2．食事やイベントの際に配慮が必要
E. その他の配慮・管理事項 　　（自由記載）

【緊急時連絡先】

★保護者　電話：

★連絡医療機関　医療機関名：　　　　　電話：

記載日　　　年　　月　　日

医師名　　　　　　　　印

医療機関名

確認日			医師名	捺印
年	月	日		
年	月	日		
年	月	日		
年	月	日		
年	月	日		

●園における日常の取り組み及び緊急時の対応に活用するため、本表に記載された内容を職員全員で共有することに同意しますか。

1．同意する
2．同意しない

保護者署名：

【様式3　家庭における原因食物の除去の程度】
※用紙集（p267）に掲載

保護者記入用　家庭における原因食物の除去の程度

ご家庭での状況を知るための資料とさせていただきます。
①家庭で食べているものに丸、食べていないものに×を記入し、同じ食品でも丸・両方ある時は食品名に直接記入してください。
②数食して症状が出たことがあるものに丸、特に重い症状（呼吸困難・血圧低下・嘔吐など）が出たことがあるものに○を記入してください。

記入日　　年　　月　　日　　　年　児童

	料理・食品・加工品例		①	②
卵	生卵料理	卵かけご飯		
	加熱した鶏卵類	ゆで卵、卵焼き、オムレツ、目玉焼き、親子丼、メレンゲ		
	生卵に近い成分を含む	アイスクリーム、マヨネーズ、カスタードクリーム		
	加熱卵を多く含む	プリン、茶碗蒸し、卵とじ、卵スープ		
	加熱卵が原材料	ケーキ、カステラ、クッキー、ドーナツ、フライの衣		
	加熱卵を微量含む	一部の食パン、天ぷら粉、一部の麺類、コンソメ		
牛乳・乳製品	牛乳・乳製品	牛乳、粉乳、練乳、スキムミルク、チーズ、ヨーグルト		
	牛乳主体の加工食品	生クリーム、アイスクリーム		
	牛乳が主材料	プリン、ババロア、クリームシチュー、ホワイトソース		
	乳製品が主材料	チーズ・ヨーグルト菓子など		
	牛乳・バターが副材料	ケーキ、菓子パン、チョコレート、ドーナツ、カステラ		
	つなぎにカゼインを含む	一部のハム、一部のソーセージ		
	牛乳を含む油脂	バター、マーガリン、一部のショートニング		
	牛乳・バターを少量含む	食パン、ビスケット、クッキー		
	牛乳をごく微量に含む	乳糖		
小麦・大麦・その他麦類	小麦が主材料	パン、うどん、パスタ、中華麺、そば、麩、ケーキ		
	麦類を少量含む	ハンバーグ、練り製品、カレールー、天ぷらやフライの衣		
	麦類をごく微量に含む	みそ、しょうゆ、酢、麦茶		
魚介類・甲殻類	魚介類・甲殻類が主材料	すし、天ぷら、フライ、焼きもの、煮もの、蒸しもの、炒めもの		
	魚介・甲殻エキスを含む	ソースなどの調味料、スープのもと、だし		
	魚卵	子持ちししゃも、たらこ		
	備考（×な魚介・甲殻類を記入）			
大豆・その他の豆類	大豆料理	大豆の煮もの、枝豆、おから		
	大豆加工食品	豆乳、豆腐、厚揚げ、油揚げ、がんもどき、納豆、きな粉		
	大豆油を含む	天ぷら、天ぷら油、サラダ油		
	大豆油脂を含む	マーガリン、ルー		
	大豆を使用した発酵調味料	味噌、しょうゆ		
	その他の豆類	あずき、もやし、いんげん、グリーンピース		
肉類	肉が主材料	ステーキ、焼き肉、ハンバーグ、ミートボール、餃子		
	肉エキスを含む	肉・骨を利用したスープ、コンソメ、ルー		
	備考（×な肉を記入）			
種実類	ピーナッツ			
	木の実類			
	ごま			
	ごま油等加工品			
その他	野菜（食品名）	（　　　　　）		
	果物（食品名）	（　　　　　）		
	そば			
	米			

直近の血液でのアレルギー検査で、スコア（クラス）5～6の食品があれば○を記入してください　令和（　　年　　月）検査

卵白　卵黄　牛乳　小麦　魚　魚卵　甲殻類　大豆　ナッツ類　そば（他　　）

【様式4　アレルギー個別支援プラン】
※用紙集（p268）に掲載

食物アレルギー個別支援プラン（案・決定）

記入日　令和　　年　月　日
協議日　令和　　年　月　日

クラス	氏名	性別	生年月日	保護者氏名
		男・女	令和　年　月　日	印

Ⅰ. 原因食物（様式○　生活管理指導表より該当するものに○印をつける）

鶏卵　牛乳・乳製品　小麦　そば　ピーナッツ　種実類・木の実類（　　）　甲殻類（エビ・カニ）
果物類　魚類　肉類　その他1（　　）　その他2（　　）

Ⅱ. 食物アレルギー病型（様式○　生活管理指導表より該当するものに○印をつける）

即時型	口腔アレルギー症候群	食物依存性運動誘発アナフィラキシー

Ⅲ. アナフィラキシー病型（様式○　生活管理指導表より該当するものに○印をつける）

食物によるアナフィラキシー	食物依存性運動誘発アナフィラキシー	その他
原因食物	原因食物	原因

学校での配慮		チェック項目	具体的な配慮と対応
	学校給食	給食の選択について	
	食物・食材を扱う活動、授業	除去する食品内容について	
		所要の摂取・接触による発昨防止について	
	運動（体育・部活動など）	運動誘発アナフィラキシー	
		食物依存性運動誘発アナフィラキシー	
	宿泊を伴う校外活動	事前に確認すること	
		持参薬について	
	緊急時に備えた持参薬やエピペン®について エピペン（有無）	保管方法	
		保管場所	

緊急時の対応について

注意すべき症状	左記の症状の対応手順	病院・主治医
①	①	医療機関名・診療科名
②	②	主治医名
③	③	電話番号

緊急連絡先

番号優先	氏名	続柄	電話番号	特記事項
1				自宅・職場・携帯
2				自宅・職場・携帯
3				自宅・職場・携帯

確認者	校長	教頭	担任	養護教諭	栄養教諭 学校栄養職員
印					

第3章　食中毒について

（2）アレルゲンを含む食品の除去について

① 牛乳・乳製品：乳糖

乳糖は、牛乳中に存在するガラクトースとグルコースが結合した二糖類である。稀に、牛乳アレルギー患者でアレルギー症状を起こすことがある。乳糖は牛乳を原材料として作られているため、乳糖1g中に4～8μgの牛乳たんぱく質が混じっている。乳糖は、食品表示基準でアレルゲンの表示が義務づけられている「乳」に含まれる。「乳」の文字が含まれているため「乳」の代替表記として認められている。

② 小麦：麦茶

　麦茶は大麦の種子を煎じて作った飲み物であり、小麦と直接関係はない。しかし小麦アレルギーの中に麦類全般に除去指導されている場合があり、この場合に麦茶の除去が必要な場合がある。

③ 大豆：大豆油・醤油・味噌

　大豆油に関して、そもそも食物アレルギーは原因食物の特定のたんぱく質によって誘発されるものであり油脂成分が原因とは基本的にはならない。大豆油中のたんぱく質は、0g/100mlであり、除去する必要はないことがほとんどである。

④ ゴマ：ゴマ油

ゴマ油も大豆油と同様で除去する必要がないことが多い。しかし大豆油と違って精製度の低いゴマ油はゴマたんぱく質が混入している可能性があり、除去の対象となることがあり要注意。

⑤ 魚類：かつおだし・いりこだし

魚類の出汁（だし）に含まれるたんぱく質量は、かつおだしで0.5g/100ml、いりこだしで0.1g/100mlと極少量である。このためほとんどの魚類アレルギーは出汁を摂取することができる。

⑥ 肉類：エキス

肉エキスとは肉から熱水で抽出された抽出液を濃縮したもので通常調味料として用いられる。一般的に加工食品に使用される量は非常に少量であるので、肉エキスは摂取できる。

⑦ 味噌・醤油・酢

　味噌は本来その生成過程で小麦は使用しないため、純粋な製品には小麦の表記はなく、小麦アレルギーでも使用できる。大豆たんぱく質に関しても醤油と同様に考えることができる。味噌のたんぱく質含有量は9.7-12.5g/100gである。
　醤油は原材料に小麦が使用されているが、醤油が生成される発酵過程で小麦たんぱくは完全に分解される。このため基本的に小麦アレルギーであっても醤油を摂取することはできる。
　醤油における大豆たんぱくも生成の発酵過程で、小麦たんぱくと同じように分解が進む。醤油のたんぱく質含有量は7.7g/100mlであるが、調理に利用する量は少ないこともあり、重症な大豆アレルギーでなければ醤油は利用できることが多い。
　醸造酢（米酢、大麦黒酢を除く）に小麦が使用されている可能性がある。単に酢だけでは小麦が含まれているか否かは分からない。ただ、酢に含まれるたんぱく量は非常に少なく（0.1g/100ml）、また一回摂取量も非常に少ないため、基本的には摂取することができる。

(3) アレルギー除去食導入の手順

（1）で示した各種書類をもとに「食物アレルギー個別支援プラン（様式4）」（203ページ）を作成します。これは給食室とクラス及び看護師の間で間違いが起こらないように内容を共有するためです。

【アレルギー除去食導入の手順】

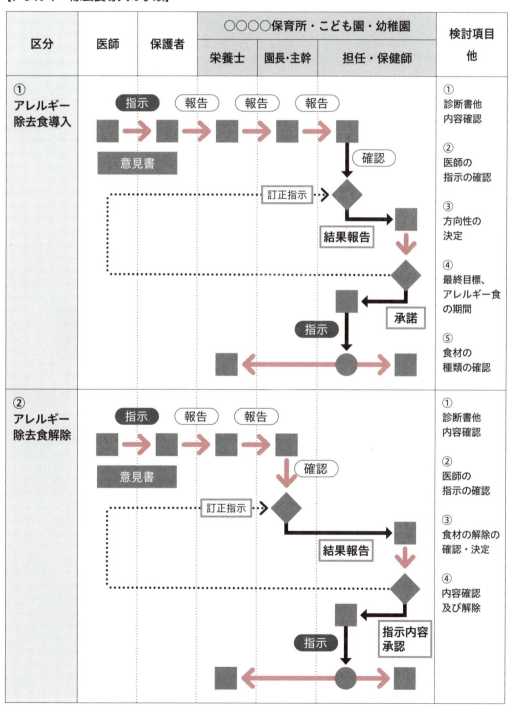

第3章　食中毒について

（4）アレルギー除去食作りの手順

【アレルギー除去食作りの手順】

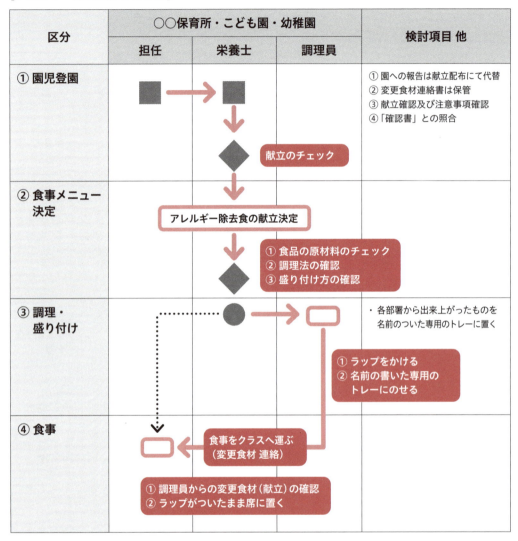

(5) アレルギー除去食のクラスでの対応の手順

① 調理員からの伝達事項の確認
② 専用のトレーにのせラップがついたまま席に置く（食べる直前までラップは外さない）
③ 場合によっては、ランチョンマットを敷く

(6) 緊急時個別対応

　誤飲事故の発生としては、「配膳ミスなどの職員の人的エラー」「人的エラーを誘発する煩雑に細分化された食物除去の対応」「こどもたちが幼いので自己管理できない」ということが考えられます。そんな人的エラーを防ぐ対策としては、「食事内容を記載したカードの作成」「調理から提供までの二重三重のチェック体制の確立」「食器などの色を変える」などの注意喚起が求められます。

　また、細分化されすぎた食物除去対応は、誤飲の一因となるので、できるだけ単純化した対応（例えば、完全除去か解除）を基本とすることが望まれます。あわせて、食物アレルギー児への食事提供の際は複数の職員でチェック管理することが、未然に事故を防ぐために大切なことです。

　しかし、アレルギー疾患を持つこどもには「緊急時個別対応票」を作成します。さらに、ことが起こった時のために、「食物アレルギー緊急時対応カード（様式5）」「事件・事故の概要及び対応報告書（様式6）」を準備しておくようにします。

【様式5　食物アレルギー緊急時対応カード】
※用紙集（p269）に掲載

【様式6　事件・事故の概要及び対応報告書】
※用紙集（p270）に掲載

第3章　食中毒について

第5部
防災・安全管理

| 第1章 | 防災気象情報 |

第1節　各種気象情報

　我が国では、台風や低気圧、前線などによる大雨・大雪、暴風・高波・高潮などによって毎年のように風水害、土砂災害などが発生しています。気象庁発表の防災気象情報は都道府県の防災部局等を通じて市区町村へ、また、テレビ・ラジオ等のマスメディア（報道機関）を通して私たちのもとへ届けられています。

　気象庁は、災害が起こる恐れのある時に「注意報」を、重大な災害が起こる恐れのある時に「警報」を、警報の発表基準をはるかに超えて重大な災害が発生する恐れが著しく高まっている時に「特別警報」を発表し、警戒を呼びかけています。その種類は下表の通り、6種類の特別警報と7種類の警報と16種類の注意報ですが、特別警報や警報や注意報に先立って住民に注意を呼びかけたり、特別警報や警報や注意報を補完したりするために「気象情報」を発表しています。気象情報は、特別警報や警報や注意報と一体のものとして発表され、防災上極めて重要な情報です。特別警報や警報や注意報が発表された時は、気象情報にも気をつけることが大切です。

【警報と注意報の種類】

特別警報	大雨特別警報	大雪特別警報	暴風特別警報	暴風雪特別警報	波浪特別警報	高潮特別警報	
警報	大雨警報	洪水警報	大雪警報	暴風警報	暴風雪警報	波浪警報	高潮警報
注意報	大雨注意報	洪水注意報	大雪注意報	風雪注意報	波浪注意報	高潮注意報	濃霧注意報
	雷注意報	乾燥注意報	強風注意報	雪崩注意報	着氷注意報	着雪注意報	融雪注意報
	霜注意報	低温注意報					

1. 台風情報

　台風が日本に近づくと、各地の気象台では台風に関する情報などを発表し、報道機関（マスコミ）が一斉に台風の動きを伝えます。それらの情報を有効に利用し、災害を防止・軽減するためには台風に関する正しい知識が不可欠です。

（1）台風に伴う風の特性

　台風は巨大な空気の渦巻きになっており、地上付近では上から見て反時計回りに強い風が吹き込んでいます。そのため、進行方向に向かって右側では、台風自身の風と台風を移動させる周りの風が同じ方向に吹くため風が強くなります。逆に左側では台風自身の風が逆になるので、右側に比べると風速がいくぶん小さくなります。

　また、台風が接近してくる時は、進路によって風向きの変化が異なります。西側または北側を台風の中心が通過する場合、「東→南→西」と時計回りに風向きが変化します。逆に、東側や南側を台風の中心が通過する場合は、「東→北→西」と反時計回りに変化します。周りに建物など

があると、風向きがはっきりと変化するとは限りませんが、風向きの変化は台風に備える際の参考にしてください。

そして、台風の目に入ると風は急に弱くなり、時には青空が見えることもあります。しかし、台風の目が通過した後は風向きが反対の強い風が吹き返します。

台風の風は陸上の地形に影響を受け、入り江や海峡、岬、谷筋、山の尾根などでは風が強く吹きます。また、建物があるとビル風と呼ばれる強風や乱流が発生します。道路上では橋の上やトンネルの出口で強風にあおられるなど、局地的に風が強くなることもあります。

台風が接近すると、沖縄、九州、関東から四国の太平洋沿岸では竜巻が発生することがあります。また、台風が日本海に進んだ場合には、南からの風が山を越えて日本海側に吹き下りるフェーン現象が発生し、火災が発生した場合には延焼しやすくなります。

(2) 台風に伴う雨の特性

台風は、垂直に発達した積乱雲が台風の目の周りを取り巻いており、そこでは猛烈な暴風雨となっています。この台風の目の外は濃密な積乱雲が占めており、激しい雨が連続的に降っています。さらに外側200〜600kmのところには帯状の降雨帯があり、断続的に激しい雨が降ったり、時には竜巻が発生したりすることもあります。

また、暖かい湿った空気が台風に向かって南の海上から流れ込むため、日本付近に前線が停滞していると、その湿った空気が前線の活動を活発化させ、大雨となることがあります。雨による大きな被害をもたらした台風の多くは、この前線の影響が加わっています。前線の活動を活発化して降る雨もあることを忘れてはいけません。

2. 記録的短時間大雨情報

気象庁は、数年に一度しかないような記録的な短時間の大雨を観測した時は、より一層の警戒を呼びかけるために「記録的短時間大雨情報」を発表しています。これは、大雨警報発表時に、現在の降雨がその地域にとって災害の発生につながるような、稀にしか観測しない雨量であることを知らせるためです。住んでいる地域や隣接地域が名指しで発表された時は、近くで災害の発生につながる事態が生じていることを意味しています。身を守ることを第一に行動することが大切です。

3. 土砂災害警戒情報

大雨による土砂災害発生の危険度が高まった時、市区町村長が避難勧告等を発令する際の判断や住民の自主避難の参考となるよう、都道府県と気象庁が共同で「土砂災害警戒情報」を発表します。

土砂災害警戒情報は、降雨から予測可能な土砂災害のうち、避難勧告等の災害応急対応が必要な土石流や集中的に発生する急傾斜地崩壊を対象としています。しかし、土砂災害は、それぞれの斜面における植生、地質、風化の程度、地下水の状況等に大きく影響されるため、個別の災害発生箇所、時間、規模等を詳細に特定することはできません。また、技術的に予測が困難であ

第1章 防災気象情報

る斜面の深層崩壊、山体の崩壊、地滑り等は、土砂災害警戒情報の発表対象ではありません。

　土砂災害警戒情報が発表されていなくても、斜面の状況に注意を払い、普段とは異なる状況（土砂災害の前兆現象）に気がついた場合は、ただちに周りの人と安全な場所に避難してください。日頃から危険箇所や避難場所、避難経路を確認しておくことも重要です。

4. 雷注意報

　雷を発生させる電荷分離は、雲の中で「あられ」と「氷晶」の衝突により起こると考えられています。湿った空気が激しく上昇して上空の低温層に達するとあられや氷晶が多量に発生し、雷雲となります。雷雲の背丈は、夏は7km以上、冬は4km以上となります。

　気象庁の雷ナウキャストは、雷の激しさや落雷の可能性を1km²単位で解析し、1時間後までの予測を10分ごとに更新して提供しています。気象庁のホームページからご覧ください。

　雷鳴が聞こえる、雷雲が近づく時は、落雷が差し迫っています。以下のことを念頭に速やかに安全な場所へ避難することが、雷から身を守るために有効です。

① 雷は、海面・平野・山岳などところを選ばずに落ちる。近くに高いものがあると、これを通って落ちる傾向がある。グラウンドやゴルフ場・屋外プール・堤防や砂浜・海上などの開けた場所や、山頂や尾根などの高いところなどでは、人に落雷しやすくなるので、できるだけ早く安全な空間に避難する必要がある。
② 鉄筋コンクリート建築・自動車（オープンカーは不可）・バス・列車の内部は比較的安全な空間である。また、木造建築の内部も基本的に安全だが、全ての電気器具・天井・壁から1m以上離れればさらに安全である。
③ 近くに安全な空間がない場合は、電柱、煙突、鉄塔、建築物などの高い物体のてっぺんを45度以上の角度で見上げ、4m以上離れた保護範囲に退避する必要がある。高い木の近くは危険で、最低でも木の全ての幹、枝、葉から2m以上は離れなければならない。姿勢を低くして、持ち物は身体より高く出さないようにし、雷の活動が止み、20分以上経過してから安全な空間へ移動していくようにする。

5. 竜巻注意情報

　「竜巻注意情報」は、積乱雲の下で発生する竜巻、ダウンバースト等による激しい突風に対して注意を呼びかける情報で、雷注意報を補足する情報として、各地の気象台等が担当地域を対象に発表しています。この情報の有効期間は発表から1時間ですが、注意すべき状況が続く場合は、竜巻注意情報を再度発表しています。

　竜巻などの激しい突風に対する気象情報は、発生の可能性に応じて段階的に発表しています。半日～1日程度前には、気象情報で「竜巻などの激しい突風の恐れ」と明記して注意を呼びかけています。数時間前には、雷注意報でも「竜巻」と明記して特段の注意を呼びかけ、さらに、今まさに竜巻やダウンバーストなどの激しい突風が発生しやすい気象状況となった段階で、竜巻注意情報を発表しています。

竜巻などの激しい突風の発生可能性の予報として、気象庁は竜巻発生確度ナウキャストを常時10分毎に発表しています。竜巻注意情報は竜巻発生確度ナウキャストで発生確度2が現れた地域に発表しています。

　激しい突風をもたらす竜巻は、発現時間が短く、発現場所も極めて狭い範囲に限られます。しかし、この竜巻注意情報は比較的広い範囲（おおむね一つの県）を対象に発表しているので、竜巻注意情報が発表された地域では必ず竜巻などの突風に遭遇するとは限りません。

　竜巻注意情報が発表された場合には、まず簡単にできる対応として、次のようなものがあります。

① 周囲の空の状況に注意を払う。
② 空が急に真っ暗になる、大粒の雨が降り出す、雷が鳴るなど、積乱雲が近づく兆候が確認された場合には、頑丈な建物に避難するなどの身の安全を確保する行動をとる。
③ 人が大勢集まる屋外行事や高所作業のように、避難に時間がかかる場合には、気象情報や雷注意報に留意し早めの避難を心がける。

　竜巻注意情報が発表された場合、気象庁のホームページから竜巻発生確度ナウキャストを見れば危険な地域の詳細や、刻々と変化する状況を把握することができます。雷注意報や竜巻注意情報と竜巻発生確度ナウキャストとを組み合わせて利用すると効果的です。

6. 落雷・竜巻等突風による避難について

　発達した積乱雲がもたらす落雷や竜巻等突風については、局地的な短時間の現象であり、場所と時間を指定した予測が困難です。園外での活動においては、随時に気象情報を確認することで、落雷や竜巻等突風、急な大雨の危険性を確認するとともに、天候の急変などの場合には躊躇することなく計画の変更・中断の適切な措置を講ずることとします。

(1) 情報収集

1) インターネット等で雷注意報や竜巻注意情報等の気象情報を入手する。
2) 積乱雲は急に発達することがあるため、野外での活動前だけでなく、活動中も随時空の様子に注意しておく。
3) 屋外で活動する際は、朝から天気予報に注意する。特に「大気の状態が不安定」「急な雨に注意」「雷を伴う」「竜巻などの激しい突風」といったキーワードに注目する。

第5部

第1章　防災気象情報　213

(2) 具体的対応

① 落雷への対応

予想される状況	職員の対応	園児への対応
① 雷注意報の発表。 ② 真っ黒い雲が近づき、周囲が急に暗くなる。 ③ 落雷が聞こえたり、雷光が見えたりする。 ④ ヒヤッとした冷たい風が吹き出す。 ⑤ 大粒の雨や雹が降り出す。 ⑥ 近くに雷が落ちる。	① 雷鳴が聞こえたり、雷光が見えたりした場合は速やかに屋内に避難させる。 ② 運動場やプールなどの活動中は、特に注意し、速やかに活動を中止し、屋内に避難させる。	① 速やかに屋内に避難するよう誘導する。 ② 軒先や外壁は雷の通り道になること等に注意する。 ③ 雷は高い場所に落ちやすい。立ち木に落ちると被害を受けるので、立ち木から離れるように誘導する。 ④ 近くに避難する場所がない場合は、しゃがみ込む等、できるだけ姿勢を低くする。
事後対応について		
予想される状況	職員の対応	園児への対応
① 雷の活動がやむ。	① 雷鳴がやんでから20分程度は落雷の危険があることから安全な場所での待機を指示する。 ② 一つの雷雲が去っても、次の雷雲が近づく場合もあるので、新しい雷雲の接近に常に注意する。 ③ 気象情報等で安全を確認の上、活動を再開するかどうか判断する。	① 園児に対し、雷雲が去ったことを伝える。 ② 泣いている子に対して、そばにつき、安心感を与える。

（文部科学省×学校安全「学校災害対応マニュアル（落雷・竜巻等突風編）」を参考に作成）

安全な空間に避難できない場合の対応

近くに安全な空間がない場合は、電柱、煙突、鉄塔、建築物などの高い物体のてっぺんを45度以上の角度で見上げる範囲で、物体から4m以上離れたところ（保護範囲）に避難します。

高い木の近くは危険ですから、最低でも木の全ての幹、枝、葉から2m以上は離れてください。姿勢を低くして、持ち物は体より高く突き出さないようにします。

雷の活動が止み、20分以上経過してから安全な空間へ移動します。

② 竜巻等突風への対応

予想される状況	職員の対応	園児への対応
① 竜巻注意情報の発表	【初期対応】 ① 気象情報を随意確認→保育者の体制整備 ② 転倒や移動の恐れのあるものを固定する。 ③ 風圧によるドアの開閉や窓ガラスの飛散による怪我の防止等を図る。 ④ 屋外にいる場合 空の様子に注意し、早めに園内に避難させる。 ⑤ 屋内にいる場合も、空の様子に注意し、より頑丈な建物、また建物の最下階への移動を検討する。	① 保育者の指示に従い、屋外にいる場合は早期の避難、屋内にいる場合は避難場所の確認等、適切な安全確保に努める。 ② 屋外にいる場合は、保育者の指示に従い、ただちに避難する。
事後対応について		
予想される状況	**職員の対応**	**園児への対応**
① 漏斗状の雲、ジェット機のような轟音、耳に異常を感じるほどの気圧の変化。 ② 竜巻等突風の接近	① 屋外にいる時は、頑丈な建物に避難させる。物置やプレハブ（仮設建築物）などには避難させない。 ② 屋内にいる時は、園児を一箇所に集め、部屋の窓、カーテンを閉め、窓からできるだけ離れさせ、身の回りの物で頭と首を守らせる。 ③ 可能であれば、より頑丈な建物、また建物の最下階に移動させる。 ④ できれば窓のない部屋の壁に近い所で避難姿勢をとらせる。	① 保育者の指示に従い、避難するとともに、適切な安全確保に努める。 ② 屋外にいる場合は、保育者の指示に従い、ただちに避難する。

（文部科学省×学校安全「学校災害対応マニュアル（落雷・竜巻等突風編）」を参考に作成）

落雷	
【屋外にいる時】	**【屋内にいる時】**
・落雷が聞こえたら、すぐに安全な場所に避難する。 ・木の下、木のそばには避難しない。 ・避難場所のない時は低い姿勢（両足を揃えてしゃがむ）をとる。	・屋外に出ない（外出しない）。 ・雷の活動は短時間で収まることが多いので、無理をしてその場から動かない。 ・全ての電気機器から1m以上離れる。

竜巻等突風	
【屋外にいる時】	**【屋内にいる時】**
・空の様子に注意し、頑丈な建物にすぐ避難する。 ・（頑丈な建物がない場合やたどり着けない場合は）近くの側溝やくぼみでうつ伏せになり、両腕で頭と首を守る。 ・屋根瓦・電柱・樹木など、風によって飛んでくる物に注意する。 ・風で吹き飛ばされる可能性があるので、物置やプレハブには避難しない。 ・橋や高架下には避難しない。	・屋外に出ない（外出しない）。 ・雷の活動は短時間で収まることが多いので、無理をしてその場から動かない。 ・全ての電気機器から1m以上離れる。

局所的大雨（ゲリラ豪雨）	
【屋外にいる時】	**【屋内にいる時】**
・日頃から身の回り（通学途中）の避難場所を考えておく。 ・道路のマンホールや側溝の蓋が外れることがあるので、水が引くまで道路上を歩かない。	・浸水の可能性がある場合は、2階以上の高いところに移動する。

第1章　防災気象情報

7. 地震情報について

気象庁は、地震発生後、新しいデータが入るにしたがって、下記の表の順次で情報を発表しています。

【地震発生後の発表の順序】

地震情報の種類	発表基準	内容
① 震度速報	震度3以上	地震発生約1分後に、震度3以上を観測した地域名と地震の揺れの発現時刻を速報
② 震源に関する情報	震度3以上（津波警報または津波注意報を発表した場合は発表しない）	地震の震源やその規模を発表。「津波の心配はない」または「若干の海面変動があるかもしれないが被害の心配はない」旨を付加
③ 震源・震度に関する情報	以下のいずれかを満たした場合 ・震度1以上 ・津波警報または津波注意報発表時 ・若干の海面変動が予想される場合 ・緊急地震速報・警報を発表した場合	震源やその規模、震度1以上の地域名と市区町村を発表。震度5以上と考えられる地域で、震度を入手していない地点がある場合は、その市区町村名を発表
④ 各地の震度に関する情報	震度1以上	震度1以上を観測した地点のほか、震源や規模を発表。震度5以上と考えられる地域で、震度を入手していない地点がある場合は、その地点名を発表
⑤ 遠地地震に関する情報	国外で発生した地震については、以下のいずれかを満たした場合 ・マグニチュード7.0以上 ・都市部など著しい被害が発生する可能性がある地域で大きな規模の地震を観測した場合	発生時刻、震源、規模をおおむね30分以内に発表。内外への津波の影響に関しても発表
⑥ その他の情報	顕著な地震の震源要素を更新した場合や地震が多発した場合など	顕著な地震の震源要素を更新のお知らせや地震が多発した場合の震度1以上を観測した地震回数情報を発表
⑦ 推計震度分布図	震度5弱以上	観測した各地の震度をもとに、250m四方ごとに推計した震度4以上を図情報として発表

（気象庁ホームページより作成）

8. 津波警報・注意報、津波情報、津波予報について

気象庁は、平成25年3月7日正午から、新しい津波警報の運用を開始しました。

（1）津波警報・注意報

気象庁は、地震が発生した時には地震の規模や位置をすぐに推定し、これらをもとに沿岸で予想される津波の高さを求め、地震発生から約3分（一部の地震については最速2分程度）を目標に、大津波警報、津波警報、または津波注意報を津波予報区単位で発表します。

日本近海で発生し、緊急地震速報の技術によって精度のよい震源地や規模が迅速に求められる地震については、予想される津波の高さは、通常は5段階の数値で発表します。ただし、地震の規模がマグニチュード8を超えるような巨大地震に対しては、その海域における最大の津波想定等をもとに津波警報や津波注意報を発表します。その場合、最初に発表する大津波警報や津波

警報では、予想される津波の高さを「巨大」や「高い」という言葉で発表して、非常事態であることを伝えます。

　このように予想される津波の高さを「巨大」などの言葉で発表した場合には、その後、地震の規模が精度よく求められた時点で津波警報や津波注意報を更新し、予想される津波の高さも数値で発表します。

【津波警報・津波注意報の種類】

種類	発表基準	発表される津波の高さ		想定される被害ととるべき行動
		数値での発表 （津波の高さ予想の区分）	巨大地震の場合の発表	
大津波警報	予想される津波の高さが高いところで3mを超える場合	10m超 （10m<予想の高さ） 10m （5m<予想高さ≦10m） 5m （3m<予想高さ≦5m）	巨大	木造家屋が全壊・流出し、人は津波に流され、巻き込まれます。ただちに、海岸や川沿いから離れ、高台や避難ビルなど安全な場所へ避難してください。
津波警報	予想される津波の高さが高いところで1mを超え3m以下の場合	3m （1m<予想高さ≦3m）	高い	標高の低いところでは津波が襲い、浸水被害が発生します。人は津波に流され巻き込まれます。ただちに、海岸や川沿いから離れ、高台や避難ビルなど安全な場所へ避難してください。
津波注意報	予想される津波の高さが高いところで0.2m以上、1m以下の場合であって、津波による災害の恐れがある場合	1m （0.2m≦予想高さ≦1m）	表記しない	海の中では人は速い流れに巻き込まれ、また、養殖いかだが流出し、小型船舶が転覆します。ただちに、海からあがって海岸から離れてください。

（気象庁ホームページより作成）

(2) 津波警報・津波注意報と避難のポイント

　震源が陸地に近いと津波警報が津波の襲来に間に合わないことがあります。強い揺れや弱くても長い揺れがあったらすぐに避難を開始してください。

　津波の高さを「巨大」と予想する大津波警報が発表された場合は、東日本大震災のような巨大な津波が襲う恐れがあります。ただちにできる限りの避難をしてください。津波は沿岸の地形等の影響により、局所的に予想より高くなる場合があります。ここなら安心と思わず、より高い場所を目指して避難してください。津波は長い時間繰り返し襲ってきます。津波警報が解除されるまでは、避難を続けてください。

(3) 津波情報

　津波警報・津波注意報を発表した場合には、津波の到達予想時刻や予想される津波の高さなどを津波情報で発表しています。

第5部

第1章　防災気象情報　217

【津波情報の種類】

種類	内容
津波到達予想時刻・予想される津波の高さに関する情報	各津波予報区の津波の到達予想時刻や予想される津波の高さ（発表内容は、津波警報・津波注意報の種類の表に記載）を発表。なお、この情報で発表される到達予想時刻は、各津波予報区で最も早く津波が到達する時刻です。場所によってはこの時刻よりも1時間以上遅れて到達することもあります。
各地の満潮時刻・津波到達予想時刻に関する情報	主な地点の満潮時刻・津波到達予想時刻を発表します。
津波観測に関する情報	沿岸で観測された津波の第一波の到達時刻と押し引き、その時点までに観測された最大波の観測時刻と高さを発表します。津波は繰り返し襲い、後から来る波の方が高くなることがあるため、観測された津波が小さいからといって避難をやめてしまうと危険です。そのため、最大波の観測値については、大津波警報、または津波警報が発表中の予報区においては観測された津波の高さが低い間は、数値ではなく「観測中」の言葉で発表して、津波が到達中であることを伝えます。
沖合の津波観測に関する情報	沖合で観測された津波の第一波の観測時刻と押し引き、その時点までに観測された最大波の観測時刻と高さを観測点ごとに発表します。また、これら沖合の観測値から推定される沿岸での推定値（第一波の推定到達時刻、最大波の推定到達時刻と推定高さ）を津波予報区単位で発表します。 最大波の観測値及び推定値については、沿岸での観測と同じように避難行動への影響を考慮し、一定の基準を満たすまでは数値を発表しません。大津波警報または津波警報が発表中の津波予報区において、沿岸で推定される津波の高さが低い間は、数値ではなく「観測中」（沖合での観測値）または「推定中」（沿岸での推定値）の言葉で発表して、津波が到達中であることを伝えます。

(気象庁ホームページより作成)

　また、沿岸からの距離が100kmを超えるような沖合の観測点では、津波予報区との対応付けが難しいため、沿岸での推定値は発表しません。観測値も、他の観測点で観測値や推定値が数値で発表されるまでは、「観測中」と発表します。下表のとおりです。

【沖合で観測された津波の最大波の発表内容】

大津波警報を発表中	3m超	沖合での観測値、沿岸での推定値とも数値で発表
	3m以下	沖合での観測値を「観測中」、沿岸での推定値を「推定中」と発表
大雨注意報	1m超	沖合での観測値、沿岸での推定値とも数値で発表
	1m以下	沖合での観測値を「観測中」、沿岸での推定値を「推定中」と発表
津波注意報を発表中	全ての場合	沖合での観測値、沿岸での推定値とも数値で発表

(気象庁ホームページより作成)

(4) 津波予報

　地震発生後、津波による災害が起こる恐れがない場合には、以下の内容を津波予報で発表します。

【地震発生後の津波予報】

発表される場合	内容
津波が予想されない時	津波の心配なしの旨を地震情報に含めて発表します。
0.2m未満の海面変動が予想された時	高いところでも0.2m未満の海面変動のため被害の心配はなく、特段の防災対応の必要がない旨を発表します。
津波注意報解除後も海面変動が継続する時	津波に伴う海面変動が観測されており、今後も継続する可能性が高いため、海に入っての作業や釣り、海水浴などに際しては十分な留意が必要である旨を発表します。

(気象庁ホームページより作成)

第2章　災害に対する心構え

　地震や津波・竜巻・落雷などの自然災害は、思わぬ時にやってきます。自然災害をなくすことはできませんが、自然災害を身近な危険として認識し、必要な知識を持ち、日頃から備えをしておくことが、防災・減災に大変有効な対策です。

　災害の発生の恐れのある時、または災害時には、乳幼児の安全を第一に確保することが、園の責務です。いざ災害が起きても慌てないよう日頃から防災訓練を実施するなど、園としての役割や職員各自が正しい認識をもつことが大切です。

① 自覚をもって

　乳幼児の生命・身体を守るのは、園で働く職員一人一人の動きにかかっている。日頃から災害が発生した場合は、こうするのだというはっきりした役割と自覚をもつことが大切である。

② 迅速・正確に

　対応活動は、早ければ早いほど効果がある。せっかくの対応活動も、その時期が遅れてはその効果は薄くなってしまう。しかし、慌ててしまって正確に処理することを忘れてはならない。

③ 積極的に

　災害は一瞬のうちに日常生活のあらゆる機能を麻痺させしまう。したがって、対応活動は積極的に行わなければならない。急迫した状態でのいろいろな活動で迷う時は、必ず積極策をとる。このような事態での「積極的ミス」は許されても「消極的ミス」は許されない。

④ 協力しあって

　園の職員間の協力を密にして災害対策にあたる。

⑤ 言動に注意

　全ての職員は、自らの言動によってこどもや保護者に不安を与え、誤解や無用の混乱を招くことのないよう心がける。

第1節　防災・避難訓練について

1. 目的

　避難訓練の目的は、いざという時に職員が慌てずに適切に行動できるようにすること、及び幼いこどもたちに災害時の避難行動を繰り返し知らせ、身に付けさせるために定期的に必ず実施しなければなりません。園で行う防災訓練は、さまざまな災害時にこどもの生命を守るための具体的な方法を職員一人一人が身に付けるためのものです。

　火災、地震のみならず、土砂災害や河川の氾濫などの風水害の発生も想定しながら、いつ災害が発生しても適切な対応ができるように環境を整えておくことが大切です。また、併設施設や近隣住民、地域の自主防災組織の行う訓練との合同で避難訓練を実施するなど、地域との密接な協力・連携ができる関係を築いておくことも必要です。

2. 保育者の心構え

① 責任者の指示に従って、機敏な行動で安全に誘導する。

② こどもに不安や恐怖感を与えないよう落ち着いてこどもに働きかける。特に3歳未満児は怖がらせないようにする。

③ 避難前、避難後、こどもの人数を確認する。職員の人数も確認する。

④ 訓練のために事故を起こさないよう無理のないようにする。

3. 年度初めに全職員に徹底しておくこと

① 災害時に誰が何をするのか、役割分担を明確化し、周知徹底しておく。

② 周辺の地理をよく知っておく。

③ 避難場所、避難順路を確かめておく。職員の人数も確認する。

④ 消火器の場所を確かめておく。特に、新人職員は実際に歩いて、指差ししながら覚える。

⑤ 常に災害時を想定して避難通路には物を置かない。

⑥ 非常時に必要な物と避難用具・道具を確認しておく。

⑦ 通報の仕方を覚えておく。

　　1) 事務室の「火災通報装置」の通報ボタンを押し、消防署へ直接通報する。

　　2) 装置に取り付けてある「応答用電話機」を使い状況を報告する。

> 「火災です。住所は、○○市□□町○○○番地です。
> ○○○○園です。
> 火元は、○○○です。
> 初期消火は、△△で、ただいま避難しています。
> 園児は○○人、職員は△△人です。
> 怪我人は、□人です（または、いません）。」

4. 避難に必要な道具

① 保育者が持つ物は必要最小限　　② 緊急連絡表（保護者連絡先）

③ タブレット端末　　　　　　　　④ おんぶ紐

⑤ 非常用持ち出し袋　　　　　　　⑥ 救急用具・避難用お散歩車・ラジオ・携帯電話・
　　　　　　　　　　　　　　　　　　毛布・懐中電灯

第3章　災害の種類別の対応

第1節　台風・風水害時の対応

　台風や豪雨などの風水害は、地震や竜巻などに比べるとある程度予想ができるので安易に考えがちですが、平常時からの準備が大切です。

1. 平常時における対策

（1）円滑な連絡体制の整備等

① 市区町村、消防署、その他の防災関係組織（消防団等）等との連携を密にし、緊急事態発生時の連絡通報が円滑に行える体制を日常的に整備する。

② 関係機関の緊急連絡先、職員の緊急連絡網、利用者等との連絡網などを常に整理するとともに、必要なものは事務室など職員の見えやすい場所に掲示する。

（2）災害時における職員の対応の確認

　警戒体制時における要員の確保（具体的な職員配置体制の決定）、非常時における職員の行動等について、適切な時期（梅雨入り前・台風シーズン前など）に職員会議等を開催し確認するようにします。また、その際、各施設の立地条件を考慮し、以下のようなさまざまな災害のケースを想定し、避難場所・避難経路・避難方法の確認、施設内における比較的安全な居室等の確認をすることが大切です。

① 河川の増水により、建物内部への浸水が懸念される場合

② 暴風により、居室等のガラスが破損した場合

（3）施設利用者等に対する避難経路・避難場所等の周知

　緊急事態の場合の避難経路、避難場所について、施設内の分かりやすいところに掲示するなど、平常時から施設利用者や職員等に周知徹底を図るとともに、立地条件や周辺環境についても、適

切な方法により周知することです。

（4）周辺環境への注意

　定期的に施設周辺の自然状況の変化、植栽の状況、水路の状況等を点検し、著しい変化等が見られる場合には、市区町村の土木・農林関係または防災・危機管理室へ連絡します。

（5）必要な備蓄物資の確認、非常用持出しリストの作成

　備蓄物資について定期的に点検（消費期限に注意）し、不足数を補充します。特に食糧（飲料水を含む）、医薬品、衛生材料（おむつなど）や救護運搬用具（担架・車椅子など）及び避難誘導のためのロープ等に不足がある場合は、速やかに補充することです。また、施設外への避難に備え、非常用持出しリストを作成しておくことが必要です。

【各クラスの非常持ち出し袋の内容】

クラス名	内容
0歳児	職員①：紙おむつ（M：24枚）・新聞紙・ゴム手袋・持ち手つきゴミ袋 職員②：おんぶ紐2セット・おしり拭き・さらし・タオル・ポケットティッシュ・水（500ml）・メモ帳・ボールペン・ネックライト
1歳児	職員①：紙おむつ（L：24枚）・新聞紙・ゴム手袋・持ち手つきゴミ袋 職員②：おしり拭き・さらし・タオル・ポケットティッシュ・水（500ml）・メモ帳・ボールペン・ネックライト・タブレット端末
2歳児	職員①：紙おむつ（L：12枚、ビッグ：12枚）・新聞紙・ゴム手袋・持ち手つきゴミ袋 職員②：おしり拭き・さらし・タオル・ポケットティッシュ・水（500ml）・メモ帳・ボールペン・ネックライト・タブレット端末
3歳児	職員①：紙おむつ（大きいビッグ：6枚）・おしり拭き・新聞紙・ゴム手袋・持ち手つきゴミ袋・ポケットティッシュ・水（500ml）・メモ帳・ボールペン・ネックライト
4歳児	職員①：除菌シート・新聞紙・ゴム手袋・手持ちゴミ袋・さらし・タオル・ボックスティッシュ・水（500ml）・メモ帳・ボールペン・ネックライト・タブレット端末
5歳児	職員①：除菌シート・新聞紙・ゴム手袋・手持ちゴミ袋・さらし・タオル・ボックスティッシュ・水（500ml）・メモ帳・ボールペン・ネックライト

【離乳食、非常食持ち出しリストの例】

No	内容	内容	数量（単位）	賞味期限
①	ライスるん　五目がゆ	まつや株式会社「ライスるん　五目がゆ®」	60食（15g）	2023.3.6
②	ライスるん 白米+ホタテ貝カルシウム	まつや株式会社 「ライスるん　白米+ホタテ貝カルシウム®」	60食（15g）	2025.2.20
③	保存水	日本ミネラルウォーター株式会社「5年保存水®」	60本（2L）	2024.1.29
④	保存水	日本ミネラルウォーター株式会社「5年保存水®」	84本（2L）	2026.1.2
⑤	コーンポタージュ	全国学校栄養士協議会「全学栄　救給コーンポタージュ（玄米入り）®」	80食（130g）	2023.8.5
⑥	カレー	全国学校栄養士協議会「全学栄　救給カレー®」	80食（150g）	2023.8.5
⑦	乾パン	北陸製菓株式会社「災害対策用備蓄乾パン®」	128食（115g）	2023.12.1
⑧	せんいのめぐみパン	アルファフーズ株式会社「せんいのめぐみパン®」	50食（2本）	2026.6.1

（6）近隣施設、住民等との協力体制

　災害が発生した場合、職員のみでは対応が困難な場合や、救助された人が一時的に避難する場所が必要な場合などを想定し、近隣の施設等との相互の連携体制を確立するとともに、周辺住民等の協力を得られるよう平常時から交流や連携を密にします。

2. 警戒体制

　大雨の場合、または大雨が予想される場合には、降雨状況に関する情報等に注意しながら、順次、警戒体制を強化します。

（1）第一次警戒体制（警報発令時）

① 気象台発表の大雨警報等が発令された場合は、園長に指示体制を一本化する。

② テレビ、ラジオ、インターネット等からの降雨状況に関する情報等の収集を行い、適宜、職員・保護者に正しい情報を提供し、施設周辺の点検を行うなど災害発生に備える。

（2）第二次警戒体制（避難に備えた体制）への移行に向けた準備

① 備蓄物資の数量、保管場所を確認する。保管場所が浸水などの恐れがある場合には、備品、食料品、衣類、寝具などの生活用品を高い場所へ移動させる。

② ガスの元栓、電熱器具の電源、その他危険物の設置状況について点検を行い、必要な措置を実施する。

（3）第二次警戒体制（避難に備えた体制）

① 園長は、気象情報や土砂災害警戒情報、消防団の巡回等による情報、近隣の河川水位の状況や周辺の降雨状況に関する情報に注意し、避難に備えた第二次警戒体制への移行時期を決定する。なお、市区町村長から避難に関する情報が発令された場合は、速やかに第二次警戒体制に移行する。

② 園長は避難に備え、出勤可能な職員を園に集め警戒要員を確保する。

③ 避難誘導の準備

　1）避難者名簿（職員等含む）を作成する。

　2）非常用持ち出し品、避難誘導の際の各責任者などを確認する。

　3）複数の安全な避難場所、避難経路、避難方法・手段を検討する。

　4）屋外避難の場合の施設内の避難経路を確認し、妨げとなる不要な物品等を取り除くようにする。

　5）必要に応じて施設内の避難場所を確保するとともに、必要な生活用品を当該場所に搬入する。

（4）避難誘導

① 市区町村長から、大雨等に伴う「避難準備（要援護者避難）情報」「避難勧告」または「避難

指示」等が発令された場合や自主避難を行う場合には、地域の消防機関、自主防災組織、地域住民等と連携を取り、速やかに園児の避難誘導を行う。

② 避難を行う場合は、市区町村に避難場所、避難経路、避難する人数等を事前に報告する。

(5) 警戒体制の解除

① 警戒体制の解除は、気象台発表の警報等の解除に基づき行う。

3. 避難誘導体制の確立

(1) 安全な避難場所・避難経路の確認

　市区町村、消防署、その他の防災関係組織（消防団等）からの情報やテレビ、ラジオ、インターネット等の情報により、安全な避難場所・避難経路を選定します。その際、屋外への避難そのものに危険が伴うことも考慮し、立地条件や気象情報を含めて総合的に判断し、施設内での安全な場所への避難も検討します。

(2) 避難時期（時間）の判断・避難手順の伝達

　園長は避難する場合は、適切な避難時期（時間）を判断し、職員、園児に伝えるとともに、避難場所までの誘導の手順を示します。

　屋外への避難誘導の場合には、園児の氏名を確認した上で、悪条件（降雨で冷たい・視界が悪い・足元が悪い・雨音で声が届かない・風が強い等）での移動を予想し、少人数での移動あるいは逃げ遅れたり、はぐれたりしないようにロープ等を活用する等、最善と考えられる方法により実施します。

(3) 施設内における避難（移動）

　土砂崩れ等の警戒を要する場合や、土砂崩れ等の発生が想定されるが、豪雨、落雷等の状況が継続しており、施設外への避難が適当でない場合には、2階保育室等へ移動するなど、施設内において、比較的安全な場所へ園児を誘導します。

(4) 施設外への避難

　施設外への避難を実施する場合は、以下の点に留意して行動します。

① 避難場所への誘導にあたっては、避難経路の状況を把握するとともに、周辺地域の被災状況及び救助活動の状況等、周辺の様子についてもできるだけ正確な状況の把握に努め、安全な避難経路を選定する。

② 避難経路や避難場所の決定にあたっては、地域の消防機関、自主防災組織、地域住民等と連携をとるとともに、避難時における協力を要請する。

③ 避難の際の留意事項

　1) 施設の建物外への避難にあたっては、園児に対し、避難の際の注意事項を説明する。

2）歩行による避難の場合には、断線した電線、散乱した障害物、水路・側溝から溢れ出している水の状況等に十分に注意し、生命の安全を最優先として避難する。

3）避難場所に着いたら、ただちに点呼により園児の避難誘導が安全確実になされたかを確認し、園長（または副園長・教頭）に報告する。

（5）避難場所での対応

被災地区から多くの住民が集まっていることが予想される避難場所では、当園からの避難者であることが分かるよう、帽子やリボン等を装着し、混乱を防止する。その他適切な方法で園児の確認をする。避難生活で体調を崩した園児が出た場合は、協力医療機関等に連絡し、受け入れ可能な医療機関等への受診について、協力を依頼する。

4. 被災状況の報告

園児や職員が被災した場合は、消防機関や警察機関と連携し、人命を最優先に対応した上で、市区町村や都道府県の担当課に報告します。

5. 災害発生が懸念される場合

令和3年5月20日から施行された改正災害対策基本法を踏まえ、それぞれの市区町村発出された「災害時における幼児教育・保育施設等の臨時休園に関する基準について（通知）」において臨時休園できる基準が示されました。それを受け、保護者には連絡システムや電話連絡を通じて、休園や早めの降園をお願いすることがあり得る旨を園だより等で保護者に周知しておきます（4月の入園シーズン、梅雨入り前、台風シーズン前など）。「もし台風が上陸し激しくなるようでしたら、早めの迎えをお願いしますので本日の連絡先は、お母様の職場でよろしいですね」と緊急連絡先を確かめておきます。

【風水害等の場合】

事象	内容	事象が起きた時の対応
警戒レベル3 （高齢者等避難）の 発令等	開園前 （午前6時時点）	臨時休園
	保育中	全園児の降園を要請 全園児の降園後、休園 室内安全確保が困難な場合は、地域の避難場所に避難*

＊それぞれの市町村よっては、基準が異なることもあるのできちんと確認する必要がある。

【地震の場合】

事象	内容	事象が起きた時の対応
市内で震度5強以上 の地震が 発生した時	開園前	原則、臨時休園
	保育中	敷地内や園舎等の点検を行い、安全を確保した上で全園児の降園を要請 室内に留まるのが困難な場合は、地域の避難場所に避難*

＊それぞれの市町村よっては、基準が異なることもあるのできちんと確認する必要がある。
＊避難場所を移動する場合は、避難先をメールでお知らせします。

第5部

第3章　災害の種類別の対応

【連絡のポイント】

① 保護者への電話連絡責任者を決める。連絡網を作成し、電話表を持つ（一時保育なども）。
② 電話連絡は、連絡網を見ながら「何時に誰に伝えたか。どのように答えたか」をチェックし記録をとる。
③ 留守番電話の時は伝言を入れる。
④ 最終結果を主任・主幹から園長（または副園長・教頭）に報告する。
⑤ 電話のない保護者には、E-Mailまたは保護者との間で決めた時間に、園の携帯電話等に連絡を入れてもらうよう伝えておく。

6. 園舎外の整備

① 強風にあおられて飛んだ危険な物、近所に迷惑をかける物など全てを片付ける。
② 職員が揃っている昼の時間帯や風雨が激しくなる前に行う。
③ 紐で結ぶ時は真結びにはしない。すぐに外せるように蝶結びにする。
④ 室内に置く時には、床に傷をつけないようにシートを敷き、そっと運ぶ。
⑤ 洗濯竿は地面に下ろす。物干し台は倒す。
⑥ 洗濯物は屋内に干す。
⑦ 三輪車やスクーターは軒下や園庭隅へ移動する。
⑧ テントの幌を外し、倉庫または軒下へ移動する（脚を入れる時油をさす）。
⑨ 戸外にかけてある掃除用具はまとめて結び、地面に下ろす。
⑩ その他飛びやすいバケツ、たらいなどは倉庫に入れる。
⑪ 風向きにより、サッシの扉下から雨水が入り込むと予想されるところには、レールの部分にバスタオルを置く（玄関等）。
⑫ 強風の時は、停電になることがあるので、冷蔵庫の温度を上げないために、前日より、多量に氷を作っておく。保冷剤もできるだけ入れておくようにする。
⑬ 大雨の時は、通用口前に土嚢を積み、中に水が入らないようにする。

7. 職員の勤務確認及び電話連絡

① 園の近くに住んでいる職員が早番になる。自転車やバイクで出勤する職員は危険なため、車に乗り合って来るよう打ち合わせしておく。
② 職員配置を考え、無理をして出勤しなくてよい体制をとる。できれば前日から休みを決めておくとよい。
③ 職員の緊急連絡先を確かめる。
④ 登園時に風雨が激しく、職員が自宅待機になった時は、天候の回復状態により、すぐ出勤できるように準備しておく。「休み」ではないことを確認しておく。
⑤ 翌日の後片づけも考慮し、勤務体制を組むようにする。

8. 後片づけ

① 園舎内に雨漏りはないか、窓ガラスなどの破損はないか、見回る。

② 園内に危険物（金属やガラスの破片など）が落ちていないか調べ、掃除をしてからこどもを遊ばせる。

③ 園舎周囲、ご近所に飛んでいるものはないか見回る。よくポリバケツの蓋が飛ぶことがある。

④ 落ち葉や木の枝など、道路や隣の家の前もきれいに掃き掃除する。

⑤ 浸水等により施設内が汚染された場合には、清掃に加え防疫薬剤の散布など衛生管理に必要な措置を講じる。

⑥ 施設に異常が認められる場合は、専門家による応急危険度調査等を実施し、安全性の確認を行う。

⑦ 電気、ガス、水道等のインフラ設備の機能・安全性を確認する。特に、電気系統に浸水被害があった場合には、専門業者による点検で安全を確認するまでは通電・作動は行わないようにする。

⑧ 被害があったらすぐに園長に報告する。

第2節　火災の予防と対応

1. 事前の環境整備

（1）火災の発生に備えて

① 火気近くに燃えやすいものを置かない。

② 消火器、消火栓、バケツ、火災報知器、放送設備等の使用方法や設置場所などを確認しておく。

③ 廊下や出入口、階段等に避難の妨げになるものを置かない。

④ 非常持ち出し物品の内容物及び置き場所を確認しておく。

⑤ 日頃から使用しない時はガスの元栓を閉めておく。

（2）避難訓練

① 併設施設や近隣住民との合同で、さまざまな火災状況を想定した訓練を実施する。

② 火災訓練を実施する（初期消火・消化器・消火栓の取り扱いなど）。

③ 通報訓練を実施する（消防署・併設施設・近隣住民）。

④ 避難通路・経路の確認をする。

⑤ 火災報知設備及び非常ベル、非常通知装置の使用方法を習得する。

⑥ 火災発生時における各職員の役割分担を確認する。

（3）保護者への事前連絡

① 保護者へは、毎年新学期が始まる前に緊急時における園の対応及び避難先を周知しておくようにする。

第3章　災害の種類別の対応　227

(4) 施設設備の点検等

① 出火元となりやすい電化製品、ガス器具、コンセント、配線、配電盤等の正しい使用方法を習得及び正常に作動しているか点検する。

② 万一出火した時に備え、消化器の所在を確認しておくとともに、正しい使用方法を習得し使用できるようにする。

③ 避難経路に障害物がないことを常に確認する。

④ 防火責任者を明示し、責任をもって日常の点検と整備をきちんとする。

⑤ 保育者は、日常の保育環境を整備しておくとともに、日頃の保育の中でこどもの行動特性をしっかりと把握する。

⑥ 緊急時連絡用の提示をする。

2. 火災発生時の手順

火災発生にあたっては、大声で周囲に知らせることが大切ですが、火災発生時の基本的な流れは、「火災発生→報告→通報→避難→初期消火」です。保育中に火災が発生した場合は、次のことに留意します。

① 火災の発生を発見したら（第一発見者）、大きな声で周りの職員に知らせる。

② 知らせを受けた職員または、主任・主幹、園長は館内放送、一斉内線連絡、または口答で周知させる。

③ 第一発見者及び知らせを聞いた職員は、可能な限り初期消火に努める。

④ 初期消火を担当するものは、背後に避難経路をつくり消火にあたる。

【消火器の使用法】

1) 黄色いピンを上に引き抜く。

2) ホースを外して燃えているものに向ける。

3) レバーを握りしめ、消火剤を手前から箒で掃くようにかける。

⑤ 各職員は、園長またはその場の最高指揮権者の指示に従いムダなく的確な行動をする。

⑥ 消防署へ通報する。

1) 通報者は、消防署直通電話で通報後、自分も避難しながら同時に別の携帯電話で消防署へ通報し、火災が起きている箇所や避難している園児と職員の数など詳細を伝える。

⑦ こどもを避難誘導する（こどもの人数の把握及び責任者への報告）。

1) 落ち着いて行動することを心がけ、こどもに動揺を与えないように努める。

2) 出火元・火の回り具合・煙・風向き等を考え、より安全な方向・場所に避難する。

⑧ 安全な場所まで避難した後で、状況により保護者に連絡をし、こどもの引き渡しをする（保護者の緊急連絡網及び園児居住地一覧は必ず持って避難する）。

⑨ 避難する時は、姿勢を低くし、濡れたハンカチなどを口と鼻に当て、煙を吸わないようにする。

⑩ 延焼を少しでも抑えるため、ドアや窓は閉める。鍵はかけない。ただし、地震の時はドアが変

形して開かなくなることがあるので、開放して避難する。

⑪ エレベータは使用しない。

⑫ 一旦避難したら、指示があるまで戻らない。

⑬ 火災により翌日以降保育を行うことが困難な場合は、保護者の緊急連絡網及び入口にその旨の貼り紙をして知らせる。

⑭ 地域住民、関係機関へ連絡する。

第3節　地震時の対応

1. 事前の環境整備

　園で行う震災避難訓練は、大規模地震において、こどもの生命を守るための具体的な方法を職員一人一人及び園児が身に付けるためのものであるため、いつ地震災害が発生しても適切な対応ができるように環境を整えておくことが大切です。また、近隣住民、地域の自主防災組織の行う訓練との合同で避難訓練を実施するなど、地域と綿密な協力・連携ができる関係を築いておくことも必要です。

（1）避難訓練

① 近隣住民または地元消防団との合同で、大規模地震を想定した訓練を実施する。

② 緊急避難訓練を実施する（園児と職員で地震時の一時待機場所へ移動など）。

③ 安全確認訓練を実施する（職員が園児の人数・安全確認）。

④ 避難通路・経路の確認をする。東日本大震災では、避難途中や避難したところで津波に流された方が多かった。避難経路はいろいろな想定をして安全なところの確認が必要である。

⑤ 非常時持ち出し袋の中の備品や毛布の使用方法を習得する。

⑥ 地震発生時における各職員の役割分担を確認する。

（2）保護者への事前連絡

　保護者へは、毎年、新学期が始まる前に緊急時における園の対応及び避難先を周知する。

（3）施設整備の点検等

① 安全点検は月1回行う。

② 家具、家電製品、備品等の転倒防止がなされているか点検する。地震後の出火に備え、消化器の所在を確認しておくとともに、正しい使用方法を習得し使用できるようにする。

③ 避難経路に障害物等がないことを常に確認する。

④ 防火管理者は責任をもって日常の点検と整備をきちんとする。職員は、日常の保育環境を整備しておくとともに、日頃の保育の中でこどもの行動特性をしっかりと把握する。

⑤ 緊急時に、連絡掲示用の掲示ができるようにあらかじめ用意しておく。

第3章　災害の種類別の対応　229

(4) 情報収集方法の整備

① 行政無線などによる都道府県、市区町村などの行政機関からの情報を収集する。

② 大雨や洪水などの気象情報や津波警報、注意報、避難勧告、指示を携帯電話やパソコンへ電子メールで送信する「県民安全・安心メール」などを活用する。

③ テレビ、ラジオからの情報を収集する。

第4節　大地震発生時の対応

1. 園舎内

① 避難誘導・警備係は、園児に安心できるような言葉をかけ、具体的には姿勢を低くして落下物から身を守るように指示して、緊急避難させる。

② 避難誘導・救護係は、積木、ピアノ、窓ガラス、その他倒れやすいものなどから園児を遠ざける。

③ 園児及び職員は、机やロッカーなどの下に身を隠し、揺れが収まるまで様子を見る。

④ 職員は、できるだけ、速やかに戸やサッシ等を開けて避難口を確保する。

⑤ 揺れが収まったら、一時園庭へ避難し、全園児と職員の安全と人数の確認を行い、初期消火係と情報伝達・指示係で施設の点検をし、園長または副園長・教頭へ報告する。

⑥ 避難誘導・救護係は指揮権を持つ者の指示があるまで園庭に座って待機する。施設内には安全が確認されるまでは立ち入らない。

⑦ 初期消火班は、速やかに火元を閉じ、揺れが収まってからガスや配電盤を点検し、安全を確認する。もし、施設内及び近隣において火災が発生した場合は初期消火活動を行う。

⑧ 情報収集係は、全園児と職員の安全確認と同時に、津波などの二次災害が起きる可能性に留意して携帯ラジオ等で情報を収集し園長へ報告する。

⑨ 大地震の場合は、すばやく身の安全を図るとともに、乳幼児の安全を確保する。

⑩ ガラス等落下物に注意しながら、園指定の一次避難所へ避難する。

⑪ 避難後、緊急保育態勢に入る。

2. 園舎外

　広場等では、塀・建造物から遠ざけ、できるだけ中央の安全な場所に座って、安心できるような言葉をかけ、揺れの収まりを待つようにします。

① 地面の亀裂・陥没・隆起、頭上の落下物に注意する。

② プールに入っていれば、すばやく園児を水からあげ、できるだけ中央の安全な場所に集合させ、座って、安心できるような言葉をかけ、揺れの収まりを待つ。その後、タオルや衣類を確保し、体を包むようにする。

③ どの場所でも揺れが収まり次第、速やかに担任は、担当教室の園児の安全確認を行い、園庭の緊急避難場所まで誘導し、指示があるまで一時待機する。

3. 園外保育（近隣公園等）

① 揺れを感じたらただちに園児を集めて、できるだけ塀や建造物から遠ざけ、しゃがんで揺れの収まるのを待ち、その後、速やかに人員の確認を行う。

② 切れた電線には絶対触らないように園児に注意する。

③ ブロック塀、自動販売機、屋根瓦、ガラスその他落下及び転倒物に注意する。

④ 津波などの二次災害等がないか携帯ラジオ等で確認する。

⑤ 携帯電話で園に連絡を入れ、必要な場合は園に応援を要請する。連絡がつかない場合は、保育補助員が園に応援を求める。担任は園児とともに近隣の安全な場所で待機する。

⑥ 全員が無事で、自力で戻れるようであるなら安全を確認しながら、慎重に園に戻る。

4. 園外保育（遠足等）

① 事前実地調査の際、目的地の状況を把握する。あわせて地震が発生した場合の安全な場所を確認しておく。

② 園外保育中は、園児の安全を第一に考え対応し、落ち着いて行動する。園外保育は中止し、園児の安全を確保した後、携帯電話で園に連絡を入れる。災害の状況により応援を求めるなどをして園に帰る。連絡が取れない場合は、現場の指揮権者の判断で行動する。

③ 目的地までの途中、徒歩の場合は、近くの安全と思われる場所に避難する。また、窓ガラスの破片等落下物に注意する。特に切れた電線は、直接または水たまり・ガードレール等を通して感電することがあるので充分注意する。

5. 登園降園時

　登園、降園の時間帯は、異年齢集団であったり保護者の出入りが激しかったりして非常に流動的な状況であることが多いので、その場にあった臨機応変の対応が必要です。ただし、基本的には園舎内（遊び、食事、午睡）で地震が起きた場合を参考とします。その他の注意すべき点は以下の通りです。

① 居合わせた保護者に協力を求め、退避行動を指示する。

② 登園している園児の氏名や人数等を送迎表、出席簿等で把握・確認して記録する。

③ 全職員は、その場にいる最高指揮権限者の指示に従って行動する。

④ 臨時出勤してきた職員は、速やかに応援に入る。

⑤ 震度5以上の時は、全職員に招集がかかる。

⑥ 園長は災害の状況により、その後の園の業務が維持できるかどうかを判断して、その状況を立て札または貼り紙に書いて入口付近に掲示する。

⑦ 園近隣に居住または所在している職員は、自己の安全を優先しつつ、速やかに園の応援に参加するようにする。

第3章　災害の種類別の対応　231

6. バス送迎時

① 園児の安全を第一に考えて対応し、落ち着いて行動する。

② バス送迎は中止し、園児の安全を確保してから携帯電話で園、園長、教頭に連絡を入れる。状況に応じて応援を求めるなどして園に戻る。連絡が取れない場合は、現場の指揮権者の判断で行動する。

③ 災害発生により、交通規制が敷かれた場合に備え、最寄りの警察署または検問所において、規制対象外車両の証明書発行申請の添附書類となる車検証の写しを常に2部用意しておく。

7. 園児の引き渡し

① 大地震が起きた場合及び警戒宣言が出された場合、園児は速やかに保護者に引き渡す。また引き渡しの際は問診票または送迎表と照合の上、園児を引き渡し送迎表に時間と続柄を記入するようにする。

② 園児の引き渡しは、保育室にて職員が行い、送迎表に時間を記入してもらうようにする。

③ 可能な限り、園児は保護者に引き渡す。代理人が来た場合は、ただちに保護者と確認をとり、複数の職員立会いのもとに後日保護者に確認できるようにしておく（代理人の写真撮影、身分証明書コピーまたは提示、番号を控える、サインをもらうなど）。

④ 園児本人が確認できる場合は、面通しを行う。ただし、状況によっては園児の安全を考慮して拒否することも視野に入れておく。

⑤ 園が高台にあり、家が海の近くにあるなど、状況によってはそのまま屋上待機も考える。

⑥ 保護者同士が連絡を取りあえずにバラバラの時間に迎えに来ることがある。そのため、何時に誰が迎えに来て、どこに避難するつもりか聞き、記録して残しておく。

8. 残留園児の保護

① 保護者が保育時間内に園児を引き取ることが困難な場合は、保護者等が引き取りに来るまで園において原則24時間は園児を保護する。その後は行政の措置した救援所へ移送する。大災害の場合、ライフラインがストップし、交通も麻痺するので、場合によっては1週間ぐらい保護することもあり得る。

② 夜間であったり建物の倒壊や火災などの恐れがあったりする場合は、指定の避難所へ避難し、そこで保護する。園長またはその場にいる最高指揮権限者は、避難先等の行き先が分かるように、立て札または貼り紙を入り口付近に提示し、保護者に伝達できるよう可能な手段を講じる。

③ 園児を保護するために必要な食料等は、行政の防災体制が機能するまでの間は、園の備蓄食料品で、できる限り対応する。

④ 職員は残留する園児の数、その他必要な事項を記録し、園長に報告する。

⑤ 園で震災後24時間が経過し、かつ保護者の安否が確認できない場合や、親族が引き取りに来られない場合は、被災児として避難場所に移送する。

9. 避難

　大地震が起きてもすぐに園を離れるのではなく、園や周囲に火災が発生したり、その恐れがあったりする時、園舎の被災が大きく危険であると判断したりする時には、第二次避難地や行政の指定する震災救援所等の一時集合場所に避難します。また、津波の恐れがある場合は近隣マンション等の屋上に避難するようにします。

（1）震災救援所への避難

　園から避難する際は、状況を確認しながら行政が指定している震災救援所に避難します。日頃より経路を把握し、園児を安全に誘導できるように、列を維持しながら前後にできるだけ複数の職員を配置し移動します。また、避難する際は、園児の安全確保を第一としますが、出席簿、引き渡しカード、非常時持ち出し袋等最低限の物を持ち出す努力をします。

（2）広域避難場所などへの避難

　周囲に大火災が発生した場合、原則として安全な避難場所に行き、そこから地域の人と一緒に防災市民組織や消防・警察等の誘導により、他の震災救援所や広域避難場所に避難します。

（3）園を離れる際の注意

　園を離れる場合は、迎えに来る保護者に所在を明らかにするために必ず、行き先が分かるように正門及び建物などに掲示をします。消防防災計画規定に基づく避難場所は複数決めておきます。

（4）避難時の注意事項

① 慌てて外に飛び出さない。

② 一箇所にこどもを集める。

③ 安全な避難経路を確保し、物の倒壊やガラスの破損などが想定されるので、毛布、布団などを敷き、足などへの怪我を予防する。

④ 園から市区町村指定の避難場所に避難する場合は、事前に避難場所の状況及び避難場所までの安全性を確認してから行動する。これを確認せずに移動を開始すると大変危険である。保護路より安全で最短距離の通路を確認し、あらかじめ決めておくことが大切である。

⑤ 落下物や、ブロック塀など倒壊の恐れがある場所・狭い路地を避け、山崩れや崖崩れなどが発生しそうな所も避ける。

⑥ 垂れ下がった電線には触れないことを知らせる。

⑦ 津波警報に注意し、堤防決壊時は、高台へ避難するようにする。

⑧ 正確な情報を把握する。

⑨ 二次被害として一番大きな災害は火災である。火災から人命、施設を守るため、火の始末は必ず行うようにする。また、電気のスイッチは切り、コンセントは抜き、念のためにブレーカーを落とすようにする。

⑩ 避難した場合は、必ず乳幼児の怪我等の確認を行うとともに、人数の確認を行う。

第3章　災害の種類別の対応

（5）園児または職員が負傷した場合

① 応急処置は、日頃より園に備えてある救急薬品で手当する。

② 中程度以上の負傷者は近隣の病院または行政に設置する医療救護所で手当を受ける。

③ さらに救命・救急措置が必要な重傷者・重篤者は、自治体が指定する後方医療施設に搬送し、治療を受ける。

10. 津波発生時の留意

217ページの「津波警報・津波注意報の種類」で述べたとおり、気象庁が発表する「大津波警報」「津波警報」「津波注意報」にそれぞれの想定される被害ととるべき行動が示されています。かつ、以下のことを念頭に行動してください。

① 強い地震を感じた時、または弱い地震であっても長い時間ゆっくりとした揺れを感じた時は、ただちに海浜から離れ、急いで安全な場所に避難する。

② 地震を感じなくても、大津波警報・津波警報・津波注意報が発表された時は、ただちに海浜及び河川から離れ、急いで安全な場所に避難する。自動車による避難は道路混雑で避難遅れの可能性があるので、ルートなどを事前に十分検討すること。

③ 時々刻々と変化する情勢をラジオ、テレビなどを通じて正確に把握する。

④ 津波は繰り返し襲ってくるので、警報、注意報解除まで気をゆるめないようにする。

第5節　大規模な地震の発生が予想される場合

東南海地震に関する地震防災対策強化地域判定会の開催や、警戒宣言が発令される等の大規模な地震の発生が予想される場合がこれに当たります。

大地震に関する警戒宣言が内閣総理大臣から発令されると、ただちに都道府県経由で市区町村に伝わります。この時点で、警察・消防関係にも一斉に情報が伝わり、市区町村と協力して市民に情報を伝えることになっています。

警戒宣言発令の情報は、市区町村から園へ何らかの方法により伝えますが、電話等の不通ですぐに情報が伝わらない場合があるので、警戒宣言発令の情報を把握した時点で、園独自の判断で独自に行動します。この際、パニック状態に陥ることも予想されるので、落ち着いて日頃の計画通りに行動することが大切です。

警戒宣言が発令されると、園は、225ページで臨時休園の基準を示したとおり、休園となります。夜間に発令された場合は、翌朝からの登園は、警戒宣言が解除されるまで登園できないことを、事前に保護者に伝えておくようにします。

1. 勤務時間内

① 市区町村からの連絡または防災無線、報道機関から情報が伝えられる。

② 急いでする必要のない行事・会議・出張・園外保育は中止する。

③ 園児の引き渡しをする。

④ 園外保育等でこのような災害の情報を把握した場合は、速やかに園に戻る。なお、戻る際には安全な道順を探す。

⑤ 園を離れている場合でも、常に所在を明らかにし、進んで園と連絡をとる。

⑥ 正規の勤務時間が終了しても、上司の指示があるまでは帰宅しない。

（1）保育体制

　警戒宣言発令時は、いつ地震が発生してもおかしくない状況下で保護者への園児引き渡しをしながら、保育を継続しなければなりません。そこで、通常の保育とは別に緊急保育計画を定め実施していく必要があります。また、早朝保育や延長保育、土曜保育等、比較的職員の手薄な時間帯の対応についても検討しておく必要です。

（2）施設内の安全確認

　大地震の発生確率が非常に高いため、安全性の確保と安全な避難誘導のための通路を確保し、施設内の危険箇所を点検します。危険と思われる家具等については、あらかじめ移動させるか固定するようにします。

（3）防災用品の準備

　緊急避難時に持ち出す物品の整理、確認をするとともに、災害用物品の用意をしておきます。緊急持ち出し物品の中で特に大切なものは、乳幼児の名簿で当日の出席名簿は必ず持ち出すようにします。避難等した場合、当日の出席簿により乳幼児の確認を行うからです。登園の有無が大きな問題となることがありますので特に注意をしておきます。

（4）情報伝達

　警戒宣言発令時は、一般の電話利用が制限される場合があります。そこで、園と保護者の電話は極力控え、園からの連絡がなくても、こどもの引き取りができる旨を保護者に普段から徹底しておくことが必要です。

2. 勤務時間外

① テレビ、ラジオ、ネット等で情報の収集に心がける。

② 園へ集まる指示は上司からある場合があるので、連絡しやすいように自宅待機をする。

③ 日頃より職場内の情報連絡体制を確認しておくようにする。

第4章　不審者への対応

1. 不審者の侵入に備えて

　緊急対応の視点は、「園児の生命・安全を確保すること」を第一に考え、「職員間の迅速な連絡、いち早い通報」「職員の負傷等の被害防止」に努めることです。

① 園内外の巡視を行い、見通しの悪い場所や簡単に侵入できる場所はないか確認する。
② 火災報知器や放送設備等の使用方法や設置場所を確認しておく。
③ 廊下や階段などには避難の妨げになるような物を置かない。
④ 警備体制や警備会社等との連絡体制を定期的に確認し、見直しを行う。
⑤ 別な方向への避難経路を二つ以上決めておく。
⑥ 全ての外来者は、インターフォンなどで目的確認をすると同時に、防犯カメラ等で姿を確認する。
⑦ 納入業者、その他の来園者は、原則として保育室への入室を禁止する。
⑧ 実の親でも離婚後親権がなく、配偶者より連絡がなければ施設内に入れないようにする。
⑨ 工事関係者には、業者名、内容、時間、人数を記入してもらうようにする。

2. 不審者対応の一般的な流れ

（1）不審者かどうかの見極め

　挙動不審や挨拶に無反応など、不審者の疑いがある時は、声をかけて用件を尋ね、「用件を答えられるか、または正当な用件かどうか」「不自然な場所に入っていないか」「凶器や不審な物を持っていないか」「不自然な行動や暴力的な態度が見られないか」などで判断し、落ち着いて行動することが大切です。

（2）退去を求める

　不審者発見者は、職員へ連絡するとともに、相手の言葉や態度に注意しながら、退去するように丁寧に説得します。また、身を守るために、相手から2〜3m離れ、不審者に背を向けないようにします。

　そして、「退去の説得に応じない」「暴力的な発言をする」などの場合は110番通報をします。そうすることで退去することもありますが、再び侵入してくることもあります。対応した職員は退去したことを見届けるために、その場に残って様子を見ることが重要です。

（3）不審者を隔離する

　不審者が侵入してきた時は、別室に案内し隔離することが重要です。その別室は出入口が1ヶ所で、不審者を先に奥に案内し、対応者は入口付近、すぐに避難できるように入口のドアは開けておきます。そして、複数の職員で暴力行為と不当な要求を抑止し退去を説得します。

(4) 110番通報

分かる範囲で、不審者の位置や様子、被害の有無を落ち着いてはっきりと伝えます。

(5) 避難指示

放送設備を使って避難指示を出す場合は、不審者に気づかれないように、または不審者を刺激しないよう工夫することが大切です。例えば、あらかじめ不審者対応のために「ブラック」などの暗号を決めておくと、不審者を刺激しなくてすみます。

(6) 避難

園児の生命・安全を確保することを第一に考えて迅速に行動します。また、一旦避難したら、指示があるまでは絶対に戻らないようにします。

(7) 避難状況の確認

避難完了者、負傷者の有無を確認し、正確に報告します。

3. 不審者を確認した時

(1) 施設周辺で不審者を見つけた時

【対処方法】

① 警備会社への連絡装置を起動させる。

② 園児を保育室などの安全な場所に避難させ、園舎の施錠をする（園児と不審者との距離を置く）。

③ 職員室へ不審者がいることを連絡する。

④ 職員室から一斉放送をし、全クラスに知らせる。

⑤ 110番通報をする。

⑥ 各クラス点呼を行い園長に連絡する。

【連絡の仕方・内容】

① 発見者が職員室に連絡する。

② 発見者が連絡できない場合は、発見者が付近の職員に伝え、連絡してもらうようにする。

③ 発見者が園舎外で発見した場合は、職員室の中にただちに入って連絡をする。保育室で発見した場合は、内線にて園長に連絡する（不在の場合は副園長・教頭・主幹・主任）。

④ 不審者がどこにいるか、どのような服装をしているか等、できるだけ詳しく情報を伝える。

⑤ 職員室より一斉放送を行う。

(2) 不審者が園庭に侵入した場合

【対処方法】

① ただちに園児を保育室に入室させ施錠をする（園舎内全て）。

第5部

第4章　不審者への対応　237

② 不審者が園庭に侵入してから気づいた場合は、発見者が不審者をこどもから引き離すよう不審者を引きつけ、その間、他の職員がこどもを避難させる。

③ 保育室より、職員室へ不審者がいることを内線連絡する。

④ 職員室から一斉放送をし、全クラスに知らせる。

⑤ 110番通報をする。

⑥ 各クラス点呼を行い園長に連絡する。

【連絡の仕方・内容】

① 発見者が職員室に連絡する。

② 発見者が連絡できない場合は、発見者が付近の職員に伝え連絡してもらう。

③ 保育室で発見した場合は、内線にて園長に連絡する（園長不在の場合は教頭・副園長）。

④ 不審者がどこにいるか、どのような服装をしているか等できるだけ詳しく情報を伝える。

(3) 不審者が園舎に侵入した場合

【対処方法】

① 園児を安全な場所に移動させる。

② 危険を感じた場合は、身近にあるもの（消火器等）を防具にし、応援者や警察とともに、園児の安全を図る。

【連絡の仕方・内容】

① 不審者がすでに園舎内に入ってしまった場合、複数職員がいる場合は一人が応援・連絡を頼みに行く。

② 一人の場合は大声で助けを頼む。園児をできるだけ保育室から出し安全な場所へ移動させる。

③ 連絡を受けた職員は、ただちに各方面に連絡する（職員室や警察など）。

④ できるだけ園舎外にこどもを避難させる。ただし、無理はさせない。こどもの安全を最優先する。

(4) 不審者が近くに出た時の対処例

例1) 不審な男が日中、園舎の周りからジロジロ中を覗いている。

【対処の仕方】

　警備会社あるいは警察に連絡し急行してもらう。

【対策】

① 保育室・休憩室など、夜は外から丸見えなので、外から覗かれないように、ブラインドをおろしたり、カーテンを閉めたりする。

② 職員は行き帰りに不審な人につけられていないか、一人暮らしの職員は特に後ろを振り返るな

【不法侵入時対応フロー図】

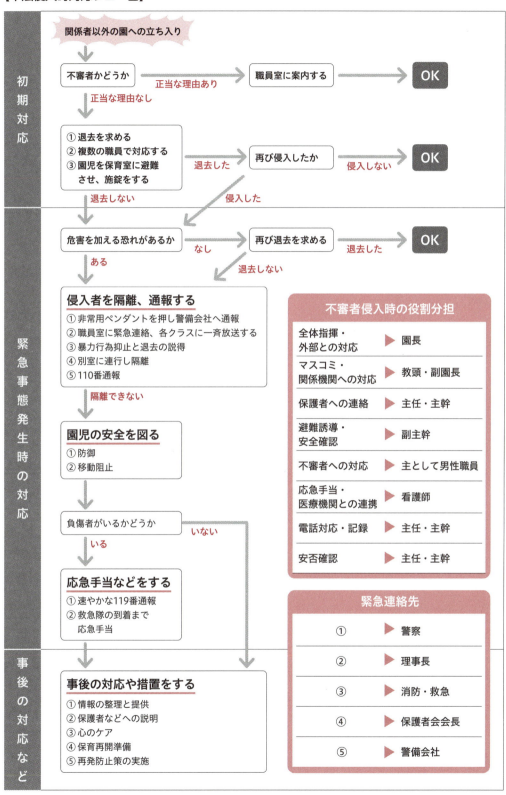

第4章 不審者への対応

ど周囲を見回す。

③ 園舎外から声をかけられてもインターフォンで対応し、絶対に中に入れない。

④「警察です」と訪ねてきても、写真と身分証明を確かめるまで開けない。

例2）露出狂の男が職員を追いかけた。

【対処の仕方】

① すぐに110番通報する。

② 人相・年齢・服装・体格等の特徴を覚え知らせる。

③ 逃げた方向、バイクや車の時はナンバーを知らせる。

第5章 不審な電話・手紙への対応

第1節　不審な電話について

① 必ず録音をする

② 電話録音は、必要な時にいつでも使えるように、不要な録音を毎日消去しておく。

③ 不審な電話は、園長・副園長・教頭・主任・主幹に録音テープの内容を聞いてもらう。

④ 職員は守秘義務があり、個人のプライバシーを守らなければならない。

⑤ 親しげに職員の名前を言っても取り次がない。→　**例1、4**

⑥ ローン会社などは、個人名でかけてくることがある（会社名は絶対に名乗らない）。→　**例2**

⑦ 園児名を公表しない。同姓の子がいても答えない。→　**例3**

⑧ 保護者には不審な電話があったことを伝える。→　**例3、4**

例1） TEL ：「そちらの園の先生に転んだ時に助けられました。
　　　　　　　ぜひお礼が言いたいので名前を教えてほしいのですが。」
　　　　職員 ：「職員の名前をお教えすることはできません。」

例2） TEL ：「○○さんいますか。」
　　　　職員 ：「どちら様でしょうか。」「勤務中ですのでお取り次ぎはできません。
　　　　　　　こちらから連絡させますので、連絡先をお知らせください。」

例3） TEL ：「○○さんというこどもを探しています。お宅の保育園に通っていませんか。」
　　　　職員 ：「そのような問い合わせについては、お答えできません。」

例4) TEL：「○○さんの友だちです。住所（連絡先）を教えてください。」
　　　職員：「申し訳ありませんが、住所（連絡先）をお教えするわけには参りません。」

【対処方法】

① 電話でも手紙でも嫌がらせのものが多いが、常にそのことが事実であることを前提にして対応する。

② 園長に一報を入れる。どこにいようが連絡をとる。どうしても取れなければ教頭・副園長に連絡する。園長は警察に連絡をして園内において情報が外部に漏れないように万全を期し、警戒態勢を強化する。

③ 電話を受けたものは冷静に電話の内容を把握し、メモに取ること。

④ 内容を、5W1Hの原則に従って、目的を聞き出すこと。また、いつ、どこで、なぜ、誰に対して行うかを聞き出すこと。

⑤ 相手も警戒しているが、その中で相手の名前や住所、連絡方法、人数を割り出すこと。

⑥ 相手の声のアクセントや声の特徴、さらに相手の背後に聞こえる音をメモすること。

【緊急時の対応】

① 全職員に緊急連絡し、すぐに園児の避難を指示し実行する。園児には「おはしも」の原則（おさない、はしらない、しゃべらない、もどらない）を普段から徹底する。

② 園長は少なくとも1時間以内に警察、消防署へ緊急連絡し支援を仰ぐようにする。

③ 通話時間の延長を図り、脅迫者の発言を阻止することがないように冷静に落ち着いて対応する。「そんなことするな」「馬鹿なことをするな」など拒否的な応答は避ける。「検討しますのでしばらく時間をください」などと応答する。

④ 緊急会議をただちに開き、危機管理として一番大切なことである最悪の事態を想定し、職員の役割分担を決め、素早く対応策を講じる。

⑤ 脅迫状の場合は、指紋確認と犯人特定のため封筒にはできるだけ触らないようにする。どうしても触らなければならない時は手袋をはめる。

【爆弾脅迫の場合の対応】

① 爆弾脅迫を受けた職員は、予定爆発時刻と爆弾をセットした場所を聞き出すことに全力をあげる。それ以後の避難誘導や爆弾探索に大きく影響する。時限式ではなく起爆式の方が現在は主流である。爆弾を水につけたり、冷やしたりすることは絶対にしてはいけない。

② 脅迫電話があった後の訪問者の車両の園内への乗り入れは禁止する。

③ 普段から爆弾を隠したりできる場所を減らす工夫をする（敷地内の整理整頓を行う、ゴミ箱は外部から見える透明度の高いものにする等）。

④ 脅迫電話はほとんどがいたずら電話であることが多いが、それを無視することは危険である。万が一、仕掛けられていて爆発が起こり、園児や職員に負傷者や死亡者が出て、訴訟問題に発展すれば大変なことである。

第5章　不審な電話・手紙への対応

⑤ 一時避難及び避難解除は原則として警察の指示に従う。その到着までに爆発物と思われるものを発見しても、決してそれに触れたり、移動したりしてはいけない。また、爆風による被害を少なくするため、全てのドアや窓を開ける。建物内に誰も残っていないことを確認して避難する。治安当局より安全が確認されるまで建物に入ることを控える。

⑥ 爆発物以外の場合、毒物混入、放火、誘拐等の場合においても基本的な対応はほとんど同じである。

⑦ 警察に対しては園長を中心に対応し、曖昧な対応やごまかしは避ける。園に不利な事項であっても事実は隠さないことが大切である。

⑧ 園長が警察に直接出向いて事情を説明し、協力の意思を明確に示すことがその後のコミュニケーションを良好に保つ上で重要である。

⑨ マスコミ対応には十分配慮し、公表については警察の発表の範囲内にとどめるようにする。

⑩ マスコミ関係者が押し寄せてくる事態に備え、その特定の場所を指定し、指定以外の場所に立ち入らせないようにする。また、場合によっては、記者会見を行う場所を準備しておくようにする。

第6章 園児の誘拐・拉致（行方不明）への対応

① すぐに園長・教頭・副園長に知らせる。その後主任・主幹及び職員全員に知らせる。
② 担任だけで探さないで、他の職員にも協力を求める。
③ いなくなった時間、どのような活動中であったかを明確にしておく。

【日常からの対応】
① 保護者への連絡、警察への連絡、教育委員会などへの連絡、報道機関への対応など役割分担をきちんと確認しておく。
② 自治会など地域の多くの方々との連携を強化し、「こども110番の家」との協力を進める。そして「こども110番の家」の存在や、利用の仕方について、園児に周知徹底する。また、いざという時にはコンビニエンスストアや商店など、大人が常駐する場所に逃げ込むことも園児に教える。
③ 園周囲を取り巻く環境や、施設設備などの定期点検を行い、防犯上好ましくない状況が発見された場合は、関係機関と連携し、環境整備を行う。
④ 園児への安全、防犯の教育をする。「いかのおすし」の原則を教えておくようにする。

「**いか**」……知らない人について**いかない**。

「**の**」………知らない人の車に**のらない**。

「**お**」………危険な時には**おおきな声を出す**。

「**す**」………**すぐにげる**。

「**し**」………大人に**しらせる**。

【対処方法】

① 現場にできるだけ多くの職員を派遣し、事件を把握してその情報を逐一園に報告する。

② 事件発生時の迅速な情報の共有を進める。捜査については警察に委ね、園長は園に関係する事項について情報の管理に努める。

③ 非公開捜査の場合、警察の求めに応じ、園に不利な情報でも資料を提出し、可能な限り協力する。

④ あらかじめ、記者会見が必要になった場合に備えて準備をしておく。その際、提供する資料は、個人のプライバシーに十分配慮する。園長は責任者を決め窓口を一本化する。

⑤ 事件解決後は、当該園児や他の園児の精神的ケアについて、カウンセラーや相談員などの協力を得て、十分配慮する。また、保護者や地域の人たちに対して事後の説明をきちんと行うようにする。

【園から家庭・地域へのお願い】

① 通園路、自宅周辺で普段と変わったことがないか、点検を保護者等にお願いする。

②「いかのおすし」の原則を家庭でも教えるようにお願いする。

③「一人で遊ばない」ように、家庭で気をつけてもらう。

④「どこで遊ぶのかを家の人に知らせておく」ことを家庭で徹底しておくようお願いする。

⑤ 日常の挨拶や声かけで、こどもたちを見守ってくれるよう地域の人たちにお願いする。

⑥ 住民パトロールや「こども110番の家」など、避難場所設置に協力をお願いする。

⑦ 散歩などを、こどもの登降園時に合わせて行うように、地域の高齢者の会などにお願いする。

⑧ 安全マップを作製し園内に掲示しておくようにする。

第7章　園児が行方不明になった場合への対応

① 園長、教頭、主幹、主任に園児がいなくなったことを報告する。

② 他クラスの職員に園児を託し、最初に、普段園児が好んで行く場所を捜す。

③ 園児に動揺を与えないように配慮しながら、行方不明園児に関する手がかりを聞き出す。

④ 関連職員や警察、市区町村の保育・幼児教育課と連携をとり必要に応じて応援を要請する。

1. 園児の所在確認

① 保育一覧表で、常に保育者は園児の所在確認をする。

② 朝の集い、食後、おやつの後、お迎え時などを活用して園児の所在確認をする。

2. 不在園児の発覚

① 園児がいなくなったことが分かったら、すぐにクラス担任（グループ担当）は、園長に報告する。

② 園長が、館内放送で当該園児を見かけていないか職員へ呼びかける（園長不在の時は、教頭・副園長が館内放送をする）。

> 例）「○○園のみなさん、○○先生が○○さん（不在園児）にお話したいことがあります。○○さん（不在園児）を見かけたら○○先生の部屋まで教えに来てください。繰り返して放送する（1度の時は、緊急性なし。2度の時は、緊急）。

③ 担当職員がいなくなった園児を捜している間、他の園児を落ち着かせ、安全な保育を心がける。

④ 園長、副園長、教頭、主幹、主任は、緊急に招集可能な職員を招集する（園児に動揺を与えないように注意する）。

    1）担任の報告をもとに、園内か園外かを的確に判断する。

    2）園児を捜すための職員の役割分担を決める。

【戸外見回り班】

① 園周辺、園庭、駐車場、戸外見回り、近隣公園。

② 近隣の店や地域の方々への聞き取りに回る。

【園内見回り班】

① 人気のない保育室など重点的に捜す。

② 保育中の部屋は、保育者等も保育しながら、不在園児がいないかの確認を行う。

【園長】

① 職員室に待機する。保育中の職員が該当児を発見した場合、館内放送でその旨のみ、伝える。

> 例）「みなさん、○○さんとお話ができました。ありがとうございました。」
> → この時点で、この案件は一旦終了。

※もし、安全に怪我無く見つかれば、可能な限りそこでこどもから行動の聞き取りを行い、改善策を立てる（ヒヤリハットや事故届作成）。

3. 不在園児が見つからない場合

① 警察署（110番）へ連絡をする。

    1）何歳児が、何名行方不明なのか。

    2）時間、場所、園児名、男女、服装、容姿などをできるだけ詳しく伝える。

② 保護者へ連絡する。

③ 市区町村担当課へ連絡する。

    → 不在園児発見後、大きな怪我をしている、気を失っているなど危険な状況であればすぐ園長が、救急車（119番)を呼ぶ。

④ 呼吸確保及びAEDを使用する場合は、該当園児まで持っていき、対応する。

【予防策】

① 園児の特徴をよく把握し、普段から目を離さないように気をつけ、常にその所在を確認しておく。また、日頃好んでよく行く場所を把握しておく。

② 園の周辺に、園児にとって危険な場所がないか調べ、職員全員が情報を得ておく。

③ 玄関のドアは開放されていないか、屋上のサッシは開放されていないか、南京錠が掛かっているかなど、使用した際は必ず確認を行う。

第8章　事件、事故後の保護者への対応

1. 園の責任

① 事故が起きた時、園が問われる責任

　食中毒、交通事故、ケンカ、遊具瑕疵による怪我、侵入者による傷害、火災による傷害。

2. 園が負う4つの責任

① 刑事上の責任：過失致死傷外罪等

　園の保育業務中にプールで溺死者がでれば、過失致死罪が問われ、食中毒を起こした場合は、食品衛生法違反になります。刑法は多岐にわたるのでこの本書では触れません。

② 民事上の責任：被害者への賠償金等

　民事上の責任は、主に債務不履行と不法行為です。賠償金の支払いは、示談での場合が多く、その場合は、司法の判断を必要としません。

③ 道義的責任：被害者への謝罪等

　事故や事件が起きた場合、園は被害者や関係者に謝罪をするのは当然です。法的に責任がなくても園に関して起きたことは道義的責任が問われるので、謝罪します。

④ 社会的責任：事故対応・再発防止等

　事故が起きた場合、保護者や地域への情報開示や再発防止策を実施する責任があります。また、同様な事件が他園で起きないように、情報を提供する責任もあります。

3. 事故対応

　園の管理下で、事故が起こった場合、速やかに事故対応を始めなければなりません。そこでは、4つの責任のうち、刑事的責任と民事的責任よりも、道義的責任と社会的責任が大切になってきます。

　何か事故が起きて、状況がはっきりしないうちに、謝罪をするということは、園側の過失を認めるような気がして、進んでは謝罪できないようなことがあるといいます。しかし、実際には、謝罪をしたことによって、園側の過失が確定し、損害賠償に応じたような事例はありません。むしろ、最初の段階で謝罪をしなかったために、事態が深刻な方向に行ってしまった事例の方が、数多くあります。

ここでの謝罪が、道義的責任です。

謝罪後は、事故の原因を究明し、しかるべき対応をして情報が明確になった時点で速やかに保護者や関係官庁に報告しながら、最終的には、園として再発防止策を出せばよいのです。これは、社会的責任です。

（1）事故後対応のポイント

① 初期対応で二次的被害の拡大を防ぐ～事故後の対応で事態はより最悪に～

　1）被害者への対応を誤れば、訴訟にまで発展することがある。

　2）退園児や退職者が増え、廃園においこまれることがある。

　3）被害者が園に恨みを覚えれば、係争は数年におよぶことがある。

　4）社会は、起こしたことより、どう対応したかによって評価する。

② 「誠意」とは伝わり難いもの

　1）弁護士に相談すれば、弁護士まかせといわれる。

　2）保険会社が対応すれば、金で解決しようとしているといわれる。

　3）謝ろうとしても、なかなか会ってくれない。

　4）不明な点があれば、無責任といわれる。

　5）感情的になっている被害者に、誠意を伝えるのは容易でない。

③ 申立者がいる限り対応は続く

　1）どのような方であろうが、申立者がいる限り園の対応は続く。

　2）最初から補償金の額でもめることはまれである。

　3）追い詰められた被害者の感情に対処していくようにする。

④ 訴訟費用はいくらぐらいかかるか

　訴訟になった場合、裁判費用と弁護士費用がかかる。裁判費用は訴える側が最初に支払い、裁判に負けた方が負担する。弁護士費用は訴訟費用に含まれないために、依頼した側が支払わなければならない。また、賠償保険に加入しており、その対象事故であれば、弁護士費用を含めた裁判費用は支払われる。

4. 事故の発生から終息まで

　事故が発生した場合、事故直後に行わなければならない緊急時対応と、被害者との示談や再発防止策の策定等の収束時対応があります。交通事故と食中毒事故では、対応の仕方や収束へ向かう時間が大きく異なります。しかし、被害者や関係者への対応は、共通する重要な注意事項があります。常日頃より、緊急時の連絡、火災や地震時の避難、病院への搬送、二次災害防止等の訓練は行っていますが、被害者への対応の仕方については、あまり知られていません。どんな事故でも、被害者は感情的になりますし、園職員も動揺します。

事故が発生し、被害者が出た場合、できるだけ早い段階で、保護者や関係者に謝罪し状況を説明しなければなりません。それは園長や責任者だけのこととは限りません。保育者が病院に同行し、そこで保護者に会えば、その保育者にも求められることなのです。怪我が比較的軽傷ならともかく、重傷・重体となれば、多くの保護者は感情的になります。また園職員も動揺し、防衛的になります。そんな中、保護者から矢継ぎ早に質問が来るのです。容易に想像できることです。いくら携帯電話が普及していても、事故原因や今後の対応について、そんなに早い段階で情報が入るわけがありません。そして「わかりません」と連呼してしまうのです。

　多くの事故の事例を見ると、被害者は起こした事故よりも、園がどう対応したかを評価しています。そして、事故発生から早い段階で、評価を下しています。この評価が、被害者との和解までの時間や内容に大きな影響を与えます。さらには、再発防止策まで影響してきます。園の対応に不信や不満を抱えたままだと、非現実的な再発防止策まで要求してくる場合があります。また、初期対応の悪さが後をひいて、訴訟にまで至ったケースも多くあります。

　食中毒などはその原因究明に日数がかかることがあります。また、SIDSなどはその判定が下るには、相当の日数がかかります。園は園児に何か起きたら、できるだけ早く保護者と会わなければなりません。保護者は「朝まで食欲があったのに」「昨日まで元気だったのに」といった気持ちで、園側に接してきます。園は園の責任が不明で、情報が極端に少ない段階で、保護者に会わなければなりません。そのような状況は容易に想定できますが、どう対処していいのか分からず不安な園長は多いと思います。ここでは、園の責任や事故原因が不明な時点での、保護者や関係者への対応の注意点、ポイント、対処方法などを掲載しておきます。

　園とすれば、聴衆で見る側であったテレビやマスコミも、事故が発生すれば取材される側になります。取材される時の注意点やポイントは多々あります。しかし、マスコミ対応で一番苦慮するのは、放映や掲載された後です。街中の人が自分を犯罪者として見ているのではないかと思い込んだりするのです。これは園長だけでなく、園職員も世間から白い目で見られているような気分になってしまうのです。この辺にも焦点を当ててマスコミ対策を記載しました。

　実際の被害者との示談方法や和解金などは、事故内容によって異なりますので、各項目別で記載します。

5. 緊急時対応

(1) 被害拡大防止

① 食中毒の二次感染防止や事故発生遊具の使用禁止等、各事故別項目で説明する。

(2) 謝罪と状況説明

① 責任の所在が不明な時点での謝罪、被害者が感情的になっている時の対応が求められる。

② 情報が少なく未確認事項が多い中で、被害者等へ事故経過の説明をしなければならない。

(3) 緊急費用の支払い

① 医療費や交通費の支払い、また被害者への一時払い金などがある。

② 事前に支払う内容、金額、方法等を決めておき、職員全員が知っておく必要がある。

(4) 関係者へ説明

① 緊急保護者会で、事故経過の説明、今後の対応を説明しなければならない。

② マスコミや官公庁に対し説明をしなければならない状況も考えられる。

【緊急費用の支払い方】

　事故が起きた時には、損害賠償金を支払う前に、臨時費用が発生します。例えば、園児が園庭で怪我をした時の治療費や、食中毒にかかって入院した時のお見舞金、さらに園の管理下で起きた、死亡事故に対してのお香典などです。こういう風に書いてしまうと、画一的に思えますが、事故の発生状況や、責任の所在で金額は変わってきますし、保護者へ渡すタイミングもケース・バイ・ケースになります。

　緊急費用の支払いの際に重要なのは、園の規定です。支払う事例は千差万別です。その時になって、その場の気分で金額を決めたのでは、手間もかかりますし、のちのちのトラブルにもなりかねません。ですから、園で、葬儀の際の香典はいくら、園児が入院した時のお見舞金はいくら、という具合に規定をきちんと作っておくことが重要です。

　この規定は、園外にだけではなく、園のスタッフに関しても同様のことが言えます。食中毒事故が起きた際に、保育者が感染することもあります。その時に、園としては、いくらのお見舞金を出すのか、という規定は事故が起こった後ではなく、事前に準備しておかないと、対応できません。

　園内の規定は緊急費用だけではなく、さまざまなケースを想定して、決めておく必要があります。対応に差が生じないので、のちのち不満もでてきませんので、大切なリスク管理の一環となります。

① 規定は事前に準備

　　1）臨時費用の額は統一

　　2）園内の事故なども想定して作成

　　3）いざという時に、平等かつ迅速な支払いが可能

② 臨時費用の支払いに注意

　　1）渡すタイミングで、誠意が敵意に変わる

　　2）お金の話は、状況をみて、冷静に

　　3）お見舞金は道義的責任の延長線上にある

【謝罪と状況説明の仕方】

　「謝る」という行為は、行動科学的に見ても難しいことです。人間は、申し訳ないという気持ちを相手に伝えたい、という気持ちを強く持ちます。特に日本人は責任感が強く、自分の園でこのような事故や事件が発生したこと自体に、謝罪したいのです。それは、法的に自分に非があるか

らとか、過失が明確だからといった理由からではありません。だからこそ誠心誠意を込めて、謝罪を行うのです。しかし、同時に人間は自己防衛本能があり、自分の非を認めると、相手が攻撃的になってくると考えます。一旦謝ると後で何を言われるか分からない。また、謝ることでさらに相手の怒りをかうのではないか。といった否定的な幻想を描いてしまうのです。

相手のことを考えると、こちらの謝罪を素直に受け入れられる精神状態であることの方がまれです。通常被害者は、精神的に不安定で攻撃的になっています。こちらが謝ったことで、気持ちが高揚し、「一筆書け」とか「誠意をみせろ」など言い返してくる場合もあります。そして状況や原因の説明をしても、「原因なんてどうでもいい。どうするのか教えろ」などと言われてしまいます。そこで考えなければいけないことは、謝ってよいかどうかではなく、相手の状況や性格を思案し、どうやってこちらの謝罪の気持ちを伝えるかを考えなければなりません。もちろん謝ったことで、訴訟されたり裁判で不利になったりすることはありません。裁判所の判断は、事実の認識と法的責任の明確化で決まります。

もう一つ重要な点として、謝罪する時は、状況や原因の説明をすることです。言い訳ではありません。今把握している状況と自分の現時点での判断を述べることが大切です。そうしませんと、口先だけで謝っているように思われます。もちろんこの説明も相手の状況を考慮して伝えなければなりません。

事故後、被害者と和解に向けて行動する時、気持ちの上で事故後の謝罪が大きく影響します。時機を逸すれば、その後の被害者の理解を得るのに多大な時間と労力を要することになります。

【情報開示】

事故直後の謝罪と状況説明が終わると、初期対応の第一段階は終わりです。そして、次のステップとしては、時々刻々と変化する情報を保護者や関係者へ開示するという段階に入ってきます。ここでの注意点は、いくつかありますが、①外部への情報開示の窓口は一つにしておく。②園長は先頭に立ち、事実を速やかに報告する。③保護者等から、情報開示を求められる前に、十分な量をリリースするというような点が挙げられます。

【マスコミ対応】

マスコミの力は、立法、行政、司法に続く第4の権力として、その影響力は絶大です。一旦、マスコミにより事故が報道されると、保護者はもちろん近隣の園や地域社会へ、一時に対応しなければなりません。さらにそれ以上に負担になるのが、園関係者のマスコミ対応による精神的ストレスです。

マスコミのニュースソースは、議会、政党、官公庁、証券市場、取引所、大企業、経済団体、警視庁、警察署、労働団体、婦人・文化団体、裁判所、学校、研究所などありとあらゆる網が掛けられていて、大抵のニュース（政治・経済・社会事件）は集まっています。

一方、各種官庁、公共機関、団体、企業はマス・メディアを通じてニュースリリースをしなければなりません。そこで報道機関の便宜を図るため、庁内に取材の溜まり場・会見室を設け、取材に対応している場所が記者会館であり、プレスルームです。このプレスルームに集まる各社の

第5部

第8章　事件、事故後の保護者への対応

記者の親睦会が「記者クラブ」で、取材活動の基地として活用しています。

　そこでは、当然話題性のある記事（不適切保育や園内での事故）には、記者が即座に飛びつきます。また、記者はさまざまなルートを通じ、園に来るのと同時かそれ以前に被害者や関係者にも取材します。ここで、こじれると思えば、さらに飛びつきます。また、メディアが園よりも驚くほどの、多くの情報を持って取材に訪れます。その取材の結果、記事になるわけですが、場合によっては事実を全て掲載しなかったり、誤解をまねく論調だったりします。また、マスコミの非難などは当然マスコミとしては取り上げません。一旦新聞等に掲載されると、町中の人が非難の目で見てきますし、その精神的ダメージは計り知れないほど大きいものがあります。しかし、マスコミはそんなことまでは配慮はしてくれません。

　園の風評だけでなく、自分達の精神的ダメージを守るためにも、マスコミ対策は必須です。不測の事態が発生した場合、その影響やダメージを最小限にとどめるために、園を取り巻く関係者に対して「情報開示」を基本とする迅速かつ正確なコミュニケーションが必要です。

　マスコミは社会への窓口であるという認識をもつことにより、マスコミが納得できる説明や情報の正確さをどれだけ把握し、開示しているかがアカウンタビリティー（説明責任）に答える姿勢であると対外的にアピールすることができます。もはや、「都合の悪いことを隠したり」「なるべく穏便に内密にしたり」などといった対応が許される時代ではなくなってきています。不測の事態が発生しても速やかに対応し、情報を開示することによってクリーンな体質が評価される社会になってきているのです。

① 基本的に取材拒否はしない

　記者等からの取材には、堂々と対応するよう心がけます。取材から逃げる姿勢を見せ、取材を延期するなどということは、事態を悪化させることはあっても好転させることはないからです。取材には、なるべく一人の責任者が統一見解を伝達し、説明責任を果たすことが重要です。

② 情報の隠蔽はしない

　取材に対し、事前に話せる内容と話せない情報は明確に区別して対応することが大切です。その上で、開示する情報は全て開示し、情報の隠蔽をしていると思われることがないような誠実な対応が必要です。

③ 言葉や文章の文言に注意

　電話による取材に対しては、注意が必要です。回答は迅速にすることが重要ですが、ポイントをまとめ、「こちらから折り返し回答します」と伝え、至急第三者のアドバイスなどを求め、回答内容を吟味し、迅速に対応します。また法的な言及は避けるようにします。

6. 園関係者の情報共有化が大切

　取材対象は、現場を預る保育者にも及んでくる状況を想定し、取材の窓口の一本化と現場からの情報をくみ取り、園全体での情報の共有化が必要です。情報を共有化することで、推測や伝聞によるコメントが出ないように対処します。

(1) スピードと面談

　マスコミ対策の基本は、誠実な対応で決して逃げないことです。また取材等の受け入れはスピードを持って対処することが大切です。決して後回しにしないことです。また、取材に応えないことは、「やましいから逃げる」といった印象を与え、マスコミの目はより一層厳しいものになります。

(2) マスコミは怖くない

　緊急事態が発生し、当事者間で対応・処置している際に外部のマスコミがコンタクトしてきた場合、どんな記者が来るのか、どのような記事になるかなど、不安を感じるのは無理もないことです。

　しかし、マスコミ対応が必要となった場合には、今まで対応した経験がなくても、速やかに誠実に対応せざるをえません。緊急時対応の失敗は園に大きなダメージを与える可能性がありますので、対応の基本を知る必要があります。

　マスコミ対策の基本は逃げないことです。「バッグで顔を隠したり」「走り去るように車に駆け込んだりする」などの映像は「何か悪いことをしている」イメージを与えかねません。逃げれば追われるだけでなく「やましいから逃げる」といった印象を与え、マスコミの目はより一層厳しいものになります。

　マスコミの記者が求めているものは法的責任についてのコメントでなく、社会的な責任や道義的な責任に対するコメントです。緊急時ほど「園経営の視点」ではなく「社会の視点」での判断が重要なものさしになります。

　また、回答は迅速にすることが重要になりますが、電話での取材に関してはポイントをまとめ「こちらから折り返し回答します」と伝え、至急第三者のアドバイスなどを求め回答内容を吟味し、迅速に対応する必要があります。

【保護者への対応】
① 素直に謝罪する。
　園児に関するクレームなどで保護者や園児に不快な思いをさせた場合には、その事態を厳粛に受け止めて心から謝罪するようにする。こちらの非を認めず「強気」で口論したりすると問題が大きくなりかねない。
② 話をよく聞く。
　状況をよく把握するために、相手の言い分をよく聞くことが大切である。相手の話を受け止め、相槌やメモによる確認など、会話の基本テクニックをきっちり行う。
　クレームとなると言い訳したり、非を認めず対決姿勢になったりしがちであるが、まず聞くことから問題の核心を探るようにする。
③ 事実を確認する。
　相手の言い分は思い込みが激しく、事実と異なることがある。その際も初めから反論せずに冷静に話を聞き、事実をしっかりと把握する。事実確認を怠ると、最後まで歯車が噛み合わず解決できない要因となる。
④ 対策を立てる。

第5部

第8章　事件、事故後の保護者への対応　251

苦情・クレームは火事と同じで、初期対応を誤ると大火になる。一人で対応できない時は速やかに上司（保育者の場合）に指示を仰ぐようにする。また、責任者は関連部署に処置対応を依頼するようにする。

⑤ 対策を実行する。

先送りや隠蔽、放置は問題を大きくして二次的なダメージを被る。事実確認し対策を立てたら速やかに誠意をもって実行する。

7. 満足を確認する

対応策の結果報告だけが解決ではありません。相手方からの正式な承認・了解をもらって、初めて苦情処理となります。また、相手側が対応の結果に満足しているかをきちんと確認することが信頼回復につながります。

【関係者への対応】

事故が起こった時、関係者への初期対応で、シナリオの行方が決まります。

例えば、園児が園庭で転んだ場合、骨折したとしても、マスコミや監督官庁がうるさく言ってくることはありません。しかし、結果がすり傷で終わったとしても、原因が第三者の乱入による怪我だったら違ってきます。マスコミ、保護者、監督官庁をはじめ、ほとんどのセクターが大騒ぎになってしまいます。つまり、骨折での初期対応をする関係者の範囲は、保護者だけですが、乱入事件による怪我ならば、全ての範囲が対応の対象になります。

園として、初期対応マニュアルを作る場合、細かいルール作りよりも、想定できる事故や事件に備えて、どういう行動をするかという基準を設定し、事前準備をしておく必要があるわけです。応急処置の場合も同じです。どのレベルの怪我なら救急車を呼ぶかと考えてみます。

① ハサミで指先を切った。
② 転んで膝をすりむいた。
③ すべり台から落ちて、頭から出血している。

③ は当然呼ぶでしょうが、①、②は微妙です。ここで、園の対応として問題になってくるのは、保育者の中でも、①で呼ぶ人もいれば、③でも呼ばない人もいるというような、同じ園であっても、人によって差が出る場合です。これは、初期対応としては、まずいパターンです。

このような差が出ないためにも、園としての対応の基準を設け、園のスタッフ全員に周知徹底させておくことが、最重要になります。

【対応の基準の明確化】	【判断基準の共有化】
1) 事故に対する具体的判断基準の明確化	1) 園と保護者の間での基準の共有
2) 保育者間で差がでないような対応	2) 社会的にも認められる判断基準の設置

第6部
情報管理・非常勤・パート職員

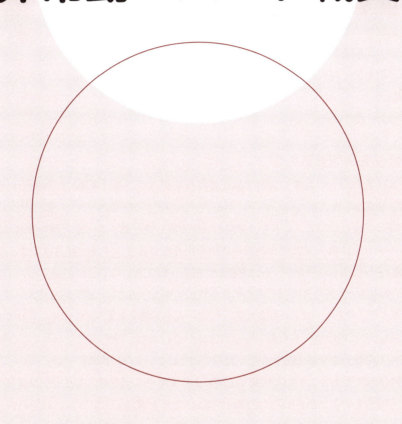

| 第1章 | 情報管理 |

第1節　情報公開

1. ホームページや園だより等に情報公開するもの

① 園の名称

② 園の園長名

③ 園の所在地

④ 園の教育・保育時間

⑤ 園の定員と入園状況

⑥ 園の延長保育・一時預かり保育・低年齢児童保育等特別な保育の実施状況

⑦ 園の教育・保育方針

⑧ 保育者・保育士・保育教諭の人数

⑨ 施設の状況

⑩ プライバシーポリシー

2. 情報公開を制限するもの

① 部外者に、園外保育の途中に無断で園児の写真を撮らせたり、来園者に無断で、園内の写真を撮影させたりしない。

② 個人記録に必要な時でも、こどもの身体の「手術痕」や「痣」などを無断で写真に撮らない。

③ ホームページ上には、園児個人の顔や名前を出さないようにする。写真はできるだけ全体の遊びの様子が伝えられるようなものを使い、個人が特定されないよう配慮する。

④ カットに両親揃って手を繋いでいるもの、女性が家事をするという固定的なイメージをいだかせるものなどは、使わないように配慮する。特定の人を非難するように受け止められる文章は載せない。

⑤ 保護者からの投稿を無断で訂正したり掲載したりしないようにする。

⑥ 入園式や入園のしおりなどの印刷物で、園だよりやホームページにこどもや保護者の写真が掲載される場合があることを伝え、承諾を得ておくようにする。

⑦ 支障がある場合には事前に申し出ていただくよう促し、内部で周知徹底を図るようにする。

第2節　情報機器の管理

　情報機器の適正な運用と情報の保護に関し、以下のように充分な配慮を行うようにします。

① パソコンには、パスワードを設定する。

② 個人情報に関わるデータは、ハードディスクに保存し、パスワードを設定して読み込めないようにする。

③ ノートパソコンは、持ち帰らないようにする。

④ 園だより、保育だよりなどの作成のためであっても、写真などの個人データは全て持ち帰らないようにする。

⑤ 職員同士でUSBメモリなどのメディアを貸し借りする場合は、必ず手渡しする。

⑥ メーカーが提供するソフトウェアのアップデート（OS上の諸問題などの改善）を、積極的に利用する。

⑦ ウィルスの感染を防ぐため、ウィルス対策ソフトを導入する。

⑧ 出力した印刷物のうち、不要な個人情報などはシュレッダーにかけ、漏洩を防ぐようにする。

⑨ コンピュータの処分方法として、故障による廃棄などにより処分する時は、今まで運用したデータを削除しても再現できるので、ハードディスクを物理的、磁気的に破壊するか、データ消去ソフトで処理をするようにする。又は信頼できる業者に処分を委託する。

⑩ 他に譲渡する場合、ソフトウェアライセンス使用許諾契約に抵触する場合があるので、充分注意する。

第3節　個人情報の取り扱い

　園ではその職務上、多くの個人情報を取り扱います。それらの情報を取り扱う私たちには、守秘義務が生じます。したがって、その取り扱いには、十分な注意が必要です。

　また、思いがけないことで情報を漏洩してしまうこともあり得ます。そのような時には冷静沈着に、あるいは敏速に対処することが求められます。

1. 入園申込書などの取り扱い

　入園申込書、住所変更、申込事項変更届、家族の状況証明書など、主に事務室にて取り扱う書類については、事務文書の取り扱いとなり、その目的以外に使用できません。市区町村の保育事業室などへの連絡後は、原本あるいは写しを事務室にて保管するようにします。また、閲覧が必要な場合は、必ず園長の許可のもとで閲覧するようにします。

　母子手帳については必要な部分だけコピーをとるようにし、すぐに返却するようにします。保護者の所得が分かるような書類については、保護者の前で見たりせず、他の人の目につかないところで保管し園の職員以外の人が、これを閲覧することはできないようにします。

2. 児童票などの取り扱い

　担任保育者が日常の業務の中で記入し記録する児童票は、極めて機密性の高いものですので、これらのものを園外に持ち出すことはできません。

　また、それらに必要な情報を記録したノート、園児を撮影した写真・フィルム・デジタルカメ

第1章　情報管理

ラの映像なども、同じ扱いとなります。ノートなどは、下書きなどとして記録する場合は、特定の人物と断定できないマークなどでその個人を限定するなどの工夫が必要となります。映像は必ず園所有のメディアを使用して、園外に持ち出さないようにします。

　なお、持ち帰ってしまった書類などが盗難に遭った場合は、速やかに警察に盗難届けを提出し、園長に届け出るようにします。

3. 名簿など、保育室などで利用する書類の取り扱い

　出席簿や午睡チェック表など、個人の氏名が記載されている書類の取り扱いにも十分注意して、紛失しないように気をつけるようにします。また、目的外使用も禁止されていますので、持ち物などに園児名を記入する際には、全てひらがなを使用し、漢字の名前は記載しないように心がけます。

4. 職員の情報の取り扱い

　入園児同様に、職員の情報も重要な個人情報です。園児の情報同様、取り扱いには十分注意し、名前などを教えたり、名簿を他人の目に触れるところに置いたりしないように気をつけます。

5. その他の個人情報

　園で起きるさまざまな出来事は、全て守秘義務が生じます。家族、友だちなどに園内での出来事やさまざまな情報を言うことは、法律に違反する行為ですので慎重に行動することが大切です。

第4節　プライバシーポリシー

　次頁の例文のように、園でのプライバシーポリシーを設定して、特定個人情報等の保護に努めます。

　園では個人情報保護法の整備に伴い、以下のようなプライバシーポリシーを公表します。

○○園のプライバシーポリシー

このプライバシーポリシーには、乳幼児（在園児、卒園児、未就学児を指し、以後の文章中乳幼児と記載）とその保護者及び保育士・保育教諭・職員など、当園に関わる皆さんの個人情報保護について、○○園の方針が規定されています。個人情報とは、単独もしくはそれらを複合することで、個人を特定しうる情報を指します。

① 当園は、職員に対する個人情報の必要性の周知及びその方法に関する教育啓発活動を実施するほか、収集方法の見直しを行い、個人情報の適切な管理に努めます。

② 当園は、文書及びデータとして収納された各種個人情報について合理的な保管方法及び技術的な方法をとることにより、個人情報の紛失、改ざん、漏洩などの危険防止に努めます。

③ 当園は、提供・収集された個人情報を、乳幼児・保育士・保育教諭・職員の在籍管理、服務や教育上必要と認められること及び監督官庁への各種届出、法律に定めるところの必要書類の作成、各種募集や情報主体の利益享受及び権利の行使に必要と認められる場合は、正当な目的に限り使用いたします。

④ 当園は、提供・収集された個人情報を、業務上の必要性及び正当性が認められる場合を除き、第三者に提供することはありません。

⑤ 当園は、個人情報の提供を依頼する時は、その収集目的、提供拒否の可否を明確にし、適正に使用します。

⑥ 当園は、当園発行の各種資料、ホームページなどへの個人情報の使用に際して、掲載されている方の安全に留意するとともに、情報主体の方の意思を尊重し、使用制限の申し出があった時は速やかに合理的な方法及び範囲で対応するようにします。

⑦ 当園は、個人情報の保護に関する法令その他の規範を遵守するとともに、本ポリシーの内容を継続的に見直し、その改善に努めます。

⑧ プライバシーポリシーに関する苦情、お問い合わせは、○○園の電話及びメールでお受けしています。

TEL ○○○-○○○-○○○　　FAX ○○○-○○○-○○○
E-mail：○○○○＠○○○.○○.jp

第6部

第1章　情報管理

第2章	非常勤・パート職員

第1節　勤務にあたり

① 車で通勤する場合は事前に知らせ、駐車は園長の指示に従い、無断で駐車場に入れないようにする。

② 車で通勤する場合は、車両の任意保険証の写しを提出する。車両の任意保険に未加入の場合は、車での勤務は認められない。

③ もし、勤務中や勤務途上に事故があった場合、家族にお知らせする場合があるので、いち早く連絡がとれる家族の電話番号等を所定の用紙に記入して園長に提出する。

④ 出勤カードは出勤時と退勤時に毎日必ず通すようにし、勤務時間が分かるよう記録する。

⑤ 勤務を他の職員と交代する場合は、事前に必ず園長に知らせるようにする。

⑥ 休日の希望の提出は○○日までだが、できるだけ早めに知らせること。勤務上調整をすることある。

⑦ 体調が悪く、やむを得ず欠勤する場合は、早めに園長・副園長・教頭・主幹・主任に連絡する。

⑧ 賃金は、月末締めの翌月○○日支払いとなる。園の支払い方法にあわせて、銀行口座などを用紙する。認め印（シャチハタ印は不可）を持参すること。銀行口座に振り込みをする。口座のない方は採用の時点で開設するようにする。

第2節　保育を実施する上での心構え

1. 服装

① 清潔で動きやすい衣服を着用すること。

② 園児が嘔吐したり、おむつ交換などで汚れたりする場合もあるので、着替えを準備すること。

③ 運動靴、帽子を用意すること。

④ 勤務中は、大きな腕時計、大きな指輪、ネックレス、香水、コロン、マニキュア、つけ爪などをつけないこと。

⑤ 爪は短く切ること。こどもの皮膚は柔らかいので触れるとすぐに傷をつける。

⑥ 長い髪は結ぶこと。

⑦ 調理の職員は、専用の上履きを用意すること。エプロン、マスク、帽子（三角巾）は毎日洗濯し、清潔にすること。

2. 態度

① 園児と一緒に楽しく遊ぶ気持ちがないと保育はできない。

② 保育士・保育教諭・幼稚園教諭は、国家資格であり、保護者のプライバシーを守る義務がある。

園児や保護者の話、うわさ話等は、園以外でもしないようにしなければならない。

③ 園児は、呼び捨てにしたり、ニックネームで呼んだりしないようにする。

④ 3歳を過ぎたら、いたずらや悪さを知って行動するようになる。悪いことを承知でも、例えば、単純に「だめよ」ではなくて、「〜したかったんだね」「みんな困るからやめようね」というように、こどもを受容してから戒めるようにすること。例え乳児であっても、全てのこどもの人格を大切にするように心がけて話すことが大切である。

⑤ 園児は厳しく叱らないようにすること。「あなたはいらない」「ほかの部屋に行きなさい」などというような、こどもを否定するような事は決していわないようにする。

⑥ 決してこどもを叩かないこと。

⑦ 危険な遊びをした時は、その場できちんと指導することが必要である。

⑧ 保育士・保育教諭・幼稚園教諭の指示に従って行動すること。何をしてよいか分からない時は、「次は何をしましょうか」と尋ねるようにすること。黙って立つことなどがないようにする。

⑨ できる限り保育者は、いつも多くのこどもたちを掌握できる位置にてポジションをとるように心がけること。保護者からの関わりが薄く、十分な支援が必要なこどもこそ、十分に関わるようにする。仕事上気づいたことは、その都度、職員から助言や指導を受ける。

⑩ 送迎の時、保護者には、「お疲れ様です」「おかえりなさい」、来客には、「いらっしゃいませ」と笑顔で明確な言葉を発して挨拶するようにする。

⑪ 職員同士でお互いにすれ違った時なども「お疲れ様です」の挨拶をすること。

⑫ こどもの様子がいつもと違う、送迎の保護者の雰囲気がいつもと違う時など、どのような些細なことでも、気がついたら、園長・副園長・教頭や主幹・主任、他の保育者に報告すること。

⑬ 保護者からの質問で答えに窮する時には、「少々お待ちください。担当の職員を呼びます」と言ってすぐに保育者を呼び適当な返事をしないようにする。また、「私は臨時（パート）職員ですので分かりません」などとは答えないようにする。

⑭ 危険と感じたところ、壊れかけている器具や道具、遊具など、不安や疑問を持ったら、すぐに近くの保育者に知らせ「機械や器具の不調がもし我が家で起きたら」という問題意識をもつことが大切である。

⑮ 勤務中に職員同士で仕事に関係のない会話はしないようにする。

おわりに

　本書の原版である『保育のこころえ〜知っておきたい子どもとわたしの危機管理〜』は、赤井秀顯・井村智眼前理事長をはじめ小笠原覺量副理事長等兵庫教区保育連盟と共同研究ですすめていた『こどもの安全・安心に配慮した保育マニュアル』が母体になってできた本でした。

　この『保育のこころえ〜知っておきたい子どもとわたしの危機管理〜』の本のきっかけになったのは、「保育現場における危機管理」の連続研修の最中の2011年3月11日に起きた東日本大震災の支援活動でした。私たちは、この支援活動の中で改めて、保育現場で「こどもたちの命と日常を守ることの大切さ」を教えられたわけですが、兵庫教区保育連盟においては、1995年に阪神・淡路大震災を経験していましたので、その思いは一層強いものがありました。

　東日本大震災の直後、保育連盟の連続研修の世話人の中から「被災したこどもたちのために私たち保育者が今すぐにできる支援活動を始めよう」という声が上がり、阪神・淡路大震災の経験を生かしたさまざまな支援活動を展開してきました（その一部は『ほいくしんり』3号に掲載）。その中での保育連盟の重要な支援の一つが、「危機管理マニュアルの整備と活用」の支援でした。

　被災地の園が直面している一つ一つの課題を検討する中で、それぞれの園の対応が阪神・淡路大震災の経験が十分には生かされていない事実を数多く発見したからです。つまり、兵庫教区保育連盟が阪神・淡路大震災で学んだ貴重な経験が、東日本大震災への対応に生かされるようには整理されていないということが、明らかになったのです。そこで私たちは、被災地での生の体験を生かしながら、実用できる「災害や事件・事故に対応するための危機管理マニュアル」を作成し、冊子として提供していくことにしたのです。

　このようにして編集した『保育のこころえ〜知っておきたい子どもとわたしの危機管理〜』の発刊にあたっては、「こどもたちの最善の利益を保障すること」「こどもたちが現在を最もよく生きること」を園における危機管理の基本に据えながら、「こどもが一番　こどもが真ん中　こどもに真っ直ぐ」という保育でした。

　実際に「災害や事件・事故に対応するための危機管理マニュアル」を出版してみると、予想を超える多くの園から反響が寄せられ、現場で有効に活用されているということが分かりました。実際に活用しているという人々からは、この本により、自分たちの実践の中で落ちていた大切なことに気づかされ、保育を改めて学び直すことができたという声が数多く寄せられてきました。

　この『保育のこころえ〜知っておきたい子どもとわたしの危機管理〜』も発刊されてすでに、11年を経ようとしているのですが、最近では、利用者の中から本書の内容について「新しい内

容を取り入れてほしい」とか「時代の変化に対応した見直しをしてほしい」などという改訂を望む声とともに、「このようなものをもっと広めてほしい」という声も寄せられました。

そこで今回は、そのような要望に応え、本書の内容を大幅に検討し、新しい本として『保育者が身につけたい保育のこころえ〜保育の基礎から危機管理まで〜』を発刊することにしました。

新しい著書の発刊にあたっては、特に次のようなことに配慮しました。

① ここで扱う内容は、保育に携わるものは必ず身に付けておかなければならないものなので、全ての人が理解し実際に活用できるように分かりやすい表現にする。

② 行動手順は、できるだけ細かいステップに分けて取り組みやすくする。

③ 解説のためには、分かりやすい図案も多く取り入れる。

④ 法令や規則、ガイドライン等をできるだけ細かく取り入れるとともに変更のあったものは最新のものに置き換える。

⑤ 園によって対応が異なることが考えられる場合には、一般的に多くの園で行っているものを中心にして例を示していく。

⑥ 言葉は、できるだけ一般に使われている読みやすいものに統一するとともに分かりにくいものには補足の説明を加える。

⑦ より多くの人に手軽に活用していただくために判型をB5判にするとともに定価もできるだけ抑えるようにする。

⑧ 新コーナーとして用紙集を設ける。

これらの配慮に加えて、挿絵やカットも馴染みやすいものに差し替えるとともに装丁も新しくしました。

今後は、本書を前著の『保育のこころえ〜知っておきたい子どもとわたしの危機管理〜』にも増して、一人でも多くの保育関係者に活用していただき、こどもたちの安全・安心が実質的に保障され、一人一人のこどもが、現在を最もよく生きることができるという願いが実現できるような豊かな保育が展開されることを期待しています。

最後に、本書の編集に多大な協力をいただいた浄土真宗本願寺派兵庫教区保育連盟のスタッフの皆さん、新たな本書を発刊にまで導いていただきましたエイデル研究所をはじめ編集部の児島博文さんに心より感謝申し上げます。

著者　牧野桂一

あとがき

　この冊子がこうして発刊することができましたことを、心からうれしく思います。しかしながら、本冊子が発刊できた背景にはこのようなことがありました。

　兵庫教区保育連盟の加盟園でもあります「ルンビニー愛児園」のことです。平成7年1月17日の早朝に未曾有の被害をもたらした阪神・淡路大震災が発生し、6千4百余名の死者を出しました。

　その時、山西園長先生の娘さん、宏美さん(当時35歳)と生後6ヶ月の華奈ちゃんが、たまたま震災前日に東京から自坊の光明寺に戻っておられました。震災当日は、寺族の方々も大変な怪我をされましたが、宏美さんは倒壊した庫裡から、わが子の華奈ちゃんをやさしいお顔で抱きしめた状態で発見されたそうです。

　このような経緯から山西園長先生が、兵庫教区保育連盟に多額のご懇志を「保育連盟の活動の為に有効に使ってください」と、ご進納していただきました。

　これまで保育連盟の特別会計でお預かりしていましたが、今回このご懇志を使わせていただくことによって、本冊子の発刊が可能になりました。

　山西先生の想いが反映されたこの冊子『保育者が身につけたい保育のこころえ』が、それぞれの園で有効にご活用していただけましたら非常にうれしく思います。

　最後にご執筆していただきました牧野桂一先生には、ご無理なお願いをご快諾していただきましたことに、この場をお借りして厚く御礼申し上げます。

合掌

幼保連携型　認定こども園

パドマ・ナーサリースクール

園長　赤井秀顕

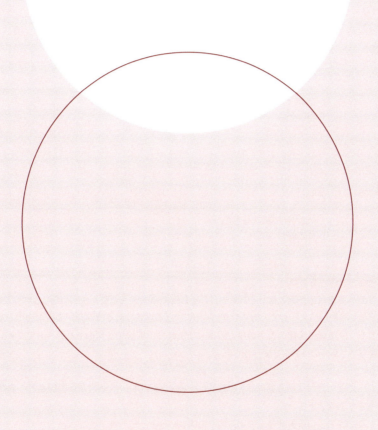

用紙集

与薬依頼書（内服薬）

係印	1日	2日	3日	4日	5日	6日	7日

_____ 殿

（太枠内医師記入欄）　　※以下の項目の記入をお願いします。

園児名	
与薬依頼期間	令和　　　年　　　月　　　日 ～ 令和　　　年
病名	
内服薬	1. 粉（　　　　包）　　2. 水薬（　　　種類）
服用時間	1.食前　2.食後　3.食間（10時・15時）　4.その他（　　　　　　　　　　）
保管方法	1.冷蔵保存　2.室温保存　3.暗所保存　　4.その他（　　　　　　　　　）
服用方法	1.そのまま服用　2.水にまぜて服用　3.さ湯にまぜて服用 4.その他（　　　　　　　　　　　　　　　　　　　　　）
病院名	 　　　　　　　　連絡先（電話番号）　（　　　　　）　　　　－
記入医師名	（署名）
保護者確認欄	□ 記載内容を確認しました。 ↑（確認次第✓を入れてください）　保護者氏名

（保護者の方への注意事項）

　薬の与薬は本来医療行為となっています。こども園で薬を飲んだり、使用したりしなくても良いようにご配慮をお願いいたします。病気や薬によってはどうしても園での与薬が必要なものもあると思いますので、保護者の皆様の就労の手助けをするために、園長の許可のもと行うものです。以下の項目を遵守できる方のみお引き受け致します。

* 薬のことで問い合わせが必要なことが起こった場合を想定し、病院名及び医師名と、病院の電話
　番号を必ずお書き下さい。
* 現在、処方されている医師の処方薬に限ります。
* 薬は、処方された薬袋に、1回分だけ入れて下さい。1回分の薬にお子様の名前（フルネーム）、
　飲ませる時間を必ず書いて下さい。
* 処方箋の添付(コピー可)が必要です。
* 薬、書類の不備がある場合は与薬できませんのでご了承下さい。
* 間違いを防ぎ、子どもの健康を回復するために確実に与薬したいと思います。
　※ 以上の約束は最低限です。必ずお守り下さい。

印

与薬依頼書（外服薬）

係印	1日	2日	3日	4日	5日	6日	7日

_____

_____ 殿

（太枠内医師記入欄）　　※以下の項目の記入をお願いします。

園児名	
与薬依頼期間	令和　　　年　　　　月　　　　日 ～　令和　　　　年 ※　原則として２ヶ月間
診断名	
外用薬	1.軟膏（　　種類）　2.点眼薬（　　種類）　3.点鼻薬（　　種類）　4.点耳薬（　　種類）
Iの部位	顔・首・肩・腕・肘・手・胸・おなか・背中・おしり・脚・ひざ・足 ※追加指示（　　　　　　　　　　　　　　　　　　　　　　　　　　　　　　）
外用時間	1.手洗い後　　　2.着がえ後　　　3.その他（　　　　　　　　　　　　　　　　）
病院名	 連絡先(電話番号)　（　　　　　）　　　　ー
記入医師名	（署名）
保護者確認欄	□ 記載内容を確認しました。 ↑（確認次第✓を入れてください）　保護者氏名

（保護者の方への注意事項）

　薬の与薬は本来医療行為となっています。保護者の皆様の就労の手助けをするために、園長の許可のもと行うものです。以下の項目を遵守できる方のみお引き受け致します。

＊ 薬のことで問い合わせが必要なことが起こった場合を想定し、病院名及び医師名と、病院の電話番号を必ずお書き下さい。
＊ 現在、処方されている医師の処方薬に限ります。
＊ 薬は、処方された薬袋に、回数分だけ入れて下さい。薬にお子様の名前（フルネーム）を必ず書いて下さい。
＊ 処方箋の添付（コピー可）が必要です。
＊ 薬、書類の不備がある場合は与薬できませんのでご了承下さい。
＊ 間違いを防ぎ、子どもの健康を回復するために確実に与薬したいと思います。
　※ 以上の約束は最低限です。必ずお守り下さい。

印

園児生活管理指導表（アレルギー疾患用）

園児名（　　　　）　男・女　　年　月　日生　園名（　　　　）　　　初回提出日　　年　月　日（　　）

病型・治療

A. 食物アレルギー病型（食物アレルギーありの場合のみ記載）
1. 即時型
2. 口腔アレルギー症候群
3. 食物依存性運動誘発アナフィラキシー

B. アナフィラキシー病型（アナフィラキシーの既往ありの場合のみ記載）
1. 食物（原因　　　　）
2. 食物依存性運動誘発アナフィラキシー
3. 運動誘発アナフィラキシー
4. 昆虫
5. 医薬品
6. その他

C. 原因食物・診断根拠（該当する食品の番号に○をし、かつ（　）内に診断根拠を記載）

【診断根拠】該当するものすべてを（　）内に記載
①明らかな症状の既往
②食物負荷試験陽性
③IgE抗体等検査結果陽性
④食べたことがない

1. 鶏卵　（　　）
2. 牛乳・乳製品　（　　）
3. 小麦　（　　）
4. ソバ　（　　）
5. ピーナッツ　（　　）
6. 種実類・木の実類　（　　）
7. 甲殻類（エビ・カニ）　（　　）
8. 果物類　（　　）
9. 魚類　（　　）
10. 肉類　（　　）
11. その他1　（　　）
12. その他2　（　　）

D. 緊急時に備えた処方薬
1. 内服薬：抗ヒスタミン薬（商品名：　　）
2. 内服薬：ステロイド薬（商品名：　　）
3. 内服薬：気管支拡張薬（商品名：　　）
4. 吸入薬：気管支拡張薬（商品名：　　）
5. アドレナリン自己注射薬（商品名：エピペン®）
6. その他（商品名：　　）

アナフィラキシー時は緊急連絡医療機関への連絡よりも、
エピペン®投与や救急車要請を優先してください。

園生活上の留意点

A. 給食
1. 管理不要
2. 保護者と相談し決定

B. 食物・食材を扱う授業・活動
1. 配慮不要
2. 保護者と相談し決定

C. 運動（体育・部活動等）
1. 管理不要
2. 保護者と相談し決定

D. 宿泊を伴う郊外活動
1. 配慮不要
2. 食事やイベントの際に配慮が必要

E. その他の配慮・管理事項（自由記載）

【緊急時連絡先】

★保護者
電話：

★連絡医療機関
医療機関名：
電話：

記載日　　年　月　日
医師名
医療機関名　　　　　印

確認日	医師名	捺印
年　月　日		
年　月　日		
年　月　日		
年　月　日		
年　月　日		

●園における日常の取り組み及び緊急時の対応に本表を活用するため、本表に記載された内容を職員全員で共有することに同意しますか。
1. 同意する
2. 同意しない

保護者署名：

保護者記入用　家庭における原因食物の除去の程度

ご家庭での状況を知るための資料とさせていただきます。

① 家庭で食べているものに丸、食べていないものに×を記入し、同じ欄でも丸×両方ある時は食品名に直接記入してください。

② 飲食して症状が出たことがあるものに丸、特に重い症状（呼吸困難・意識低下・嘔吐など）が出たことがあるものに◎を記入してください。

記入日　　　年　　　月　　　日　　　　　　年　　児童

	料理・食品・加工品例		①	②
卵	生卵	卵かけご飯		
	加熱した卵料理	ゆで卵、卵焼き、オムレツ、目玉焼き、親子丼、メレンゲ		
	生卵に近い成分を含む	アイスクリーム、マヨネーズ、カスタードクリーム		
	加熱卵を多く含む	プリン、茶碗蒸し、卵とじ、卵スープ		
	加熱卵が副材料	ケーキ、カステラ、クッキー、ドーナツ、天ぷらやフライの衣		
	加熱卵を微量に含む	一部の食パン、天ぷら粉、一部の麺類、コンソメ		
牛乳・乳製品	牛乳・乳製品	牛乳、粉乳、練乳、スキムミルク、チーズ、ヨーグルト		
	牛乳主体の加工食品	生クリーム、アイスクリーム		
	牛乳が主材料	プリン、ババロア、クリームシチュー、ホワイトソース		
	乳製品が主材料	チーズ・ヨーグルト菓子など		
	牛乳・バターが副材料	ケーキ、菓子パン、チョコレート、ドーナツ、カステラ		
	つなぎにカゼインを含む	一部のハム、一部のソーセージ		
	牛乳を含む油脂	バター、マーガリン、一部のショートニング		
	牛乳・バターを少量含む	食パン、ビスケット、クッキー		
	牛乳をごく微量に含む	乳糖		
小麦・大麦	小麦が主材料	パン、うどん、パスタ、中華麺、そば、麩、ケーキ		
	麦類を少量含む	ハンバーグ、練り製品、カレールー、天ぷらやフライの衣		
	麦類をごく微量に含む	みそ、しょうゆ、酢、麦茶		
魚介類・甲殻類	魚介類・甲殻類が主材料	すし、天ぷら、フライ、焼きもの、煮もの、蒸しもの、炒めもの		
	魚介・甲殻エキスを含む	ソースなどの調味料、スープの素、だし		
	魚卵	子持ちししゃも、たらこ		
	備考（×な魚介類・甲殻類を記入）			
大豆・その他の豆類	大豆料理	大豆の煮もの、枝豆、おから		
	大豆加工食品	豆乳、豆腐、厚揚げ、油揚げ、がんもどき、納豆、きな粉		
	大豆油脂	大豆油、天ぷら油、サラダ油		
	大豆油脂を含む	マーガリン、ルー		
	大豆を使用した発酵調味料	味噌、しょうゆ		
	その他の豆類	あずき、もやし、いんげん、グリーンピース		
肉類	肉が主材料	ステーキ、焼き肉、ハンバーグ、ミートボール、餃子		
	肉エキスを含む	肉・骨を利用したスープ、コンソメ、ルー		
	備考（×な肉を記入）			
種実類	ピーナッツ			
	木の実類			
	ごま			
	ごま油等加工品			
その他	野菜（食品名：　　　　　　　　　　　　　　　　　　　）			
	果物（食品名：　　　　　　　　　　　　　　　　　　　）			
	そば			
	米			

直近の血液でのアレルギー検査で、スコア（クラス）5～6の食品があれば〇を記入してください　令和（　　年　　月）検査

卵白　　卵黄　　牛乳　　小麦　　魚　　魚卵　　甲殻類　　大豆　　ナッツ類　　そば（他　　　　　　　　　　　　　）

食物アレルギー個別支援プラン（案・決定）

記入日　令和　　年　　月　　日
協議日　令和　　年　　月　　日

クラス	氏名	性別	生年月日	保護者氏名
		男・女	令和　年　月　日	印

Ⅰ. 原因食物（様式〇　生活管理指導表より該当するものに〇印をつける）

鶏卵　　牛乳・乳製品　　小麦　　そば　　ピーナッツ　　種実類・木の実類（　　　　）　　甲殻類（エビ・カニ）
果物類　　魚類　　肉類　　その他1（　　　　　）　　その他2（　　　　）

Ⅱ. 食物アレルギー病型（様式〇　生活管理指導表より該当するものに〇印をつける）

即時型	口腔アレルギー症候群	食物依存性運動誘発アナフィラキシー

Ⅲ. アナフィラキシー病型（様式〇　生活管理指導表より該当するものに〇印をつける）

食物によるアナフィラキシー	食物依存性運動誘発アナフィラキシー	その他
原因食物	原因食物	原因

学校での配慮		チェック項目	具体的な配慮と対応
学校での配慮	学校給食	給食の選択について	
		除去する食品や内容について	
	食物・食材を扱う活動、授業	所量の摂取・接触による発祥防止について	
	運動（体育・部活動など）	運動誘発アナフィラキシー	
		食物依存性運動誘発アナフィラキシー	
	宿泊を伴う校外活動	事前に確認すること	
		持参薬について	
	緊急時に備えての持参薬やエピペン®について エピペン（有 無）	保管方法	
		保管場所	

緊急時の対応について

注意すべき症状	左記の症状の対応手順	病院・主治医
①	①	医療機関名・診察科名
②	②	主治医名
③	③	電話番号

緊急連絡先

優先順位	氏名	続柄	電話番号		特記事項
1				自宅・職場・携帯	
2				自宅・職場・携帯	
3				自宅・職場・携帯	

確認者	校長	教頭	担任	養護教諭	栄養教諭 学校栄養教諭		
印							

食物アレルギー緊急時対応カード（記録用紙）

クラス	氏名	性別
		男・女

30秒判断	☐ 顔色　　☐ 呼吸　　☐ 意識	

5分以内に判断 （13項目）	☐ ぐったり ☐ 意識もうろう ☐ 尿や便を漏らす ☐ 脈を触れにくい 　　又は不規則 ☐ 唇や爪が青白い	☐ 喉や胸がしめつけられる ☐ 声がかすれる ☐ 犬が吠えるような咳 ☐ 息がしにくい ☐ 持続する強い咳こみ ☐ ゼーゼーする呼吸	☐ 持続する強いおなかに痛み 　（がまんできない） ☐ 繰り返し吐き続ける 　　　　　　時　　　　分

処置	緊急自処方薬	時　　　　分
	エピペン® 使用	時　　　　分
	その他	

経過（5分毎）	時刻	内容
	時　　　分	
	時　　　分	
	時　　　分	
	時　　　分	
	時　　　分	
	時　　　分	
	時　　　分	
	時　　　分	
	時　　　分	
	時　　　分	
	時　　　分	
	時　　　分	
	時　　　分	

食べた（摂取など）時刻	令和　　　年　　　月　　　日（　　）　　　時　　　分	
食べた（摂取など）時刻	食べた物　（	）
	量　　　　（	）

救急車	要請時刻	時　　　分	到着時刻	時　　　分
医療機関	連絡時刻	時　　　分	到着時刻	時　　　分

記録者名	

事件・事故の概要及び対応報告書

第　　　号（所属名　　　　　　　　　　　　　　）

① 報告日時		令和　　　年　　　月　　　日　　　　　　時　　　分					
② 保育施設の連絡窓口 責任者（TEL）	正	所属		職		氏名	
		（所属）		（自宅）		（携帯）	
	副	所属		職		氏名	
		（所属）		（自宅）		（携帯）	
事件・事故の概要	③ 事件・事故等の種別 （不審者目撃等）						
	④ 発生日時	令和　　　年　　　月　　　日　　　　　　時　　　分					
	⑤ 発生場所						
	⑥ 関係児童（その他教育機関においては記載不要）	児童等の 学年・氏名					
	⑦ 経緯・概要 ・情報源 ・何が起きているか ・被害者の状況 ・被害拡大の可能性 ・その他						
⑧ 保育施設における 初動対応の内容 ・児童の安全確保 ・所属内体制 ・関係機関（警察等）との連携 ・報道対応等							

（必要に応じて別紙作成）

示 談 書（例）

○○県○○市○○町○○丁目○番○号

被害者（甲）　○○○○

　　　　　　　　　　　○○県○○市○○町○○丁目○○番○○号

加害者（乙）　社会福祉法人○○○○会　代表者　理事長　○○　○○

下記の事故につき、上記甲乙間において本日次のとおり示談した。

（事故の概要）

（1）事故の日時　令和○○年○月○日　午前○○時○○分ごろ

（2）事故発生場所　○○県○○市○○町○○丁目○番○号

　　　　　　　　　　乙　経営　○○こども園園庭

（3）事故の状況　保育中、園庭遊具の「太鼓橋」を渡っていたところ、梯子状の踏み棒を踏み外してしまい左腕を強打し、負傷した。

（4）被害の内容　甲は、左上腕部を骨折。○○病院にて、1ヶ月の通院治療を受けた（添付診断書写しのとおり）。

（示談内容）

第1条　乙は、甲に対し、金○○円の損害賠償債務を負担していることを確認する。

　　　　内訳

　　　　（1）治療費及び治療関係諸費用　金○○円

　　　　（2）慰謝料　金○○円

第2条　乙は、甲に対し、前条損害賠償金を下記のとおり持参又は送金して支払うものとする。

　　　　（1）　令和○○年○月から令和○○年○月まで毎月○日限り金○○円宛

　　　　（2）　令和○○年○月○日限り金○○円

第3条　乙が前条の支払いを怠った場合は、乙は支払期日の翌日から支払いに至るまでの日数に応じ、年○%の割合による遅延損害金を甲に支払わなければならないものとする。

第4条　本件事故に起因して後日後遺症が発生した場合、甲乙別途協議する。

第5条　本件事故に関し、甲と乙の間には、本示談書に記載した事項以外には、何らの債権債務も存在しないことを相互に確認する。

上記のとおり示談が成立したので、本書面2通を作成し、甲および乙が各1通を保有する。

令和○○年○月○日

　　　　○○県○○市○○町○○丁目○番○号

　　　　被害者（甲）　○○○○

　　　　法定代理人親権者　父　　　　　　　　印

　　　　　　　　　　　　　母　　　　　　　　印

　　　　○○県○○市○○町○○丁目○○番○○号

　　　　加害者（乙）　社会福祉法人○○○○会　代表者　理事長　○○　○○　　　　　印

【筆者紹介】

牧野桂一（まきの　けいいち）

大分市生まれ。1970年大分大学卒業。大分県内の小学校、大分大学附属養護学校に勤務の後、大分県教育センター研究員として教育相談に従事、研究部長を経て公立小学校教頭へ。その後、大分県教育委員会参事、特別支援教育推進室長から、大分大学客員教授、大分県立臼杵養護学校校長、新生養護学校校長へ。その後、筑紫女学園大学文学部教授、人間科学部教授、筑紫女学園大学教授兼附属幼稚園園長、東亜大学客員教授、純真短期大学客員教授、九州大谷短期大学講師。その間、大分県警少年課サポートセンターアドバイザー、日本童話祭全国児童生徒俳句大会選者、兵庫教区保育連盟研究顧問等を勤める。1997年、心身障害児教育財団より「辻村奨励賞」受賞。現在、社会福祉法人藤本愛育会理事、大分こども発達支援研究所所長、九州大谷短期大学講師、全国保育心理士会代表。

著書

『障害児教育への出発』（明治図書）、『子どもが生きられる世界』（一茎書房）、『子らのいのちに照らされて』（樹心社）、『保育心理』（樹心社）、『ことばを育てる』（朋友館）、『子どもの発達とことば・かず』（朋友館）、『受けとめる保育』（エイデル研究所）、『ことばが育つ保育支援』（エイデル研究所）、『保育のこころえ』（エイデル研究所）、『つまずきを障害にしないために』（エイデル研究所）、『保育の理論と実践』（ミネルヴァ書房）。
現在「保育雑誌『げんき』」等の雑誌・機関誌に連載。

保育者が身につけたい保育のこころえ
保育の基礎から危機管理まで

2024年11月5日　初版発行
2025年3月5日　第2版発行

著者　　　　　牧野桂一
編集協力者　　浄土真宗本願寺派兵庫教区保育連盟
発行者　　　　大塚孝喜
印刷・製本　　中央精版印刷株式会社

ブックデザイン　株式会社デザインコンビビア
イラスト　　　　株式会社デザインコンビビア（大友淳史）

発行所　　　　株式会社エイデル研究所
　　　　　　　〒102-0073　東京都千代田区九段北4-1-9
　　　　　　　TEL. 03-3234-4641　FAX. 03-3234-4644

ISBN978-4-87168-717-1 C3037
©Keiichi Makino

Printed in Japan